中国物流技术协会推荐教材
面向“十三五”物流专业工学结合规划系列教材

物流地理

物流地理学是一门新兴的学科，它是随着物流业的发展而产生和发展的。从学科属性划分是（人文）地理学的分支，是经济地理学的有机组成部分。

WULIU DILI

主　编　刘葆　林晓霞
副主编　冯奕东　王乃举
参　编　蒋礼荣　覃炳忻

中国商业出版社

图书在版编目(CIP)数据

物流地理/ 刘葆，林晓霞主编. — 北京:中国商业出版社，2016.9

ISBN 978-7-5044-6231-2

Ⅰ.物… Ⅱ.①刘…②林… Ⅲ.物流-经济地理-中国-高等学校:技术学校-教材 Ⅳ.F259.29

中国版本图书馆 CIP 数据核字(2008)第 113356 号

责任编辑:刘毕林

中国商业出版社出版发行

(北京广安门内报国寺1号　邮编:100053)

新华书店总店北京发行所经销

涿州市华建印刷有限公司印刷

787×960 毫米　开本:1/16　印张:14　字数:300 千字

2016 年 9 月第 2 版　2016 年 9 月第 1 次印刷

定价:35.00 元

*　*

(如有印装质量问题可更换)

序

当前物流不仅在我国,就是在世界范围也已经成了经济活动的热点！因为随着市场国际化、采购全球化,生产布局也随市场采购一道全球化了,这就大大地加长了供应链。而电子信息网络技术的发展,已把供应链加长对商流、信息流和资金流造成的不利影响解决掉了,从而使物流的效率对整个生产与营销成本的影响凸显出来,引起了大家的关注。中国已成为世界的加工厂,其物流需求极大,在国内物流企业快速发展的同时国外的物流企业也纷纷进入中国,物流市场竞争极为激烈,这就更加剧了我国物流人才短缺的状况。所以各院校纷纷设立物流专业,以满足市场对物流人才的迫切需求。在解决需求方面高端的如研究生、本科生等参与的单位很多,但在高职、中专方面关心的就少多了。这主要是由于人们对物流人才市场缺乏了解,加上我国的学生与家长们望子成龙的心太迫切,殊不知人才的需求也是综合的,犹如一架机器上的各个部件一样,是缺一不可的。为什么有些产品我们都喜欢原装的？这不是输入到中国的零部件有问题,主要是我们的操作人员在领会设计意图,理解操作规范和实际动手装配上,较之国外的企业有较大的差距。为此国家教育部特别强调在大、中专学生培养中一定要加强实操能力的培养与训练。在重视高层物流经营与管理人才培养的同时,也要特别关心物流职业技术教育,培养和造就一大批有一定的基础理论知识,又了解物流第一线生产实际状况,并具备岗位实操能力的物流人才。

为解决上述问题,中国物流技术协会与全国职业教育教学培训委员会商贸专业委员会合作进行了物流专业教师物流实践知识的培训,在海尔、昆船、红河、北京西南物流中心等国内著名企业现场进行物流生产知识的讲授和参观、考察与研讨,丰富教师的物流生产实践知识;考察中教师们还对生产线进行了拍照和录相,带回学校作为课堂教学的素材,配合课堂讲解增强学生们对物流生产的感观认知度。在此基础上我们又做了大量的调研,分析了教学方面对教材的质量与专业性的要求,在兰州召开了“现代物流职业教育教材”编写研讨会,提出编写一套物流管理与实训相结合的系列教材。该系列教材共有 14 本,既系统地涵盖了目前物流专业教育的教学内容,又有针对性地培养学生的职业技能。

本系列教材在突出实用性技能的同时,也编进了一定量的物流领域新知识、新技术和新概念。除了可作学校教学使用外,也可作为企业人才培训和物流从业人员自我提高的辅导材料。

中国物流技术协会 牟惟仲

前 言

人类进入21世纪后，以新型流通方式为代表的连锁经营、物流配送、电子商务等产业发展迅速，加之经济全球化趋势明显增强，给世界各国经济发展带来了前所未有的机遇。被誉为“第三利润源泉”的现代物流产业，在国民经济建设与社会发展中发挥着愈来愈重要的作用。在原材料、设备、劳动力、成本的压缩空间趋于零后，对成本的控制将转为物流领域，因此，发展现代物流产业对优化资源配置、降低生产成本、提高经济效益，从而增强市场竞争力具有十分重要的意义。物流产业的发展，将成为衡量一个国家现代化程度和综合国力的重要标志之一，它又被称为经济发展的“加速器”。

我国加入WTO以后，物流业是最先对外开放的行业之一，要实现物流一体化、发展第三方物流、与国际物流企业竞争，已引起各级政府部门和众多国内大企业的重视，如海尔公司、一汽大众公司等，率先组建自己的物流公司。但是由于我国对物流研究相对滞后，物流技术水平相对落后，使得培养出的人才参差不齐，与国外物流产业人才相比，主要体现在人员素质以及物流知识和技能与实践脱节，很难满足社会对物流人才的要求。在加强高层次物流经营与管理人才培养的同时，最好大力发展物流职业技术教育，培养和造就大批物流生产第一线技术操作和运作管理的应用型人才。

从总体上看，我国物流职业教育方面刚刚起步，还没有真正形成一个较完整的职业教育体系，在课程设置、教材选取、培养方向等方面缺乏规范性。物流业既是一个跨行业、跨部门的复合产业，又具有劳动密集型和技术密集型相结合的特征。在此情况下，由全国职业教育教学培训委员会商贸专业委员会组织编写了这套教材，该系列教材将有针对性地来培养学生的职业技能，精练理论，并突出实用性技能，充分体现物流领域的新知识、新技术、新思想和新方法。

“现代物流管理”系列教材共14本，由经济管理出版社和中国商业出版社分别出版。本书是该系列教材中的一本。主要内容有绪论、地理环境与物流、中国物流环境、物流基础设施、综合运输、铁路运输布局、公路运输布局、水路运输布局、航空运输布局、管道运输、国际多式联运等。

本书由安徽财贸职业学院刘葆（第六、第七章、附录3、4）、广西商校林晓霞（第四章）担任主编，武昌职业学院经济管理学院张诚（第八章、第九章）、安徽财贸职业学院王乃举（第一章、附录1、2）担任副主编，参与编写的人员还有广西商校蒋礼荣（第二、三章）、广西商校覃炳忻（第五、十、十一章）。最后由刘葆统稿。

书中内容深入浅出、重点突出，便于初学者在整体掌握物流地理学科的同时能把握住重点和难点；每章在整体描述的基础上，均选用了典型案例进行分析并归纳出本章小结，起到促进对理论的理解和知识的提纲挈领作用；每章后面的习题为读者提供了复习和巩固的便利。本书还采用了图表等形式，生动直观，可操作性强。

本书可作为职业院校现代物流管理及相关专业的教材，也可用于企业培训教材和物流从业人员自学参考。

在编写过程中，我们参阅、引用了国内外有关物流学科的论著和资料，在此一并表示衷心的感谢。由于时间仓促和作者水平、学识有限，书中难免存在一些疏漏和不足，恳请读者批评、指正。

现代物流管理系列教材编审委员会

2016 年 9 月

目 录

第1章 绪论 1

* 本章主要内容

● 物流、物流地理概念
● 物流地理属性及研究对象
● 物流地理研究内容
● 物流地理学习方法

* 引导案例

天津滨海新区位于其东部临海地区，由天津港、开发区、保税区三个功能区及塘沽、汉沽、大港三个行政区组成，面积 2270 平方千米，2005 年常住人口 140 万人。改革开放以来，这里发生了巨大的变化，经济快速增长，外资大量进入，以天津港、开发区、保税区为骨架，现代工业为基础，外向型经济为主导，商贸、金融、旅游竞相发展，形成基础设施配套、服务功能齐全、面向新世纪的高度开放的现代化经济新区。

滨海新区深化改革，经济保持了持续快速发展。地区生产总值由 1994 年的 112.4 亿元上升到 2005 年的 1500 亿元，增长 12.3 倍，平均每年递增 20.6%。外贸出口由 1994 年的 5 亿美元，增长到 2005 年的 164 亿美元，增长 31.8 倍，年均递增 33.8%。工业总产值由 1994 年的 213 亿元上升到 2005 年的 3750 亿元，年均递增 27%。累计批准三资企业项目 6300 多个，累计实际利用外资 187 亿美元，世界 500 强企业有 70 多家在新区投资。新区已成为外商投资回报率最高的地区之一。初步建成了以外向型为主的经济新区。形成了电子通讯、石油开采与加工、海洋化工、现代冶金、机械制造、生物制药、食品加工等七大主导产业。建立起多层次科技创新体系和科技人才创业基地，一大批国际知名的企业落户新区，一栋栋的高楼和工厂不断建成，基础设施和公共设施正在迅速完善，一个现代化海滨城市的面貌正在展现。

随着经济快速发展，新区对外辐射和服务功能也不断增强。2005年，天津开发区实现地区生产总值642.29亿元，按可比价格计算，比上年增长25.2%，其中第二产业增加值完成541.28亿元，可比增长29.3%，第三产业增加值完成101.02亿元，可比增长4.1%，二、三产业比例为84.3:15.7。全员劳动生产率24.11万元，可比增长13.2%。天津港2005年完成货物吞吐量2.4亿吨，完成集装箱吞吐量480万标箱，近70%的货物和60%的集装箱来自全国各地。新区与国内各省市共签定经济合作协议2000项，吸引投资200多亿元。上千家企业为新区产业直接配套。滨海新区产业传递、对外服务和辐射功能日益增强，与周边地区优势互补、共同发展的格局已经形成。

1.1 物流与物流地理学

物流是人类社会发展的产物。原始社会末期人类完成了三次社会大分工，商业从社会产业中脱颖而出，物品交换成为不同社会群体的需要，产生了最为原始的物流。历经漫长的奴隶和封建社会，社会生产力发展缓慢，商品交换时空范围都极其有限。欧洲的地中海沿岸和亚洲的东南沿海以及亚欧陆桥的商贸物流曾一度繁荣，波及世界较大范围。16世纪地理大发现以来，在三次产业革命浪潮的推动下，极大地推动了社会生产力的进步，资本主义经济社会空前繁荣，商品贸易货流也空前绝后。与此同时，物流的内涵不断充实和外延持续拓伸。

现代物流的概念起源于美国。1915年阿奇·萧在《市场流通中的若干问题》一书中提到"物资经过时间和空间的转移，会产生附加价值"。这里物资的时间和空间的转移后来被称作实物流通，指商品销售过程中的物流。第二次世界大战期间，美国根据军事上的需要，对军火的运输、补给、存储等进行全面管理，并将运筹学用于军需管理，率先采用了"Logistics Management"一词。第二次世界大战以后，"后勤管理"的概念被引入到流通领域，并被赋予新的含义。在20世纪70年代以前，对物流的认识和研究主要是指与商品销售有关的物流。20世纪70年代之后，美国的经济学界和实业界认识到改进物流能够带来巨大的经济效益，物流的范围从流通过程扩大到从原材料购买开始一直到产品送达顾客手中的物品流动的全过程。20世纪60年代，日本从美国正式引进了"物流"这一概念，将其解释为"物的流通"。20世纪70年代中期，物流的概念从日本传入我国。

《中国物流标准术语》(GB/T18354－2001)对物流的定义是：物品从供应地向接收地的实体流动过程。根据实际需要，将运输、储存、装卸、搬运、包装、流通加工、信息处理等基本功能实现有机结合。

跨越时空的物流不再局限于国内，更多的是跨越洲界和远隔重洋的洲际大宗物流；物流空间组织正在形成网络化、系统化和合理化；物流基础设施也不断得以完善和提高；GIS物流等现代科技运用于现代物流；物流对象不仅包含传统有形的货物实体，也包含不见实体信息流、技术流、人员流、资金流等等。

由此，从现代视角来看，物流是为满足消费者需求而进行的对货物、服务及相关信息从起始地到消费地的有效率与效益的流动与存储的计划、实施与控制的过程。是原材料、产成品从起点至终点及相关信息有效流动的全过程，它将运输、仓储、装卸、加工、整理、配送、信息等方面有机结合，采用先进的供应链技术手段，尽可能将生产时间、流通时间缩短为最少，以提高竞争力。

物流分为宏观物流和微观物流。在国家、地区等大范围内整体地研究物流问题，叫宏观物流。因此，宏观物流要讨论的问题是物流政策，区域物流体系的构造，物流运输结构的形成，物流路径的布局及其合理性，物流中心的布局及其合理性等。微观物流要讨论的问题是物流活动的主体：制造业、运输业、仓储业、流通业（商业）各自如何操作物流的问题，可涉及第三方物流和生产物流、销售物流、采购物流和回收物流等。

物流形成由三部分组成：物流源地、物流媒体和物流靶地。现代物流离不开物流原地和物流目的地的选择和最佳路径的选择，而经济地理学担负着研究生产的地域分工和交通运输的任务，因此，物流地理学是一门地理学和物流学相交叉的边缘学科。它既具有经济地理学的某些特征，又具有物流学的相关属性。经济地理学研究经济活动的地域组织，核心问题是生产力的地域组合，生产力的地域组合就包括区域内的经济结构和区际间的经济联系。物流地理学是从地理的角度，在国家、地区一定方针、政策的指引下，从自然、技术和经济方面的联系中，研究物流基础设施的布局问题及其与地理环境相结合的问题。它涉及的范围是宏观物流中的物流路径布局和物流中心布局规律及其合理性研究。

物流要实现物在生产者和消费者之间“地点性间隔”和“时间性间隔”的最小化，必定要仰赖于各种物流基础设施的空间布局和物流路径的最佳遴选。譬如：各种物流结构的构成、各种运输方式的线路布局、运输枢纽的布局、物流中心（含配送中心、包装整理、增值加工等）布局、现代化信息网络及平台的建设等。

物流是“第三利润的源泉”。就生产领域来说，我国物流成本占生产成本的40%左右，而发达国家仅占10%；就社会流通领域来说，我国物流成本占GDP的比重接近20%，美国还不到10%。如何合理布局物流基础设施，或者如何整合物流资源，合理高效利用现有物流设施，组织合理的运输，减少货物在各种运输方式中转换衔接的费用，是降低物流成本的关键之一。

物流地理学是伴随现代物流的发展而诞生的新兴科学，是现代物流发展的必然需求。

其一，现代物流日趋走向专业化和科技化，需要更为专门领域的研究指导物流实践。物流业成为世界各国，尤其是经济发达国家追逐生产领域之外的利润源泉，各国都非常重视物流管理和技术的改进，实现物流在生产领域之外的成本最小化，即“地点性间隔”和“时间性间隔”的消除。物流地理学是解决现代物流业空间结构优化组合的空间技术，并通过时间效益的提高降低物流消耗成本。

其二，现代物流是由运输、仓储、装卸、加工、整理、配送、信息等诸多环节构成的有机整体，但其核心部分包含了货物和商品的存储与配送。所以，在物流环节中，运输路径和仓储中心的规划布局必须要具有空间观念；物流系统的地域结构必须要站在空间的高度进行思考；物流与自然和人文环境的紧密联系必须周详考虑；物流与环境的可持续发展也是建立和谐社会的一个不可忽视的方面。总之，物流是人类经济活动的组成部分，离不开与地理环境发生错综复杂的关系，物流地理学正是顺应经济地理学学科研究内容拓展的要求而建立起来的新兴科学。

其三，现代科学技术的不断进步，地理信息系统技术在社会经济研究领域也日显其强大的功能和作用。现代物流离不开宏观尺度的地域空间“物”的流动，离不开较大尺度空间的物流地域系统的规划布局，凡此与地域空间有关的研究内容，都是地理信息系统正在解决的问题。我们不难得出，物流业的飞快发展为物流地理的研究提高研究素材和内容，促使了物流地理学科的诞生和发展；而物流地理学发展和成熟又为现代物流提供了管理和运行的软技术，并且为经济地理学的学科体系注入了新鲜血液和新的生机。

1.2 物流地理学的学科属性与研究对象

物流地理学是一门新兴的学科，它是随着物流业的发展而产生和发展的。从学科属性划分是(人文)地理学的分支，是经济地理学的有机组成部分。经济地理学是研究生产力布局规律的科学，即研究社会生产在一定地域范围内空间分布形成和发展规律的科学。物流地理学是研究一定地域范围内生产要素时空流动和合理配置及产品的有效的时空集散，并涉及物流基础设施规划和布局问题。由此，我们可以清晰地看出物流地理学研究范畴是包含于经济地理学之中的。

人文地理学包括经济地理学、人口地理学、历史地理学、聚落地理学、文化地理学、民族地理学、政治地理学、行为地理学等。经济地理学有普通经济地理学和区域经济地理学两个分支。而物流地理学则是隶属于普通经济地理学范畴。

现代物流地理学的研究对象主要是物流产生的地理背景、物流形成的地理环境要素以及物流与环境保护的关系，揭示物流形成的地域规律并预测其发展的方向，指导现代物流的实践，服务于经济建设和社会的各项发展。

随着信息时代的到来，信息化已深入到社会生产和商品交换的各个领域，所以物流地理学的研究对象也必然与信息技术嫁接，现代物流地理信息系统（GIS）技术将不断得到发展和运用，物流地理信息系统（GIS）与物流必将成为现代物流地理学的重要研究领域。

1.3 物流地理学的研究内容与任务

物流地理学是跨学科的边缘学科，其研究内容是建立在货物学、贸易学、航运管理、集装箱运输业务、远洋运输业务、货运代理、物流管理、供应链管理、自然地理学、人文地理学、经济地理学、运输地理学、中国经济地理、世界经济地理基础之上，对于从事物流地理研究之前必须要有相应的经济学和地理学知识和研究方法的准备。

物流地理学主要研究内容有（图 1－1）：

1. 自然地理环境和人文地理环境对物流的影响；

2. 自然资源分布和生产与物流的形成和流向；

3. 综合运输网中各种运输方式（铁、公、水、航空、管道）的特点及布局；

4. 世界海运、空运、陆路运输的地域分布特点及布局。

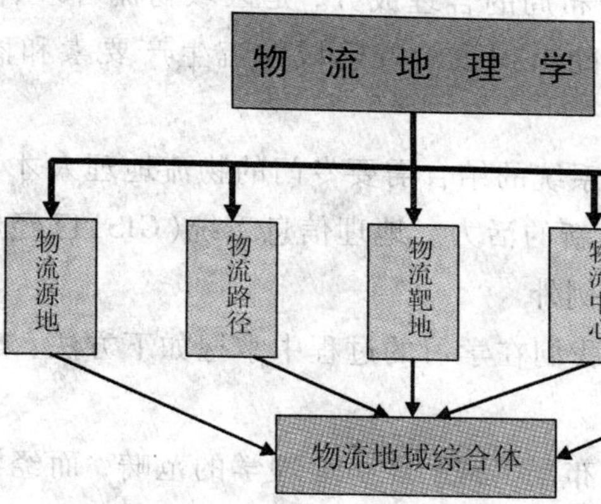

图 1－1　物流地理学研究内容

物流地理学研究的任务是指导具体的物流实践。在商品经济发达、科技发展日新月异的今天，物流地理学要担负起高效、科学和可持续地优化配置资源和分布疏运商品的功能，以满足生产要素的合理流通和人民生活水平的不断提高的要求。

研究物流设施科学合理的规划布局是物流地理学的首要任务。自然资源的分布和生产技术的发展是生产力布局的基础；生产力布局的形成和经济的发展是物流线路和物流中心布局的依据；物流地理学的研究成果为国家或地区物流体系构建提供理论和规划的依据。

1.4 学习物流地理学目的与方法

通过学习物流地理学，使学生了解和掌握有关自然资源分布特点、经济区的划分、运输布局与物流发展的联系，建立“系统”的概念，为后续物流管理专业课程的学习奠定基础，增强吸收新知识的能力。同时掌握世界和我国主要物流枢纽港口、物流铁路枢纽、物流园区；物流陆路、物流水路和航空航线、物流管线的布局；重要仓储设施的规划建设等，为港航生产管理、物流管理、货运代理、船舶代理打下坚实的专业基础。

学习物流地理学是顺应新时期对从事经济建设人才队伍专业化、科学化和现代化建设的要求。科学技术的发展对人才提出更高的要求，物流地理学是以经济要素空间配置和商品货物时空流通效率为研究对象，其研究内容和研究任务决定了其具有专门的学科特点，也就必须要有一批专门的研究队伍和掌握物流地理的人才。

其一，市场经济的发展与成熟要有一批远见卓识的物流地理专门人才，从事前瞻、科学的生产要素的合理配置方面的工作。工农业生产离不开原材料的输入和产品的输出，而物流空间组织的科学合理性是减低生产成本和增强时效的最佳合理途径。

其二，物流中心的最佳选址、物流路径的最佳选线离不开专业物流地理人员进行规划。物流中心是一定区域生产力布局的合理成分，是区域物流合理、高效集散的指挥核心；而物流路径的空间选择和空间组织预示着区域物流生产要素和商品货流的实现快速、高效配给的关键环节。

其三，物流地理与地理信息系统的结合需要专门的物流地理人才。地理学的信息化发展为物流地理学的研究注入了新的活力。地理信息系统（GIS）已经广泛运用于地理学研究的各个领域，物流地理也不例外。

物流地理的学科特性，要求我们在学习的过程中掌握如下方法：

1. 理论联系实际的方法

物流地理学研究生产力空间布局，属于经济地理学的范畴，而经济地理学是一门时效性很强的应用科学。所以，在学习物流地理学的过程中必须坚持理论联系实际的原则，把课本中的理论知识与实践中的物流案例紧密地结合起来进行分析。比如，在学习经济区划与物流关系的时候，就可以联系中国的三大经济地带，具体分析中国经济区划形成的自然和社会背景、物流现状特点、合理规划物流网络和预测未来改进经济区划以适应现代物流的需求等等。

2. 比较分析的方法

有比较才有甄别。比较方法是经济地理学学习中常用的一种方法。物流地理学研究空间生产力的组织布局，也就存在着不同地域空间的比较问题。地理环境的相似、耦合和互补是进行对比辨别的前提条件。譬如在学习东、西欧物流、南北美物流、发达国家和发展中国家物流的时候，就要从自然和社会经济环境进行对比分析，找出它们在自然环境、社会环境、经济环境和技术条件的异同，这样就有利于甄别问题的实质，抓住学习对象的本质矛盾。

3. 具体问题具体分析的方法

物流是一种社会经济现象，同时物流也总是发生在一定时空环境中，所以，对物流地理学的学习，必须依据具体的环境空间对具体问题进行具体的分析。比如，在学习中国西南地区的区域物流时，就要立足于我国西南地区特有的自然地理环境，从地形、气候、水文和动植物环境具体分析物流产生的自然地理背景；同时，又要结合西南地区物流发生发展的历史文化背景和国家的宏观经济政策环境，从新中国成立之初的我国大力建设“三线”工厂到 20 世纪末期西部大开发，以及西南地区少数民族聚居等社会环境条件学习物流的形成和发展，及今后物流改进和发展的道路等。

4. 综合分析的方法

如上多次提到，物流产生、发展和完善是区域环境的综合作用的结果。因此，在学习物流地理的过程中，我们必须坚持综合分析问题的方法。物流中心的形成、物流路径的选择和地域物流体系的规划建设，都必须进行系统全面的综合分析。就物流中心的选址问题而言，必须要综合分析区域的各方面环境条件；就区域物流体系的规划建设而言，必须综合分析区域的物流中心、物流通道、经济环境、宏观微观经济政策、文化历史背景等等。

※ 思考题：

1. 什么是物流？物流地理研究的对象是什么？
2. 物流地理学习的目的是什么？
3. 物流地理学习的方法主要有哪些？

第2章 地理环境与物流

2

＊本章主要内容

- 地理环境、自然地理环境、社会经济环境定义
- 自然地理环境对物流的影响
- 社会经济环境对物流的影响

＊引导案例

A　山麓公路运输（北疆）

B　沙漠驼队（南疆）

C　深圳集装箱码头

深圳市位于地势平坦、水源充足的珠江三角洲上，拥有独特的经济地理环境，良好的口岸条件，四通八达的交通运输网络，现代物流业迅速发展。2004年深圳市物流总产值为634.36亿元，占GDP的18.53%。

位于古“丝绸之路”上的新疆，深居内陆，“三山夹两盆”的地形、干旱的气候，物流交通基础薄弱，物流集散设施相对东部地区来说较落后，在一定程度上制约了现代物流业的发展。

不同地区现代物流业的发展为什么有较大差异？试从地理环境角度进行分析。

地理环境是人类社会赖以生存的地表空间以及构成这个空间的全部物质能量和信息要素的综合体，它包括自然地理环境和社会经济环境。人类生活在地理环境中，地理环境为人类提供物质和能量，影响人类活动的空间分布及发展。现代物流是人类社会经济发展到一定程度后产生的经济活动，其地域分布，结构及其发展变化都受到地理环境的影响。

2.1 自然地理环境与物流

自然地理环境，也称自然条件，通指存在于人类社会周围的自然界，它由各自然要素，如地质、地形、气候、水文，土壤、生物等相互作用而组成，为人类提供自然资源，是人类社会生存和发展的自然基础。因此，自然地理环境是物流活动产生与发展、地域分布的物质前提。

2.1.1 地形与物流

地球陆地表面高低相差悬殊，形态变化多样，坡度大小不一的地形特征，往往通过影响农业生产布局而影响农业物流网络布局。地势平坦的冲积平原，土层深厚肥沃，水源充足，适宜发展耕作业，且有利于机械化操作，往往形成专业化的商品粮、棉、油的生产基地。而地形崎岖的山地、丘陵、高原，海拔高，地表起伏大，可耕土地面积小，土层薄，肥力低，如水源充足，可发展立体农业，水源缺乏的地区往往以畜牧业为主。

美国中部平原地形平坦，土壤肥沃，是世界上重要的商品谷物农业区。围绕着该地的农业生产，产生了为农业生产与农产品销售的服务物流网络，农业机械、化肥等农业生产资料通过完善的物流网流入该区，而大量的粮食及其他农产品源源不断流向美国东部人口稠密区和西部畜牧业区，并且有大量农产品流向国际市场。美国西部地形以山地高原为主，水源缺乏，农业则以畜牧业和灌溉农业为主，物流运输则以畜牧物流为主。

地形影响物流运输基础建设。安全畅通、便捷高效的交通基础设施网络，是现代物流业的发展最重要的基础设施条件之一。而交通运输网络中点、线及其他设施的建设往往受到自然因素，特别是地形的影响与制约。

地势平坦地区，交通基础设施建设难度小、成本低，有利于交通线路和枢纽的建设，形成完善的综合运输网，促进现代物流发展，提高物流效率。而崎岖的山区、寒冷的高原等自然环境相对恶劣的地区，交通建设技术难度大、成本高，往往约束了交通业的发展，从而使交通成为现代物流业发展的“瓶颈”。

我国长江三角洲地区地势平坦、气候适宜、水网密布，拥有上海、宁波国际港与南通、张家港、南京、安庆、芜湖、杭州等主要内河港，利用便利的海运、长江水运、四通八达的铁路、公路、航空线与国内、国际各地相连接，集散货流。目前，全球最大的20多家班轮公司已进驻上海口岸，境外航商在上海设立子公司或办事处的已有100多家，货运代理2500多家，现代物流企业多。上海与香港一样，是世界各大航商的聚集地之一，目前正逐步形成我国最大的物流园区。

西藏地处高原，雪峰起伏，海拔高，形成独特的高寒气候，自然环境恶劣，现代交通起步晚。2006年青藏铁路全线通车前，西藏交通以公路和航空运输为主，没有铁路运输，尚未形成完善的交通运输网。由于公路和航空运量与成本的限制，使西藏与祖国内地的经济文化联系受到限制，物流不畅，物流业发展缓慢，现代物流基础异常薄弱。

2.1.2 气候与物流

气候影响农业生产的时空分布，从而影响农业物流的结构与特点。农业生产活动是人类利用土地的自然生产力，栽培植物或饲养动物，以获得所需的产品。其生产对象是动植物，不同的动植物需要热量、光照、水、地形土壤等自然条件不同。因此，农业生产除了受地形条件的影响比较大外，气候条件在农业生产布局、时间安排上也起着重要作用，使得农业生产具有明显的地域性、季节性、周期性。

一般情况下，降水量适宜，水源充足的温带、热带地区是种植业广布的地区，世界上70%的粮食都产自于该区域。而年降水量少于400mm的地区一般以畜牧业或灌溉农业为主。以农业生产为中心的农业物流服务体系相应而生，但由于农业地域类型和规模地区差异，沿不同纬线和经线形成的物流的结构和规模也迥然不同。农业生产具有周期性、季节性，农产品销售的具有全年性，产品流通对保鲜技术，运输速度的要求高，这使农业物流具有与其他物流体系不同的特性。

气候的时空变化，直接影响物流运输。气候的时空变化对物流运输各种运输方式(除管道运输外)的影响极为显著，特别是水运和空运。内河运输运量的大小与与河流的径流量息息相关，而世界上绝大多数的河流都是雨水补给型为主河流，径流量与降水量的季节变化密切相关，一些河流在旱季根本无法航行。水运还受气温的影响，高纬度地区大部分河流、海港冬季封冻，影响物流运输正常进行。如俄罗斯海岸线虽长，但由于所在纬度高，冬季绝大部分港口封冻期长，因此海运优势不能充分发挥。

此外，气象灾害对物流运输也很突出，如台风、暴雨、洪涝灾害等往往会导致物流运输被迫中断。

2.1.3 自然资源与物流

自然资源是人类直接从自然环境中获取，并用于生产与生活的物质和能量。包括气候资源、水资源、土地资源、生物资源、矿产资源和旅游资源等。各种自然资源在地球表面分布的不均衡性，使其强烈地影响着生产原料的流通、生产的地域分工、产品的基本流向，商业贸易活动，从而影响现代物流格局。这里重点阐述矿产资源对物流的影响。

矿产资源为工业生产提供原料和能源，是一个国家和地区发展生产和经济贸易的最基本的物质基础。矿产资源分布的不均衡性决定了其在世界范围内的流动方向，在一定程度上影响着工业生产布局以及工业物流。

世界煤炭资源主要分布在北半球的亚洲和欧洲，从我国的华北向西，经新疆、横贯中亚和欧洲，直到英国，北美洲的美国和加拿大。南半球主要煤带分布在澳大利亚、南非。世界煤炭主要由美国、俄罗斯、澳大利亚、南非、中国流向经济水平较高、煤炭资源相对缺乏的日本及西欧各国。

石油分布更为不均。西亚(主要为波斯湾沿岸国家)、拉美(委内瑞拉、墨西哥)、非洲(利比亚、尼日利亚、阿尔及利亚、埃及)、北美(美国、加拿大)以及中国、俄罗斯是世界主要储油区，其中西亚占一半以上，而许多国家至今没有发现石油。

西亚、非洲、拉美、东南亚以及俄罗斯是主要石油输出区，其中西亚石油主要输往西欧、美国、日本等地；非洲的石油主要输往欧洲；拉美石油主要输往美国；东南亚石油主要输往日本；俄罗斯石油除了满足本国消费外，主要输往西欧和东亚。

铁矿石是主要集中分布在俄罗斯、巴西、中国、澳大利亚、印度、加拿大、美国等国家，巴西、澳大利亚、加拿大是主要输出国，而主要进口国是日本、西欧、美国和中国。

世界主要传统工业区，如德国鲁尔区、英国中部工业区、美国东北部工业区以及我国辽中南工业基地都在当地丰富的煤、铁资源的基础上，以煤炭、钢铁、机械、化工等传统工业为主，形成大型企业为轴心的工业区，大型重工采购、生产、销售物流网络也随之而形成。日本工业生产技术雄厚，生产能力强，但主要矿产资源及能源匮乏，国内市场狭小，每年大量进口以矿产资源为主的原料、能源，出口工业制成品，因此以日本为中心的放射状物流网，构成了国际物流网络的重要组成部分。

2.1.4 自然灾害与物流

自然地理环境的发展变化过程中，一些自然现象对人类生命财产造成直接或间接损害，人类便称之为自然灾害。如地震、火山喷发、滑坡、泥石流等地质灾害，台风、寒潮、暴雨、洪涝灾害等气象灾害。

自然灾害对物流交通的影响最为显著。现代物流交通追求的是高速、高效、安全、准时，但自然灾害，特别是台风、洪涝、和泥石流往往导致物流交通中断。物流无法正常运行。

2005 年 7 月 26 - 29 日，印度西部马哈拉施特拉邦连降 3 天暴雨，由暴雨引发的泥石流已造成至少 452 人死亡。导致该国金融中心孟买市内交通、通讯全部中断，与外界联系的高速公路、铁路、机场也无法运行，整个城市几乎陷入瘫痪(图 2 - 1)。

图 2 - 1　暴雨造成孟买交通瘫痪

2005 年 8 月 29 日飓风“卡特里娜”在墨西哥湾沿岸登陆，袭击了美国的路易斯安那、密西西比和阿拉巴马三个州，美国官方的死亡数字是 1300 人，另外有数万人依然流离失所(图 2 - 2)。

这次飓风袭击给美国南部数州所造成的危害比人们想像的要严重得多:大面积的基础设施和民居被摧毁，交通中断，密西西比州近 90% 的建筑遭到破坏或严重破坏，数十万计的无家可归者滞留街头。

新奥尔良港口、密西西比河和从墨西哥湾海岸向内地延伸的公路和铁路干线是美国经济的动脉，它们将中西部的谷物发往世界各地，也负责供应美国所需的大部分原材料。但突然之间，“卡特里娜”飓风让这一切停止了运转。它切断了农场主与世界市场的联系，剥夺了钢铁制造商的原材料，关闭了为全国塑料行业提供原料的化工厂，也扯断了数十个行业的供应链(图2－3)。

美国盛产谷物的地区处境艰难。作为世界最大的玉米、大豆和小麦出口国，美国大约70%的谷物出口是通过受灾地区的港口运往国外的。正值收割旺季，港口尚未恢复正常运营，谷物业流通受到极大影响。

此外，在自然地理环境中，海陆位置、河流、湖泊的分布及水文特征也与物流运输息息相关。沿海地区，可利用海洋发展海洋运输，物流业发展条件好，物流经济水平较高。内陆地区没有便利的海运优势，物流水平相对落后。河网密布、流量大，水流平缓有利于发展内河航行；反之，则没有内河航运的优势，在现代物流的多式联运中，优势不突出。

图2－2　飓风中的港口

图2－3　飓风过境后的新奥尔良

总而言之，自然地理环境各要素相互作用，相互影响，共同作用于物流业，对物流业的发展、地域分布影响较大。但随着科学技术的进步，自然条件并不是影响物流发展的决定性因素，而社会经济环境决定着现代物流的发展与网络布局。

2.2 社会经济环境与物流

社会经济环境是在人类社会发展中形成的，并对人类社会行为产生一定影响的物质和信息要素总和。对于产业经济的发展来说，社会经济需求(市场需求)、科学技术、交通运输、国家政策、劳动力等因素对其影响较为显著。社会经济环境对现代物流的产生与发展、布局起着决定性的作用。

2.2.1 社会经济需求

社会经济需求主要指市场需求。市场需求是人类现代经济活动的指南针。随着社会经济的发展，经济全球化进程加快，不仅各种生产要素在全球更大范围内更多数量的流动，同时企业间面临更加激烈的竞争。高速、高效的现代物流服务逐步成为经济发展的社会化需求，从而促进现代物流业的产生与发展。

现代物流是经济全球化发展的需要。随着经济全球化进程的加快，导致全球范围内不同国家和地区进行着不同内容的经济结构调整。企业间全球范围的重新组合，使工业企业、商业企业和流通企业间的融合与联盟日趋频繁，产生许多新的管理制度的创新。供应链管理应运而生，这直接导致专门为供应链中相关企业提供物流服务的企业组织的出现，从而促进现代物流业的发展。

同时，各种资源在全球范围内进行重新组合与配置，使得现代物流作为现代经济的重要组成部分和工业化进程中最为经济合理的综合服务模式，正在全球范围内得以迅速发展。

发展现代物流是现代企业追求利润和核心竞争能力需要。随着企业对战略管理的重视，企业通过增强核心竞争能力取得市场竞争的优势已为管理者所认同，由于企业更多的是注重发挥其核心业务，即他们擅长的、具有差别化优势的业务，其他业务通过从企业外部采购，即“资源外购”获得，作为生产型企业非核心竞争能力的物流部门开始与企业本身相脱离，成为独立发展的现代物流企业。

区域经济一体化促进现代物流发展。区域经济一体化过程中，往往会在区域中形成多个区域中心城市。区域中心城市是商品集散和加工的中心，第一、第二产业的发展优势明显，而且物流设施和基础设施齐全，流通人力资本高，消费集中而且需求量大，交通与信息发达，人才众多，城市与周围地区存在不对称性，这种非对称结构中城市扮演着“中心地”与“增长极”的作用，以其为核心枢纽将其他地域“极化”成一个商品流通整体，所以区域经济一体化促进现代物流的发展。

社会经济水平高，物流需求旺盛，开放程度高，与国际经济联系密切的地区，现代物流起步早，发展快，水平高。如西欧、北美和日本等经济水平高的国家和地区，现代物流处于世界领先水平。而经济水平低的广大发展中国家，现代物流业发展缓慢，水平低，甚至很多国家还是以传统物流形式为主，现代物流尚未萌芽。

2.2.2 科学技术

科学技术是现代物流高效运作的技术保障，只有先进的科学技术才能满足现代物流的需求。现代物流业属于技术密集型产业，是社会化大生产和科学技术发展的产物。它利用信息和网络技术，运用现代组织和管理方式，对物流各环节进行有机整合，提供从原材料采购开始到生产过程结束以及进入消费领域的整个供应链的多功能、一体化的综合性服务，实现了物流流程的优化和资源的合理配置，提高了全社会的流通效率和经济效益。

在物流系统中，技术与装备是构成物流系统的重要组成部分，担负着物流作业的各个任务，是物流系统的物质基础。

欧美技术水平发达的国家，广泛采用自动化的立体仓库，多层货架和立体存储，有效地提高了空间利用率，减少土地占用成本；立体仓库集成了更多的物流功能，不但能够实现存储的职能，还能进行分拣和流通加工的多项作业。在物流机械装备方面，普遍采用自滑动货架、巷道堆垛机、电动叉车、手持无线射频终端等专业物流设备。

在管理系统方面，发达国家物流将信息技术广泛应用于物流，形成先进的物流配送体系。其中包括了蓝牙(Bluetooth)等无线技术、条形码和扫描(bar coding and scanning)、卫星全球定位系统(GPS)、地理信息系统(GIS)和近来广泛采用的无线射频识别(RFID)等等。信息技术已经广泛应用于物流配送体系的每一子系统之中，企业仓库管理系统(WMS)、运输管理系统(TMS)和订单管理系统(OMS)等都是由复杂的软件系统进行管理。在软件开发和供应链信息资源整合方面具有更明显的优势。

大部分技术水平相对落后的发展中国家，仍以低效率的运输车辆和普通起重设备、货架、升降机等装卸搬运设备为主，自动化和智能化设备的普及率较低。物流管理系统信息化水平也低。

GPS(全球卫星定位系统)是一种以空中卫星为基础的高精度无线电导航的定位系统，在全球任何地方以及近地空间能够提供准确的地理位置、车行速度及精确的时间信息。GPS 自问世以来，就以其高精度、全天候、全球覆盖、方便灵活吸引了众多用户。目前，GPS 已成为国际通行的用于监控车辆的有效设备。近年来，我国的 GPS 应用发展势头迅猛，短短几年，GPS 在我国的应用已从少数科研单位和军用部门迅速扩展到各个民用领域。据广州保信科技总经理胡荣分析，我国 GPS 系统的客户主要定位于四大类：一类是集团用车，GPS 系统便于管理者监控车的使用情况；第二类是物流车辆，主要是长途运输车辆，解决合理调度及货物防盗问题；第三类是出租车；第四类是私家车。

RFID 技术是利用无线电射频的方式进行非接触式双向通信交换数据已达到自动识别目的，具有防水、防磁、耐高温、使用寿命长、读取距离大、标签数据可加密、存取容量大、存取信息更改内容自如，可识别高速运动的物体，并可以同时识别多个标签的优点，操作快捷方便，提高物流系统的自动化管理。

EPC 标识系统是在全球统一标识系统(EAN. UCC 系统)和计算机互联网的基础上，利用射频识别技术(RFID)、无线数据通信等技术，给每一个实体对象一个惟一的代码，构造的一个覆盖世界上万事万物的实物互联网，通常简称为“物联网”，可以实现物流供应链的可视化管理，实现全程跟踪和追溯。在物联网的构想中，RFID 标签中存储的 EPC 代码，通过无线数据通信网络把它们自动采集到中央信息系统，实现对物品的识别。进而通过开放的计算机网络实现信息交换和共享，实现对物品的透明化管理，可以提高物流供应链管理水平、降低成本，被誉为具有革命性意义的新技术。

2.2.3 交通运输

在现代物流系统中，运输被认为是最重要的物流资源和最具活力的构成要素，运输系统对物流系统的形成和物流效率的提高、物流网络布局产生极其重要的影响。

现代物流交通运输应具备三个方面特征:

第一,要有适应物流网络化运作的货物运输网络系统。要求具备功能完善、布局合理、规模适当的运输节点设施,要具备保证运输效率的网络化运输服务与组织方式,节点与运输间的衔接要便利。

第二,运输企业的服务组织要适应运输网络系统发展的需要。运输企业以服务的多样性,运输组织方式的可选择性,适应物流网络化运作方式和运输网络系统建设的需要。

第三,运输服务体系信息化。信息化是运输网络化和企业服务组织创新的基本保证和重要手段,运输领域从整体上必须具备必要的信息管理手段,并使信息管理手段成为运输企业经营管理决策、车辆调度、车辆跟踪、货物跟踪、信息传递的基本技术手段,从而建立具有信息化特征的由运输网络和企业服务组织系统构成的运输服务体系。

交通运输不仅在现代物流系统中的功能至关重要,而且运输成本也是物流总成本中最重要的组成部分,运输过程的优化和成本的有效控制对物流系统的整体优化和物流成本的降低具有决定性的作用。

交通运输条件影响物流现代化水平及网络布局。在物流线路和结点的规划、建设中,交通条件的影响更突出。区域内部物流中心,一般都由交通枢纽发展而来,是区域中的“中心极”,对周围地区物流起着辐射作用,促进区域物流的一体化进程。在城市的物流园区位的规划,往往以交通最优为原则,选择在两种或两种以上运输方式结合的地区进行布局。对于物流线路来说,有交通线路的地方才有物流通道的延伸,才有可能发展现代物流业。

一个国家或地区,具备完善的综合运输网络系统,高度信息化的运输服务体系,就拥有物流业现代化的可能性和优势,物流网点密集。反之,就难以实现物流现代化,物流网点稀疏。

2.2.4 国家政策

从发达国家和地区的发展经验看,任何一个现代物流业的发展,无论是体制还是促成物流模式的转换、整个产业的规划、布局,都离不开政府的参与和一定程度的干预。政府在物流产业发展中具有制定产业政策,合理规划产业的布局,引导产业的发展方向,维护市场的公平竞争秩序,监督法规的执行情况的基本职能。

在物流业发展初期,政府的引导与规划对物流基础设施建设,物流业地域分布、产业区域经济协调等方面起着重要作用。

日本物流业发展迅速,与日本政府对物流业的宏观政策引导有着直接的关系。在现代物流业发展早期,日本政府认为物流业的高速发展对提高国家经济活力有着重要的战略意义,为此政府出台了发展物流业的政策措施。在日本政府出台的物流产业发展政策中，将建设和完善物流基础设施作为重点内容加以提出。日本政府在全国范围内开展了包括高速公路网、新干线铁路运输网、沿海港湾设施、航空枢纽港、流通聚集地在内的各种基础设施建设，投资物流运输体系的建设，既拉动了本国生产的内需，又为日本扩大物流市场提供了充实的物流硬件保证。经过政府的规划与建设，日本国内进一步完善了物流基础设施建设，实现国际水平的物流运作。

在宏观规划重点建设基础设施的同时，为了进一步提高物流运作效率，日本政府着手了一系列政策方面的改革，其目的是进一步放宽对物流业的规制，使其完全按照市场运作的规律更加富有活力地发展。这些放宽的政策包括：(1)废止物流业的供需调整，即对过去各种限制新增项目的法律法规进行了放宽。如：对新建项目只要符合国家规定的安全和技术标准，即可更加容易地获准；(2)对安全规定进行了调整（如：对国际性的调和、技术标准的提高等方面）；(3)灵活实施货物运输事业法。

在物流技术方面，日本政府还着手物流系统的技术升级，包括：

其一，物流系统的信息化：进出口和港口手续的无纸化、一条龙服务，物流 EDI 的推进；其二，物流系统的标准化：集装箱、托盘的 JIS 国际整合，全程托盘化运输的推进；其三、其他技术开发和商业惯例的改善等。

为了确保综合物流政策得以实施、落实，日本政府有关部门通力合作建立了一套政策推进体制，以确保中央部门、地方政府、物流企业、货主等各方面能够合作实施有关政策。这一体制包括中央政府各有关部门之间的合作；地方政府之间的合作（区域物流的未来结构）；并根据实施状况每年进行跟踪调查。

日本政府大力扶持物流产业的发展，利用宏观政策导向，结合政府的立法与监督，给日本物流产业营造良好的政策环境，建立了完善的市场机制，促进现代物流业的快速增长，物流运作居世界领先水平。

此外，在社会经济环境因素中，劳动力条件对现代物流发展和地域分布也有一定影响。现代物流业是一个兼有知识密集和技术密集、资本密集和劳动密集特点的外向型和增值型的服务行业，其涉及的领域十分广阔，在物流运作链上，商流、信息流、资金流贯穿其中，物流管理和营运工作需要各种知识和技术水平的劳动者。世界上现代物流业发达地区大都分布在劳动力素质高的地区。

※ 思考题：

1. 什么是地理环境？自然地理环境、社会经济环境各包括哪些要素？

2. 交通运输条件对如何物流有何影响？

3. 试分析技术条件对物流的影响。

物流窗

美国现代物流发展状况及相关政策

美国经济高度发达，也是世界上最早发展物流业的国家之一。美国政府推行自由经济政策，其物流业务数量巨大，且异常频繁，因而就决定了美国多渠道、多形式的物流结构特征。

(一)美国物流业发展概况和结构特点

美国是最早提出“物流”概念并将其付诸实践的国家之一。1901 年 J. F. Growell 在美国政府报告“关于农产品的配送”中，第一次论述了对农产品配送成本产生影响的各种因素，揭开了人们对物流认识的序幕。1927 年 R. Borsodi 在“流通时代”一文中首次用 Logistics 来称呼物流，为后来的物流概念奠定了基础。从实践发展的角度看，1941～1945 年第二次世界大战期间，美国军事后勤活动的组织为人们对物流的认识提供了重要的实证依据，推动了战后对物流活动的研究以及实业界对物流的重视。1946 年美国正式成立了全美输送物流协会(American Society of Traffic Logistics)，这是美国第一个关于对专业输送者进行考查和认证的组织。

20 世纪 60 年代，随着世界经济环境的变化，美国现代市场营销的观念逐步形成，顾客服务成为企业经营管理的核心要素，物流在为顾客提供服务上起到了重要的作用。物流，特别是配送，得到了快速的发展。1960 年，美国的 Raytheon 公司建立了最早的配送中心，结合航空运输系统为美国市场提供物流服务。1963 年，美国成立了国家实物配送管理委员会(National Council of Physical Distribution Management)。

进入 20 世纪 80 年代的美国，物流管理的内容已由企业内部延伸到企业外部，其重点已经转移到对物流的战略研究上，企业开始超越现有的组织结构界限而注重外部关系，将供货商(提供成品或运输服务等)、分销商以及用户等纳入管理的范围，利用物流管理建立和发展与供货厂商及用户稳定、良好、双赢、互助的合作伙伴关系，物流管理已经意味着企业应用先进的技术、站在更高的层次上管理这些关系。电子数据交换(EDI)、准时制生产(JIT)、配送计划，以及其他物流技术的不断涌现和应用发展，为物流管理提供了强有力的技术支持和保障。

20 世纪 90 年代，电子商务在美国如火如荼地发展，促使现代物流上升到了前所未有的重要地位。目前的发展表明，电子商务交易额中 80% 是商家对商家(B2B)交易。据统计，1999 年美国物流电子商务的营业额达到了 80 亿美元以上。电子商务是在互联网络开放环境下一种基于网络的电子交易、在线电子支付的新型商业运营方式。电子商务带来的这种交易方式的变革，使物流向信息化并进一步向网络化方向发展。此外，专家系统和决策支持系统的推广使美国的物流管理更加趋于智能化。

目前，美国物流产业的规模约为 9000 亿美元，几乎为高技术产业的 2 倍之多，占美国国内生产总值的 10% 以上。全球物流产业规模约为 3.43 万亿美元；1996 年，美国物流产业合同金额为342亿美元，并在此后3年以年平均23%的速度增长；在1996年到2000年间，物流产业压减了500多亿美元，分摊到美国公司每年支出的库存利息有40多亿美元，支付的税金、折旧费、贬值损失及保险费用有80多亿美元，仓库费用有20多亿美元；整个物流活动占制成品成本的15～20%，将近75%的美国制造商和供应商使用或正在考虑使用合同物流服务，这一数字还将继续上升（王成竹，《美国的物流及配送中心》，《中国商贸》2000年8月版）。

在美国，物流服务的外部化趋势是与物流服务供需双方面临的压力有关。首先，从物流服务的需求方看，成本节省和获得高水平的服务，是导致美国企业把资本集中在主要的、能产生高效益并获得竞争力的业务上的主要诱因。有近60%的公司认为物流不是它们的主业，使用外部物流合同承包商不仅减少物流设施的新投资，而且解放了在仓库与车队上占用的资金，使其可以用在更有效率的地方。同时，采用第三方物流还可使企业获得物流管理专业公司的专业技能，克服内部劳动力效率不高的问题。其次，从物流供给方的角度看，一方面随着第三方物流服务业的壮大成长，其提供服务的标准已大大提高，作业效率也有了较大改进，为客户需求定制的各类新型服务得到了充分发展；另一方面由于公路运输等传统行业竞争越来越激烈，使得很多企业资金回报下滑，利润率降低，通过改造成综合物流公司，使承运人能对服务增加价值，形成进入门槛较高的细分市场，以保证与客户的长期合作。这也是促成第三方物流综合服务业快速成长和增加利润的因素。第三方物流服务公司的营销能力也变得更加强有力和纯熟，许多传统的运输和仓储公司都演变成了开展广泛物流服务的供应商。

美国物流产业的发展中，人才的使用和培养发挥着重要作用。

企业高层物流主管的设立：在美国的企业中，对物流的认识及物流的地位已经上升到战略的高度。这一点可以反映在美国公司设立高层物流主管的增长比例中。

据美国奥尔良州立大学调查表明：1990年，物流管理人员的年薪酬水平稳定在6.4万美元左右，物流主管则在8万到8.4万美元这个水平上略有上浮；副总裁的薪酬涨幅最大，现在平均达12.5万美元。这在美国同时期各行业的年收入水平中属于中等偏上，可能与物流从业人员的受教育程度较高，责任范围广有一定的关系。

系统的物流教育体系与物流专业人才培养：在物流人才需求的推动下，美国已经形成了较为合理的物流人才教育培训体系。首先，建立了多层次的物流专业教育，包括研究生、本科生和职业教育等多个层次。许多著名的高等院校中设置物流管理专业，并为工商管理及相关专业的学生开设物流课程。其次，在美国物流管理委员会的组织和倡导下，全面开展物流在职教育，建立了美国物流业的职业资格认证制度，例如仓储工程师、配送工程师等若干职位。所有物流从业人员必须接受职业教育，经过考试获得上述工程师资格后，才能从事有关的物流工作。据美国奥尔良州立大学调查，物流管理者的受教育程度和专业结构情况是：大约92%的被调查者有学士学位，41%的人有硕士学位，

22%的人有正式的资格证书。具体的专业结构为:本科毕业生的专业及结构分别为物流12%,商科52%,工程12%,其他各类专业24%。

(二)美国物流的管理体制与政策

美国是西方资本主义国家中惟一长期实行运输、仓储等物流业私有化的国家。美国的物流市场错综复杂,又十分活跃,得益于它有一套完善的物流市场管理及法制管理体系。联邦层次的管理机构主要有各种管制委员会,其中州际商务委员会负责铁路、公路和内河运输的合理运用与协调,联邦海运委员会负责国内沿海和远洋运输,联邦能源委员会负责州际石油和天然气管道运输,而联邦法院则负责宪法及运输管制法律的解释、执行、判决和复查各管制委员会的决定,各有关行政部门,如交通部、商务部、能源部和国防部等负责运输管理的有关行政事务。立法机构是总的运输政策颁布者、各管制机构的设立和授权者,它们和州级相应机构一起,构成美国全国物流市场的管理机构体系。

美国自建国以来,一直设有州际商务委员会,其主要职责是制定除法律之外的规章制度,协调州与州之间的贸易矛盾、商业与进出口事务、消费者权益以及交通运输方面的事宜,为交通运输企业提供咨询服务。美国联邦政府交通部负责公路建设、管理与维护等工作,而如何使用好公路,做到合理运输,确保运输安全等,则属州际商务委员会的职责。仓储设施建设安全由仓储公司自己规划决定,联邦政府不予管理。

美国政府在物流高度发达的经济社会环境下,不断通过政府宏观政策的引导,确立以现代物流发展带动社会经济发展的战略目标,其近景远景目标十分明确。美国在其到2025年的《国家运输科技发展战略》中,规定交通产业结构或交通科技进步的总目标是:"建立安全、高效、充足和可靠的运输系统,其范围是国际性的,形式是综合性的,特点是智能性的,性质是环境友善的"。其远景目标是:适应经济增长和贸易发展的需要,通过建立高效和灵活的运输系统,促进美国经济的增长及在本地区和国际上的竞争力;改进机动性和可达性,确保运输系统的畅达、综合、高效和灵活等等。近期目标是:改进运输系统结构的完善性,使国家运输基础设施新增通行能力,与其运营效率保持平衡等等。

作为物流的一项重要内容和推动运输物流发展的政府政策,美国运输部长罗德纳·斯拉特(RodneyE. Slater)提出了《美国运输部1997~2002财政年度战略规划》,这已成为美国物流现代化发展的指南之一。规划指出,在1997~2002年作为跨越20世纪到21世纪桥梁的5年中,美国将面对全球化的市场、环境的挑战、跨越国界的安全威胁和通信与信息革命等环境要素的变化,面对这些挑战与变化,他指出要为美国提供机会,给他们以灵活的选择。这一规划将完善21世纪的运输系统,该系统将是全世界最安全、易得、经济和有效的系统。可以说,从整体上讲,这个规划是美国物流管理发展的一个里程碑。

案例讨论

日本物流现代化是从制造业物流的高度发展开始的。丰田汽车制造公司是日本物流发展的先驱者之一，丰田公司的准时制（Just in time）现在成为日本物流的一个重要理念。随着国民经济的不断发展，日本物流已实现高度专业化、信息化、社会化。当前，日本现代物流有几个突出特点：

1. 信息技术化。日本以信息技术为核心的新技术革命，已有传统物流转向现代物流构筑了流通平台。20世纪90年代以来，企业的信息化投资却一直保持迅速增长。1996~1999年投资额增加41.3%，2003年比上一年增长14.7%。2002年末，日本企业计算机联网率已达96.1%，有80%的企业开设企业网页，90%的企业已构筑LAN等企业内通信网，WAN等企业间通信网也达54.4%。与此同时，电子商务交易（EC）急速发展。

2. 物流配送化。物流配送已成为日本现代物流的基本流通模式：一是物流配送社会化程度较高。众多的制造业企业、批发零售业企业，不设或少设仓库等流通设施，而将仓储、交通运输、配送等业务交给专业物流企业去做，以达到降低成本的目的。二是第三方物流企业迅速发展。大和运输公司就是日本第三方专业物流商中经营业绩最佳的企业之一，早期从事陆地运输并创造了"宅急便"物流服务品牌，在激烈的市场竞争中，又确立了差别化的市场观念，构筑了多样化的配送服务体系，针对BtoB（企业对企业）、BtoC（企业对家庭用户）开展从订发货、查询、出库作业到商品保管、配送、运输等全过程的物流服务。2000年该公司国内运输比上年增长5.1%，国际运输增长13.1%，信息通信服务增长8.9%。

3. 物流网络化。物流网络化有两层含义：一是物流配送系统的电子商务网络，即计算机通信网络化；二是物流组织的网络化。日本松下电器公司的信息网络，可称之为物流网络化的一个典型。其信息网络由地面线路通信系统和卫星通信系统构成，目的是通过订发货网络化提高物流和经营效率。松下地面通信系统的最大特点是销售公司与零售店实施网络化，并实现双向通信。

4. 物流国际化，注重物流中心和物流基地的发展

日本政府十分注意物流中心和基地的建设，考虑到其国土面积较少，国土面积相当于美国的1/25，山地还占了70%，人口却占美国的47%，城市人口密度大；国内资源和市场有限，商品进出口量大，因而他们在大中城市郊区、港口、主要公路枢纽都对物流设施用地进行了规划，形成了比较集中的物流基地。物流基地一般是公路、铁路、航空、水运等两种或两种以上运输方式的结点，在这些物流基地，集中了多个物流企业，如日本横滨港货物中心等，这样便于对物流团地的发展进行统一规划，合理布局。

日本物流基地一般占地面积不大，但立体化和自动化程度较高。日本横滨港货物中心（Y－CC）是日本最大的现代化综合物流中心，仓储面积约为32万平方米，具有商品

储存保管、分拣、包装、流通统一以及商品展示、销售、配送等多种功能，配备有保税区、办公区、信息管理系统等。其优良的物流设施，完善的功能为物流配送的发展提供了良好的条件。在日本的物流配送企业物流作业中，铲车、叉车、货物升降机、传送带等机械应用程度较高，计算机管理系统应用比较普遍，如配置的电脑管理系统投资就达70亿日元。

日本烟草东京物流基地每年处理600多亿支香烟，占地面积只有27383平方米，建筑面积只有11373平方米，进货、分选和配送均由计算机自动控制，平均每0.01秒挑选一条香烟，是日本烟草公司技术力量与计算机技术高度结合的产物。

日本物流从制造业开始，一步步追求全体最适化发展，推动了日本物流技术不断进步和整体水平稳步提高。这一点，可以从日本物流成本的变化中得到体现。日本主要制造业物流费用占营业额的平均比重，1975年高达10.2％，此后经过物流技术与运作模式的不断改善，缓慢下跌或横向调整，到了2001年度跌至调查开始以来最低点7.1％。与美国相比较，1994年以来，全部行业物流费用占营业额的平均比重，美国大体呈上升趋势，日本则呈下降趋势。2003年，日本全行业的平均比重为5.5％，主要制造业为7.1％，均大大低于美国全行业的平均比重9.2％的水平。

问题讨论

1. 从社会经济环境看，日本现代物流业发展有哪些优势条件？
2. 为什么日本的物流基地大都分布在大中城市郊区、港口或其他交通枢纽周围？

第3章 中国物流环境

3

*本章主要内容

- 中国物流自然地理环境
- 中国物流社会经济环境
- 中国区域差异与物流

*引导案例

20 世纪初以来，物流作为社会经济活动的一种形式，已经从产品分销(physical distribution)的初始形态逐渐发展成为当代市场经济中工业、商业和运输业等融合在一起的一种新兴产业(Logistics)，其作为连接生产与消费的纽带，是使社会经济活动能够不断循环的重要环节。物流产业的发展已经成为促进经济发展的加速器。

我国自 1949 年建立至 1978 年的近 30 年间，一直实行的是高度集中的计划经济管理体制。与此相对应，企业生产按计划组织，物资供应按计划调拨，产品销售按计划分配，交通运输按计划执行，几乎所有的生产资料和消费资料都是由各级政府按部门，按行政区域通过计划手段进行分配和供应的。涉及“物流”的各个环节，包括采购、运输、仓储、包装、加工、配送等，均完全通过计划手段进行管理和控制，企业基本没有自主经营的空间。这样的体制环境下，生产、流通、销售等环节相互分离，社会库存量大，物资周转缓慢，资金占用较多，给社会资源造成极大的浪费。可以说，这个时期中国还没有“物流”的概念。

1979 年以后，我国实行了对内搞活、对外开放的政策，宏观经济环境开始发生根本性变化。企业经营自主权增加，多种经济成分进入市场，国民经济步入高速发展时期。与此同时，中国的物资分配体制、商品流通体制、交通运输体制也发生了重大变化。商贸企业根据流通体制改革和供应方式的调整变化，开展了商品物流配送中心的试点工作。外商投资企业进入中国市场，也将现代物流的概念及管理方式开始引入我国。

进入90年代以来，随着改革开放的进一步深化，我国经济体制逐步转型，经济总体实力明显增强，基础设施建设步伐加快，社会商品供应日益丰富，综合运输体系初步形成，供求关系由"卖方市场"转向"买方市场"，整个生产、流通和消费领域发生了深刻变革，现代物流业真正进入起步阶段。

那么，我国发展现代物流业的地理环境如何呢？

3.1 中国物流自然地理环境

3.1.1 我国自然环境基本特征

自然地理位置优越，领土面积广阔。我国位于亚洲东部，太平洋西岸。领土南北相距约5500千米，东西约5000多千米，总面积约960万平方千米，在世界各国中仅次于俄罗斯、加拿大，居世界第三位。差不多与欧洲面积相等。领土跨南北纬度大约50°，从热带到寒温带，因而，热带、亚热带、温带的作物在我国都有适宜生长的地区；跨东西经度60°多，水分条件大致自东南至西北递减，形成不同的干湿地区，植物和农作物经度差异明显。

我国海岸线长，管辖海域面积广。我国仅大陆海岸线就长达18000多千米。由北向南环绕大陆边缘的海有渤海、黄海、东海、南海，它们与太平洋连成一片。属于我国管辖的海域面积为473万平方千米。

我国地势西高东低呈阶梯状分布。最高一级阶梯为青藏高原，平均海拔4000米以上，号称"世界屋脊"。第二级阶梯由内蒙古高原、黄土高原、云贵高原和塔里木盆地、准葛尔盆地、四川盆地构成，平均海拔1000米至2000米。从大兴安岭、太行山、巫山和雪峰山麓向东到海岸线，地势下降到海拔500至1000米为第三级阶梯。第四级阶梯为中国大陆架浅海区，水深平均不到200米。

我国地形以山地为主，高原、盆地、平原、丘陵均有分布。山区面积广大（我国习惯上把山地、崎岖的高原和丘陵都称为山区，因此，山区面积约占国土面积的2/3）。全国各类地形的百分比为：山地约33%，高原约26%，盆地约19%，平原约12%，丘陵约10%。

我国气候复杂多样，大陆性季风气候突出。我国幅员辽阔，大部分地区受季风的影响，季节变化比较明显，大陆性突出。年平均气温由南向北递减，降水受夏季风影响，由东南部向西北逐渐减少。气候复杂，东部地区冬季干冷，夏季湿热，雨量集中。西北部地区深居内陆，水分缺乏夏季炎热冬季寒冷，气温日年较差大是典型的大陆性气候。青藏高原由于海拔高，形成了独特的高寒气候。

根据水文特征，我国河流流域分为内流河区和外流河区。东部受夏季风影响的地区河流以外流河为主，长江、黄河、珠江、辽河、海河等注入太平洋，属于属于雨水补给型为主的河流，径流量年际、季节变化大。西北部地区大部分属于内流河区，河流短小，径流量小，湖泊多为咸水湖。

我国是世界上少数几个自然资源总量丰富，种类齐全的国家之一。由于气候、地质、地貌、文等自然条件的差异，我国自然资源在空间的分布上很不平衡。不论是地表还是地下资源，在区域的分布上都存在相对富集和相对贫乏的特点。譬如我国的水资源南多北少；矿物能源的南少北多、东少西多，水能资源集中在西部和西南部的部分省区；金属矿产资源基本上分布在由西部高原到东部山地丘陵的过度地带。

3.1.2 我国自然环境与物流

1. 地形与物流

地形条件影响物流交通基础设施建设，从而影响物流网络布局。交通运输线路综合密度能够较准确地反应出一个地区的交通基础设施的水平，是衡量一个国家或地区现代物流物质条件的重要指标。

我国东、中、西部，地形条件不同，交通运输线路综合密度存在着巨大差异。我国东部第三级阶梯地形以平原为主，地势平坦，有利于各种交通基础设施建设，交通网络密集，为现代物流懂得发展提供了优越的物质条件。而大部分位于地形崎岖的第一、二阶梯上的中西部地区，交通设施建设难度大，交通网络稀疏。

新中国成立以来，特别是改革开放30年来，西部地区交通事业也得到了快速的发展，以新疆为例，新疆拥有166万平方千米国土面积，面积居我国各省（区、市）之首，2002至2007这五年是公路交通历史上投资规模最大、发展速度最快、建设质量稳步提高的最好时期。五年累计完成交通固定资产投资达430亿元，新改建干线公路里程达万余千米，初步实现了乌鲁木齐与各地（州、市），以及各地（州、市）至各县的快速连接。奎屯——赛里木湖、小草湖——库尔勒、克拉玛依——呼图壁、大黄山——天池路口、阿图什——喀什等一大批高速、一级公路的相继建成，为新疆国民经济发展注入了强大活力，目前仍有星星峡——吐鲁番、赛里木湖——霍尔果斯、清水河——伊宁、库尔勒——库车等高速、一级公路在建；高速公路通车里程已突破1000千米，达到1025千米，比五年前增加约136%。

目前新疆公路总里程已达14.5万千米，14个地、州、市中心城市通达了二级以上公路，88个县、市通达了三级以上沥青路，初步形成以乌鲁木齐为中心，以国道干线为主骨架，环绕两大盆地，辐射各地，东联甘肃、青海，南接西藏、巴基斯坦，西出中亚、西亚各国，北达蒙古国的干支线公路交通网。但是，西部整体交通运输基础设施相对发展滞后，制约西部物流的快速发展。

聪物流交通的总体布局和水平看来，东部地区地形平坦，形成了较为完善的综合交通网络，物流网络密集，运输基础设施建设已经进入“基本适应型”，某些指标已经达到中等收入国家水平。中部地区的基础设施建设属于“随后－跟进型”，而地形起伏大，自然条件相对恶劣的西部地区则处于滞后状态，严重制约物流经济发展，现代物流基础极为薄弱，水平低。

广西经过多年的努力，国民经济和社会发展取得了显著成就，经济持续快速增长，经济结构和产业结构调整优化，经济增长方式进一步转变，已初步建立起具有地方特色的三次产业共同发展的国民经济体系。全区物流业总体规模扩大，物流基础设施建设进一步加强，物流需求不断增长，物流业总体运行质量和效益好。突出表现在：一是物流业规模不断扩大。2005 年，实现生产总值 4063.3 亿元，比上年增长 12.7%，三次产业结构为 22.2:37.0:40.8。完成社会消费品零售总额 1397.02 亿元，增长 14.3%。外贸进出口总额 51.83 亿美元，增长 20.9%。铁路、公路、水路、民航各种运输方式完成货物周转量 1194.34 亿吨千米，增长 9.2%，其中铁路、公路、水路分别增长 9.1%、4.7% 和 17.6%。完成货物运输量 4.02 亿吨，增长 8.8%。全区港口货物吞吐量 6876 万吨，增长 24.2%，其中外贸货物吞吐量 2700 万吨，增长 24.1%。经测算，全区社会物流总额为 8082 亿元，物流业增加值 234 亿元，物流业增加值占 GDP 比重 5.8%；二是物流通道进一步完善。2005 年，全区公路通车里程达 62003 千米，其中高速路 1411 千米；广西境内铁路营运里程 2751 千米；全区沿海港口已建成大小泊位 168 个，其中万吨级以上泊位 26 个；全区共有机场 5 个，航线里程 13.7 万千米。此外，沿海港口、交通枢纽、商业系统、物资系统存储等基础设施也逐步整合并发挥作用。

西高东低，呈阶梯状分布的地势，使我国大部分河流自西向东流入海，形成横贯东西的天然内河航道，与海洋运输及陆地运输连成网络，形成江海联运，有利于现代物流的多式联运。

此外，地形还与其它自然要素，特别是气候条件，共同作用于农业生产，影响我国农业生产的地域分布，从而在很大程度上影响着我国农业生产资料、农产品的供应链建设和布局。

2. 气候与物流

气候影响我国主要农产品生产的时空分布，从而影响农业物流的结构与特点。我国东部季风（与西北干旱半干旱区、青藏高寒区分界线分别是 400 毫米年等降水线，青藏高原东部 3000 米等高线）夏季受来自于海洋的东南季风影响，普遍高温多雨。全年降水量均大于 400 毫米，大部分地区海拔在 500 米以下，有众多广阔的平原，适宜发展种植业，我国所有商品粮基地、主要商品棉基地以及大部分经济作物生产都分布在该区域，粮棉产品运销全国。而西北干旱半干旱区气候干旱、青藏高寒区气候寒冷，地表起伏大，农业生产以畜牧业为主，畜牧产品除了满足本区消费外，部分产品运销东部地区。

我国商品粮基地主要分布在温度适宜、降水充足、地形平坦的，土壤肥沃的东北平原、长江中下游平原、成都平原和珠江三角洲地区。全国粮食的贸易流向基本上是：由东北的三江平原、松嫩平原流向辽宁南部、华北的京津唐地区等城市、工矿业密集区、以及西南、西北牧区，甚至还通过海运销往南方人口密集区。

长江中下游的商品粮主要运往华北、华中、华东等城市密集区、西北牧区、华南的广州、香港、澳门等地。我国粮食生产地域分布与销售流向如图所示（图3－1）。

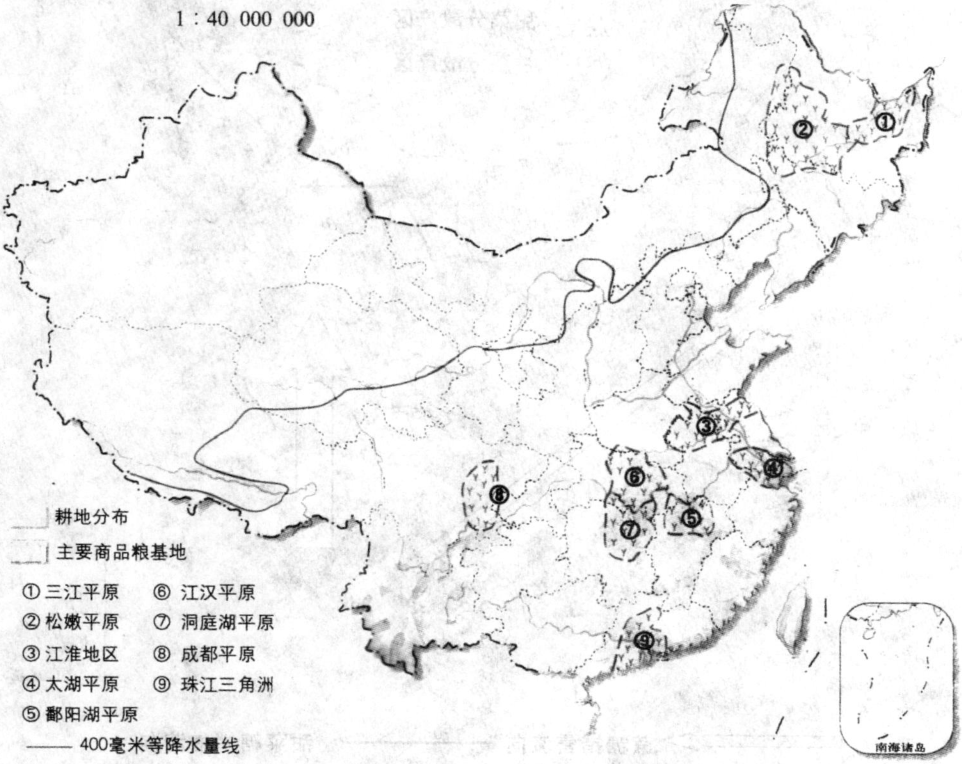

图3－1 我国商品粮基地和粮食主要贸易流向

气候条件的差异，决定了我国糖料生产的地域分布、制糖业布局，从而决定了我国食糖贸易的大体流向及规模。

甘蔗是一种喜高温、需水量大、吸肥多的亚热带、热带作物，我国南部广西、广东、海南、福建、云南等省区的河谷地带、三角洲地区，地形平坦、热量充沛、水源充足，最适宜种植甘蔗，形成了我国最大的糖料产区。而东北及西北的黑龙江、吉林、内蒙古、新疆等地位于温带地区，气候温凉，气温日较差大，种植甜菜条件优越，是我国主要甜菜产区。因此，我国糖料生产形成“南蔗北菜”的地域分布格局。

由于制糖工业的原料指向性，所以我国食糖生产主要集中在我国南部、北部地区，尤其以南方沿海为主，从而形成食糖“由南北两端运销中部”的国内贸易格局。（图3－2）

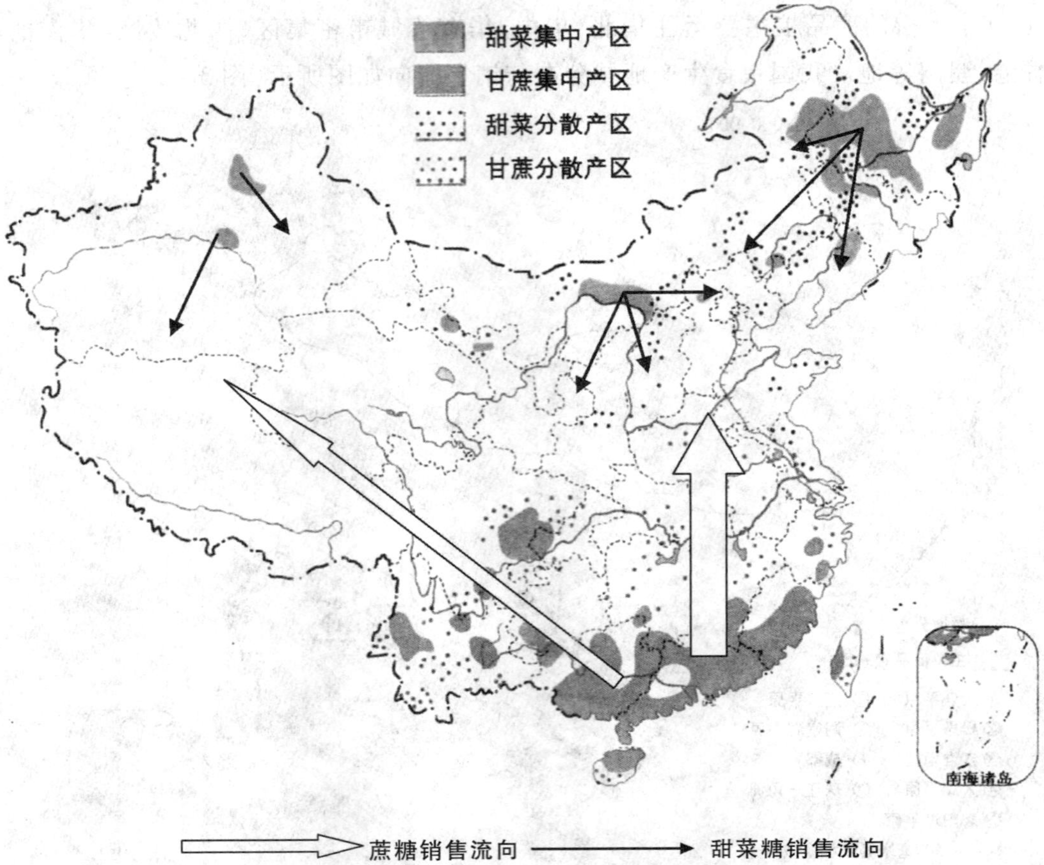

3. 海岸条件与物流

我国海岸线长，良港众多，为物流发展造就了有利的海运条件。港口从本质意义讲就是一个物流基地、物流枢纽、物流结点，是物流企业的集群，主要从事进出口货物的集散。

我国是一个面向太平洋，拥有漫长海岸线和众多沿海岛屿的海洋大国，大陆海岸线从南到北长达 18000 多千米，优良港口众多。我国年吞吐量超过万吨的港口有 1900 多个，其中年吞吐量超过 100 万吨的港口 115 个，年吞吐量超过 300 万吨的港口 71 个，年吞吐量超过 500 万吨的港口 45 个，年吞吐量超过 1000 万吨的港口 25 个，年吞吐量超过 5000 万吨的港口 8 个。良好的港口条件为我国物流国际化提供了有利条件。

我国珠江三角洲、长江三角洲、环渤海地区现代物流相继崛起，成为我国物流业发展的龙头地区，其中重要条件之一就是所依赖的港口运输条件。

4. 自然资源与物流

自然资源储量和分布状况，影响制造业的生产布局，从而影响制造业供应链地域分布与规模。最为显著的是矿产资源对制造业供应链的影响。以铁矿石为例，阐述矿产资源对制造业物流的影响。

我国铁矿资源探明量达475亿吨，但分布也极为不平衡，富矿少、贫矿多，品位大于50%的铁矿石只占5.7%，造成国内铁矿资源供应严重不足。为了降低铁矿石的运输成本，我国部分钢铁企业接近我国铁矿石产地进行布局，如鞍本钢铁基地、攀枝花钢铁基地、马鞍山钢铁基地、武汉钢铁基地等，有的则布局在沿海地区，如上海宝钢等，充分利用便利的海运条件，从国外进口铁矿石。

随着我国钢铁工业的发展，铁矿石的需求量越来越大，为保证企业的正常生产，我国每年从国外进口大量富矿粉和精矿，2005年中国进口铁矿石达到2.4亿吨。我国在大量进口铁矿石的同时，又大量出口钢铁，形成了钢铁业的上游矿石采购遍布世界各地，下游成品的出口走向世界，围绕国内钢铁生产企业，集原材料采购物流、国内冶炼、加工制造物流、产品销售物流为一体的大规模物流链。

是我国物流网络的重要组成部分。

一个钢铁企业就是一个物流大市场、一张物流大网络。以上海宝钢为例，借助宝钢生产上的优势，钢铁交易市场在宝山地区得到蓬勃发展，万商云集，钢铁横流，围绕宝钢的钢铁冶炼、销售和港口吞吐而兴建的各类经济开发区近30个，吸引各类物流企业近千家，丰富的钢铁物流资源和繁忙的钢铁交易，形成了一个充满活力也极具潜力的巨大物流市场。仅在宝山航运一条街就有近300余家各类物流企业，2003年营业额就高达200亿元。产销两旺的宝钢陆续催生出了11家大型钢铁交易市场，火暴的钢铁交易拉动了仓储业的迅猛发展，宝钢投产以来大量仓库应运而生，目前，45家大型钢材仓库分布在宝山区内的各个地段，钢铁板材仓储量约占上海市板材仓储总量的70－80%。据不完全统计，在全国当时近3亿吨的钢材交易量中，有5000万吨的交易在上海完成，其中的大部分是在宝山的仓库群中交易的，一个宝钢的崛起和辉煌，使宝钢所在地的宝山区成为全国最大的钢材交易中心和钢材仓储群之一。宝钢原材料、产品的大进大出，以宝钢为中心结点，形成一张巨大的钢铁物流网络。

近几年出现的钢铁热，使钢铁企业遍地开花，仅河北省就有200多家，全国现有钢铁企业数千家。每家钢铁企业周围都相继出现了一定规模的物流企业群，全国几千家钢铁企业形成的物流企业群和2.26万亿元的物流市场规模气势恢弘波澜壮阔。随着钢铁业的发展，我国钢铁物流市场还将扩大，前景十分广阔。

我国资源的整体分布状况与目前的经济地理格局不相适应，东部沿海地区人口稠密、经济发达、制造业生产能力大却普遍存在资源短缺的困境。广大西部地区却由于资金短缺、基础设施和技术的落后而得不到大规模的开发。为了改变这种局面，促进区域的协调、持续发展，我国先后制定了若干跨区域的资源调配方案，如西电东送、西煤东运、北煤南运、西气东输等。这决定了我国自然资源在国内长距离、大规模流动的局势，要求现代物流网络布局必须保证大宗资源的高效、快捷的流通。

自然资源和生产力的空间分布极不均衡,决定了各类能源、原材料供应及产成品销售物流平均距离较大,规模大且流向相对集中的特点，要求在我国物流业的总体规划与建设中，必须为其提供强大的、布局完善的物流网络，以保证各项物流的畅通无阻。

5.自然灾害与物流

我国是世界上为数不多的自然灾害损失最为严重的国家之一，有70%以上的大城市、半数以上人口、75%的工农业产值，分布在气象、地质和海洋等灾害严重的地区。各种自然灾害中，尤以洪涝、泥石流对物流运输的影响最为严重。

每年的各类洪涝灾害对我国铁路运输构成很大威胁。我国七大江河中下游地区的许多铁路干线，如京广线、京九线、京沪线、陇海线等主要干线每年汛期都处于洪涝灾灾害的威胁之下。全国受洪水威胁的铁路干线超过10000千米。

2006年8月15日－17日，受强热带风暴“碧利斯”影响，广东、湖南省内大部分地区普降暴雨，京广线湖南境内马田墟－许家洞、广东境内乐昌－坪石段线路共有9个地段先后出现险情。广州铁路(集团)公司管内京广线张滩－乐昌－安口段相继发生洪水漫道等险情，乐昌站内积水超出轨面1.3米，站房一楼进水，京广线南段中断行车。京广铁路张滩至乐昌区间水害严重，造成上下行线路中断。京广线南段多处出现严重洪涝灾害，造成铁路运输中断，受影响列车达88列。

西南、西北地区的铁路，如成昆、宝成、兰新、兰青线，则经常受山洪爆发和泥石流等地质灾害的影响。我国有泥石流沟1万多条，其中大多数分布在西藏、四川、云南、甘肃。四川、云南多是雨水泥石流，青藏高原则多是冰雪泥石流。我国每年有近百座县城受到泥石流的直接威胁和危害;有20条铁路干线的走向经过1400余条泥石流分布范围内，1949年以来，先后发生中断铁路运行的泥石流灾害300余起，有33座车站被淤埋。在我国的公路网中，以川藏、川滇、川陕、川甘等线路的泥石流灾害最严重，仅川藏公路沿线就有泥石流沟1000余条，先后发生泥石流灾害400余起，每年因泥石流灾害阻碍车辆行驶时间长达1－6个月。泥石流还对一些河流航道造成严重危害，如金沙江中下游、雅砻江中下游和嘉陵江中下游等，泥石流活动及其堆积物是这些河段通航的最大障碍。

2008年5月受12日四川汶川大地震的影响，当晚11时许，在宝成铁路徽县境内150千米+300米处，山体因地震大面积垮塌，致使铁路轨道变形，宝鸡开往成都方向的21043次40节货车(其中13节装汽油)脱轨，火车头先起火，13节汽油罐被埋，随后也起火，宝成铁路交通中断。

3.2 中国物流经济环境

20世纪80年代初，我国从日本直接引入“物流”的概念。20世纪90年代后期，随着我国经济体制改革的发展，企业产权关系日益明晰，生产、流通等企业开始认识到物流的重要性。国内开始出现了不同形式的物流企业，大多物流企业是由原运输企业、仓储企业、商业企业或工业企业等改造重组而来。此时已有少数物流企业开始建立在物流理论上，根据物流运作规律进行组织与管理。同时对物流的研究也从流通领域向生产领域渗透。网络技术、电子商务等发展对物流业发展提出了新的要求，加强了我国物流业与世界物流业的合作与交流，使我国物流业发展开始走向国际化、全球化。

我国社会物流总额规模不断扩大，2006 年，是我国实施"十一五"规划并实现良好开局的一年，也是中国物流业稳定快速发展的一年。以"十一五"规划纲要中单列一节"大力发展现代物流业"为标志，现代物流的产业地位在国家规划层面得以确立。物流业增加值占服务业全部增加值的比重继续提高，社会物流总费用与 GDP 的比率持续下降，我国现代物流业正朝着"又好又快"的方向发展。

下面从物流需求、科技、交通、产业政策、劳动力条件等方面对我国现代物流发展的社会经济环境进行分析。

3.2.1 社会物流的需求

现代物流业是世界经济经济一体化对我国经济的客观需求。改革开放以来，中国经济与世界经济越来越紧密地融合在一起。外资企业的进入，一方面带来了现代物流的观念和先进的运作方式，另一方面，也迫切希望中国能有方便、及时、低成本、高效率的现代物流系统作为其跨国生产和营销的服务保障。尤其是我国加入世贸组织后，中国经济与世界经济的联系将更加密切。我国经济在逐步融入世界经济的过程中，推动了我国现代物流业发展。

发展现代物流业是我国区域经济协调均衡发展的客观需要。我国是一个大国，国土面积达 960 万平方千米。在这样广阔的国土上资源的分布又很不均衡，多数自然资源分布在东北、西北、西南以及北方地区，而人口多集中在中部和沿海自然环境和交通条件较好的地区，历史上就形成了原材料采掘、粗加工等基础工业远离加工工业的产业布局，物流在时间和空间上的跨度极大，"北煤南运""南粮北调"等就是其中典型的例子，导致我国物流费用较高，据统计我国物流费用占 GDP 的比重高达 20% 左右，而美国和日本只有 10% 和 14%。因此，大力发展现代物流业是我国区域经济协调均衡发展的客观需要。

我国社会物流需求持续增长。从"八五"到"十五"期间，我国经济进入快速增长，社会物流需求出现持续高速增长的局面。社会物流总额规模持续扩大，"十五"期间社会物流总额达 158.7 万亿元，比"九五"时期增长近 1.4 倍，年均增长 23%。扣除价格因素，需要运输、装卸等物流服务的实物量年均增长 15% 左右。这一速度明显快于"十五"时期 GDP 增长 9.5 % 的水平，一方面说明我国物流发展正处在高增长期；另一方面也表明社会经济发展对物流的依赖程度明显增大。

下表是我国 1991 年 –2005 年单位 GDP 物流系数变化的状况。

表 3-1　　1991 年~2005 年单位 GDP 物流需求系数

年份	物流需求系数
1991	1.40
1992	1.47
1993	1.54
1994	1.64
1995	1.68
1996	1.55
1997	1.57
1998	1.53
1999	1.55
2000	1.72
2001	1.77
2002	1.93
2003	2.18
2004	2.40
2005	2.64

数据来源:中国物流与采购联合会报告

由上表可见，社会经济发展越来越依赖于现代物流的发展，这是一个国家调整经济结构，转变经济增长方式的必由之路，也反映出国民经济发展对物流的需求。

物流需求高速增长期将继续持续 10 至 15 年的时间。特别是在“十一五”时期，我国正处于工业化中期和调整经济结构，转变经济增长方式的关键时期。而现代物流作为生产性服务业向生产、建设、贸易等领域延伸，是调整经济结构，转变经济增长方式的重要内容。随着国民经济的稳定快速发展，随着进出口贸易的进一步扩大，物流需求的规模还会继续扩大。

3.2.2 交通运输

我国交通运输业经过几十年的建设，各种运输方式基础设施快速发展，以干线铁路、高速公路、枢纽机场、国际航运中心为重点的运输基础设施的建设，极大地改善了交通运输设施条件和装备技术水平，初步形成了铁路、公路、水运、航空、管道相互配合、共同发展的综合运输体系，交通供给能力明显提高，已基本摆脱了对经济发展制约的“瓶颈”状态。这为发展国际、国内快速机动的物流系统奠定了必要的物质基础。

公路方面，2007 年，全国全年新改建公路 46.42 万千米，公路总里程达 358.37 万千米，其中，等级公路里程 253.54 万千米，比上年末增加 25.25 万千米，占公路总里程的 70.7%。截至 2007 年底，高速公路通车总里程达 5.3 万千米，有 11 个省高速公路里程突破 2000 千米。全国公路密度继续提高，通达水平进一步提升，2007 年，全国公路密度每百平方公里为 37.33 千米，比上年末提高了 1.32 千米。

铁路方面，2007年，全国铁路完成新线铺轨985.5千米，复线铺轨1133.7千米；新线投产677.5千米，复线投产479.8千米，电气化铁路投产937.6千米。截至2007年底，全国铁路营业里程达7.8万千米，铁路复线里程2.71万千米，复线率34.7%；电气化里程2.55万千米，电气化率32.7%。

经过第六次大面积提速改造，时速120千米及以上线路延展里程达到2.4万千米，时速160千米及以上线路延展里程达到1.6万千米，时速200千米及以上线路延展里程达到6227千米，其中时速250千米线路延展里程达到1019千米。

水运方面，2007年，沿海港口新建及改（扩）建码头泊位211个，其中万吨级以上泊位114个，新增吞吐能力30790万吨。截至2007年底，沿海港口拥有生产用码头泊位4701个，其中万吨级及以上泊位1078个。2007年，新增及改善内河航道里程594千米，新建及改（扩）建内河港口码头泊位160个，其中万吨级以上泊位9个，新增吞吐能力2101万吨。截至2007年底，内河航道通航总里程已达13.3万千米，共有内河航道枢纽4143处，内河码头泊位31246个，其中万吨级及以上泊位259个。

航空方面，2007年，民航基础设施固定资产投资总额350多亿元，民用机场航站楼总建筑面积增加126万平方米，新增百色、喀纳斯、鄂尔多斯、荔波、邯郸5个运输机场，机场总数从2006年的147个增加到152个。

运输结构趋于优化，综合运输体系逐步形成。从“八五”开始着手建设的全国综合运输大通道骨架已初步形成。铁路的骨干地位得到巩固，公路的基础性地位得到确立和提高。航空作为现代快速运输方式，已成为我国运输市场中一支不可忽视的力量。随着中哈管道、西气东输管道的建成与使用，管道运输的重要性日显突出。在日益发展的对外贸易中，海运将成为物流的主力军。五种运输方式的基础建设协调发展，形成了统一的综合运输体系，运输效率不断提高。

信息技术的应用给交通运输业带来了效率的显著提高。高速公路不停车收费系统和联网收费系统的应用，城市GPS系统与物流系统的结合，使得传统的运输效率和管理水平得到极大提高。

但我国交通运输业还存在运网规模总量不足、基础设施区域差异大、结构矛盾突出、管理水平和运输效率低、信息化程度低的问题，在一定程度上制约了现代物流业的发展。

3.2.3 物流技术条件

物流业作为具有较高技术含量的产业，其效率的提升、成本的下降和服务的改善，均需要与之匹配的作为运作和服务手段的相关装备水平的提升。

物流信息化是现代物流的核心。由于我国现代物流业起步晚，物流领域中现代信息技术应用和普及的程度还不高。目前，国家将物流信息化作为一项基础建设纳入规划，并加大了物流信息化的投入，通过重点投资和前期投资引导的方式加大对现代物流发展的科技创新和信息技术的支持，积极扶持发展有自主知识产权的现代物流科技信息技术成果，引导物流信息化。

我国物流信息化的进程逐进一步加快。物流信息平台建设有了新的进展，如正在构建地方电子口岸大通关统一信息平台，加快物流信息整合，推动区域经济，适应全球经济一体化的发展；铁道部和海关合作共同开发了口岸信息平台系统，实现了铁路与海关间的联网互通、进口货物信息的电子传送和共享等功能；交通部建立了联网收费、建设质量安全监控和水上运输安全监控、公共信息服务等信息平台。

企业信息系统加快了升级和改造步伐，供应链管理信息系统开始出现。钢铁、汽车、制药、烟草、家电等行业的供应链管理应用已出现了成功案例。

在装备方面，立体仓库、托盘、货架、集装箱、机动工业车辆、自动拣选设备等发展很快。

但是，我国的物流核心技术的研发和应用水平，尤其是管理和决策技术、物流标准化、信息化技术的研发和应用水平还比较低。

目前，随着信息技术的发展，我国各类经济主体将信息技术应用于经济活动的各个环节，以实现资源的优化配置和竞争能力的提高。

1. 信息技术在物流方面的应用。我国多数工商企业在应用现代信息技术、实现管理信息化方面的工作已起步，但总体水平不高，程度参差不齐。

以电脑普及和应用情况为例，国内工商企业的电脑保有量还比较少，近50%的企业电脑保有量不足10台，近80%的企业电脑保有量不足50台。在电脑的应用方面，主要集中于传统的财务管理、办公自动化和销售管理，超过50%的企业将电脑应用于上述方面；而在其他环节和领域的应用还相对较少，特别是在企业最为核心的生产流程、业务流程、经营决策以及物流管理方面的应用还非常有限。

在物流企业中，信息技术的应用水平也比较落后。根据中国仓储协会调查，2003年我国的物流服务企业中，仅有39%的企业拥有物流信息系统，绝大多数物流服务企业尚不具备运用现代信息技术处理物流信息的能力。企业信息化程度较低，已成为制约中国物流企业发展和竞争能力提高的技术瓶颈。

2. 条形码技术应用开展较早，但普及程度仍然不能满足物流发展的要求。条形码作为商品标识方面的应用，在我国企业中开展的较早，普及水平相对较高。目前约60%制造企业的产品采用了条形码标识，相对而言大中型企业的普及程度更高。38.8%的零售企业并没有完全实现条码化。这不仅对零售企业利用POS系统实现销售效率提高有较大影响，而且影响了整个物流流程的信息采集与反馈、物流企业与工商企业之间的信息共享和相互合作、以及物流作业自动化的开展。

除商品条形码标识外，高效的物流活动需要对由销售单元组成的储运单元、货运单元及其在物流流程中的位置进行条形码标识。调查显示，我国75%的企业的储运单元和货运单元都没有条形码标识，93.6%的制造企业、100%的批发企业和97%的零售企业都没有采用位置码。可见，货运单元条形码、储运单元条形码以及位置码在我国企业中的应用水平还非常低。这三种条形码应用水平低，一是直接影响计算机管理的物流系统的运作，二是限制了仓库管理自动化的实现。

3. EDI的应用范围非常有限，企业之间物流信息的共享机制尚未形成。EDI作为一种有效的、新型的商业信息管理手段，在中国的应用范围还非常有限，相对集中在进出口企业与海关、商检等管理部门之间的使用。就国内多数企业而言，真正意义上的EDI应用还远未开展。

4. 网络技术应用仍然停留在初级水平上。局域网、增值网(VAN)以及互联网是目前国际上物流领域中应用比较普遍的网络技术。特别是随着互联网技术商业化应用范围的扩大和普及，网络技术已逐步取代了EDI技术，但由于我国企业信息化水平较低，网络技术的应用，特别是在物流方面的应用还处在起步探索过程之中。据调查显示，我国建有局域网的企业，制造业为44.7%，批发业为31.3%，零售企业为62.7%。可以看出，局域网在我国企业中的普及水平还不高，只有零售企业的使用情况还比较好。此外，企业网站建设尚不普及，利用互联网开展电子商务、电子物流(利用互联网进行物流服务的采购和分拨)等仅在少数企业中开始探索。

5. 企业利用各种系统集成软件技术优化配置物流作业的还少。信息技术在物流领域广泛应用的另一个主要标志，是针对物流活动的需要开发的、使用大量信息技术支持的管理软件。这些管理软件不仅使企业实现了物流功能、业务流程的集成，而且可以将供应厂商、协作企业、用户及竞争对手的资源纳入到企业的管理系统之中，有利于实现各种物流资源的合理配置。据调查显示，ERP、SCM及VMI等集成系统软件在我国企业中实施的尚不足1/10，其中制造企业应用情况略好于流通企业，如流通企业中实施ERP的比例目前仅为3%左右。

3.2.4 宏观政策环境

政府在产业发展中具有制定产业政策，合理规划产业的布局，引导产业的发展方向，维护市场的公平竞争秩序，监督法规的执行情况的基本职能。

我国处于国民经济转型时期，现代物流业尚处于起步阶段，由于长期受到国计划经济影响，现有体制造成的流通行业横向分散、条块分割、地区封锁、物流设施重叠建设的现象依然存在。因此，在我国发展现代物流业，实际上是一场流通体制的变革，是要进行资源的再次合理配置和优势组合，这种深层次的体制变革，必须在政府的推动下，打破体制障碍和破旧的利益格局，才能形成综合协调管理体制与机制。

我国物流业发展的现阶段，需要政府进行引导、培育、规划、投资与协调。政府的扶持与宏观调控对我国现代物流业的发展与布局有着积极意义。

2004年8月，经国务院批准，由国家发改委等九部委联合发布了《关于促进我国现代物流业发展的意见》，从宏观性的角度明确要对现代物流管理的相关政府部门进行全面调整。这种调整的结果将会促进各个行业管理和相关政府部门出台具体的实施政策，从而构建有利于现代物流复合产业发展的政策体系，形成具有复合性特征的物流产业发展进程中的多部门协调和共同推动的局面。

从营造发展环境的角度，《意见》对调整现行行政管理方式、完善物流企业税收管理、整顿规范市场秩序、加强收费管理等涉及物流环境的综合性政策问题给予了明确。加之建立和完善物流技术标准化体系，推广先进适用的物流专用车辆和设备，提高物流信息化水平和提高从业人员素质等综合措施，将从综合协调的角度加强各个基础领域的相关政策，为我国现代物流的发展提供强有力的支撑。

2006 年 3 月 14 日，第十届全国人民代表大会第四次会议批准的《中华人民共和国国民经济和社会发展第十一个五年规划纲要》中，明确提出要大力发展现代物流业，并提出发展物流业的四大任务，其中包括“加强物流基础设施，建立大型物流枢纽，发展区域性物流中心”，可见，在政府的规划与推动下，我国物流基础设施必将更完善，一批大型的物流中心和配送中心会在一些具有地区优势和经济实力的大中城市形成，全国范围内构建成比较完整、合理的物流网络，从而推动物流业向集团化、联合化、规模化，布局合理化方面发展。

3.2.5 劳动力条件

物流是一个跨行业、跨部门的复合产业，同时它又是劳动密集型和技术密集型相结合的产业。需要大量善于运用现代信息手段，精通物流业务，懂得物流运作规律的复合型管理人才。同时，在运输、储存、包装、流通加工、搬运装卸、信息处理等物流所包含的每一个功能环节中，还需要大量的人员操作。由于交通限制、客户需求、服务质量要求等原因，物流操作往往是需要全天候 24 小时作业，这种作业特点使得物流操作人员的需求成倍增加。

随着信息技术、自动仓储技术、包装技术、装卸搬运技术及相应设备大量在物流活动中的应用，以及市场物流服务质量的要求，对物流操作人员的素质要求也在迅速提高。

我国物流市场庞大，物流用固定资产投资不断加速，对物流人才产生巨大需求。2004 年，我国社会物流总费用为 29114 亿元，同比增长 16.6%，这就意味着我国目前具有近 30000 亿元的物流市场总额，并且仍在快速增长之中。同期国内物流相关行业固定资产投资额为 7283 亿元，同比增长 24.3%，增幅比上年提高 13 个百分点。外资企业、国内新兴企业和逐步转型的传统企业稳步增长的物流需求，造就了国内庞大的物流市场，吸引着国外物流企业大举进入国内，同时国内物流企业也快速扩张。巨大的物流市场、快速增加的物流用固定资产投资和快速扩张的物流企业，产生了巨大的人力需求。

我国现阶段物流人才缺乏，在一定程度上制约了我国现代物流业的发展。由于我国现代物流业以及相应理论研究起步晚，物流教育也相对滞后，物流人才培养尚未形成以物流科技创新和知识创新为核心的物流教育目标体系，造成国内物流人才匮乏，特别是具备先进管理经验的人员。国内各类企业中物流操作人员主要是从传统的仓储和运输企业的搬运、装卸等岗位转移而来；或者直接招聘农民工。这些人员很少有接受过系统的物流操作培训，大部分不具备物流相关知识，对操作原理、各业务环节的衔接、作业流程、行业标准、服务规范、现代信息技术应用等知识知之甚少，不能满足现代物流业的需求。

统计数据表明，目前设置物流专业的高等院校有273所，在校学生3.5万人；高等职业类学校约500所，在校学生15万余人；中等职业类学校1000余所，在校学生30万余人。基本上扭转了物流人才严重不足的局面，为中国物流事业的发展提供了人力资源保障。

我国物流师职业认证制度已经建立，中国物流与采购联合会组织近2万人参加了物流师职业资格培训，其中1.2万人取得了资格证书。与此同时，一些行业协会还积极引进国际上成熟的物流与采购方面的资格认证体系。

3.3 我国区域差异与物流

3.3.1 我国经济地带划分与地理环境差异

由于自然地理环境与社会经济环境的差异，我国沿海与内地的社会经济发展存在明显差异。依照各省区社会经济发展水平，我国大致分为东部、中部、西部三个经济地带。

东部地带面向海洋，具有开放性和便利的海运，为发展开放性经济提供优越的区位条件。气候湿润、雨热同期，地势低平，水源充足，有利于农业经济的发展，是我国三大地带中基础设施最完善，城市化水平和科技水平最高的地区。东部地带具有以下几方面优势：

第一、是我国主要的农业基地。黄淮平原、长江三角洲、珠江三角洲等农业基地，以及我国的海洋水产产区都分布在该地带。

第二、是我国最重要的工业区，集中了我国最具实力的工业区，包括辽中南工业区、京津唐工业区、沪宁杭工业区和珠江三角洲工业区，其经济影响全国。

第三、交通最便利。集中了我国目前大多数的高速公路，铁路运输四通八达，拥有我国32000千米海岸线和部分边界线，与国内和海外有着直接和广泛地联系。

第四、是我国城市分布最密集的地带。在全国约16%的土地上，分布了约45%城市和51%的城市人口。

第五、科技水平高。东部地区拥有全国45%的高等院校、60%的科学家。

第六、经济国际化程度高，出口额占全国90%以上；外商直接投资占全国80%以上的份额。

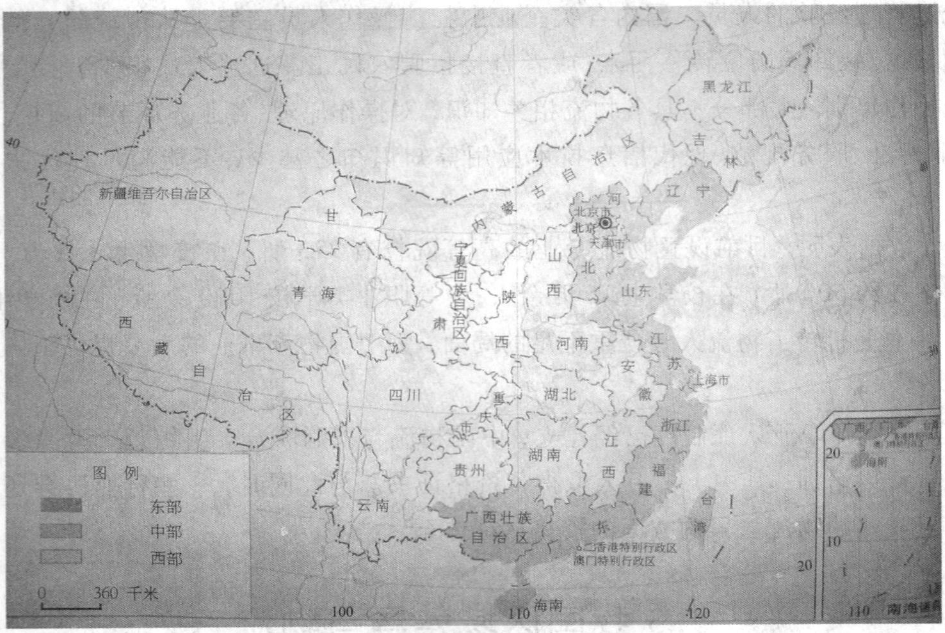

图 3－3　三大经济地带划分图

但东部地带在经济发展中存在着能源、原材料不足，北方各省区淡水资源短缺，旱涝灾害较为频繁等问题。

中西部地带面积广阔，能源和煤炭资源丰富。西部地势起伏大，高原、盆地、山地面积广。气候上多属干旱区或高寒区，天然牧场面积广大，是我国主要的牧区。自然条件较好的中部地区是我国粮、油、棉的重要产区，有色金属和重工业较发达，有武汉、哈尔滨等重要的工业城市。中西部边境线长，在边竟境贸易有优势。

表 3－4　　中西部地区资源占全国比重表

资源类别	耕地	可利用水能	煤	石油	铜	铝土矿	磷矿	硫铁矿
比重	70%	85%	94%	60%	70%	80%	80%	60%

但中西部地带位于我国内陆，离海洋远，长期处于比较闭塞状态，不利于开放经济的发展。基础设施落后，特别是西部地区，运输能力不能适应发展的需要，生态环境脆弱，阻碍了中西部地区社会经济的发展。

3.3.2 区域物流差异与协调发展

不同的区域，地理环境、社会与经济发展存在差异，物流发展的区域差异也十分明显。我国现代物流的发展，首先是从经济发达地区开始的，特别是珠三角、长三角和环渤海地区走在全国的前列，而中西部经济不发达地区物流运作水平还比较落后。

现代物流业是协调性高的行业，我国区域经济协调发展的战略思想对区域物流的协调发展提出更高的要求。2005 年，我国提出了“继续推进西部大开发，振兴东北地区等老工业基地，促进中部地区崛起，鼓励东部地区率先发展。"的区域发展总体战略，首次将东、中、西部和作为一个整体，完整地阐述了区域的战略布局，完成了全国区域经济的宏观布局。随着规划的进一步实施，区域间生产要素流动和产业转移出现的新变化，区域之间的经济要素流动和转移的速度加快、领域拓宽、规模扩大、层次提高，尤其是中西部地区加快发展具有本地优势和竞争力较强的特色经济，形成了新的区域经济发展特点，对物流协调发展提出新要求。

地区经济的协调发展要求要从区域经济协调发展的实际需求出发，运用现代物流理念、管理和技术，明确区域物流分工与定位，改造、整合现有物流资源，沟通城镇与乡村、东部与中西部、发达地区与欠发达地区的物流通道，形成区域网络化物流格局，建立起高效、通畅、便捷的物流服务体系，以便不断降低区域之间及区域内部的经济要素流动物流成本，提高物流活动效率，加快区域经济的发展。

1. 东部物流

(1)发展状况

东部地区凭借优越的区位、便利的综合运输条件，先进的体制机制以及业已形成的先发优势，经济水平位于三大经济地带前列，外向型经济特点突出。物流业发展的经济基础好，物流需求大，经济的外向型促使现代物流业起步早，发展速度及水平在全国位于领先地位。目前已经基本形成长江三角洲、珠江三角洲、环渤海三大物流圈。这三大物流圈占据了中国大陆物流系统的主要市场。其中，长江三角洲和珠江三角洲为中国物流带来了大约80%的收入。

长江三角洲以其独特的地理位置、最为便捷的交通，密集的城市群、雄厚的经济实力，物流业发展水准在中国已处于领先水平，成为国推动现代物流从初级阶段向高级阶段转型的重要区域之首，也是最有条件率先实现物流现代化的区域之一。

长三角地区仅国务院批准的一类口岸就有35个，其中包括19个沿海港口、10个内河港口、5个航空港和1个国际临时铁路口岸。2005年长三角地区苏、浙、沪三地的对外贸易总额约占全国的36%。长三角地区14个主要港口货物吞吐量在最近7年间增长了2.98倍。长三角港口群的集装箱吞吐量占到全国的33%。由于物流总量的持续增长，长三角各地港口、公路、内河及信息平台等物流基础设施建设呈快速发展态势。

包括港澳在内的珠江三角洲地区，凭借优越的地理位置，拥有全国最大的港口群、良好的高速公路和铁路网络、大型的航空基地，可谓是发展物流业的极佳地区。

该地区是举世瞩目的强大制造业中心，也是我国进出口贸易的重要基地和集散地，大量货物通过港澳完成进出口业务，也有很大一部分是直接从大陆其他口岸进出，进出口的物流运输基本上以集装箱方式由陆路转海路完成。除进出口物流外，珠三角地区的产品也大量流向内地。就货运量而言，区内货物的集散量占货运总量的大多数，其中高时效、中高附加值的轻工业产品占主要地位。区内物流的主要运输方式目前是以公路运输为主，而铁路运输也占有一定比重。在航空货物、邮政包裹以及快递的物流业务上，由于运量较小，货值较高，要求的运达时间短，基本上是形成快递网络。纵观珠江三角洲地区的物流业，其物流业已渐趋多元化，并基本形成以公路、港口运输为主，铁路、航空为辅的物流运输体系。

目前正在区域内整合各方面资源，务求成为辐射国内外的物流枢纽，为内地以及整个东南亚地区提供服务。

环渤海地区是我国运输网络较为发达的区域，是各种运输方式以及通信网络的枢纽地带，因此很多城市内都建有大型的物流中心，使此地区成为物流中心城市较密集的地区。北京和天津因距离较近而构成双核心，与围绕渤海的物流中心城市地带，构成辐射力强大的物流中心城市链，海港对物流的支持作用明显。

环渤海地区的仓储业仓储面积庞大、专业性仓储公司或企业多还有为大型公司或企业生产备用的仓库面积。地处东北商业区和华北商业区的交汇处，商业经济和销售网络很发达，城市配送发展水平高，不仅市内配送发展快，而且以环渤海地区为运作单元的区域配送网络也已形成。

环渤海地区经济繁荣，城市与走廊通道相衔接，形成物流网络，快速发展的区域经济产生了庞大物流量，促进现代物流业发展。

但是，东部存在仍地区分割和行业垄断行为，物流基础设施的协调规划与共同建设不够，造成重复规划、过度竞争等问题，配套的综合运输网络，完善的仓储配送设施、先进的资讯网络平台等都有待于完善；物流企业的联合与合作化程度不高，行业标准化水平较低，区域物流一体化迫在眉睫。

(2)发展趋势

东部地区物流在今后的发展中，在保持既有产业的发展能力和拓展国内外市场的基础上，建设国际物流和辐射国内的物流系统成为重要任务。

主要做法有：

第一、重视具有提升区域物流效率功能的专业化物流基础设施建设，打造整体物流服务平台。

上海市将建全国规模最大的物流仓库，并建设我国最大的粮食物流基地和宝山建钢铁物流基地，上海滨海国际物流装备城也将建设；天津七大物流中心初具规模，并积极构筑对外大交通体系适应现代物流的需求；广州快速物流通道延伸至湖南，同时南沙物流装备园项目也已经启动；北京将建设全国最大出版发行物流中心；厦门积极发展成为东南沿海中心，杭州将以空运为重心发展快速物流，济南筹建华东最大的物流基地，以及徐州港将建成煤炭配送综合物流园区等。香港、深圳正在筹建的“国际货运中转中心”，背倚珠三角庞大的货源市场，目标直指香港及深圳港区的国际集装箱运输业务，利用港深两地三个码头的航线、班期频率等资源，互动网络中的货流、箱流、车流和信息流，构建起港深间物流的绿色通道。

交通建设总体规划为东部地区构建畅通的物流通道打下坚实的物质基础。2005年3月，国务院审议并原则通过《环渤海京津冀地区、长江三角洲地区、珠江三角洲地区城际轨道交通网规划》，在三大区域内建设城际轨道交通网，城际轨道交通将为城市间物流运输提供正点、便捷、快速的交通服务，形成区域内“1～2小时交通圈”，从整体上提高公共交通系统的效率和服务水平，缩短城市之间的时空距离，保证物流运输畅通、快捷。

环渤海京津冀地区城际轨道交通网规划(2005～2020年)

为适应环渤海京津冀地区旅客运输需求快速增长的需要，缓解区域交通运输紧张状况，推进城镇化和经济一体化的进程，建设以北京为中心，以京津为主轴，以石家庄、秦皇岛为两翼的城际轨道交通网络，覆盖京津冀地区的主要城市，基本形成以北京、天津为中心的“两小时交通圈”。到2020年，京津冀地区城际轨道交通总里程达到710千米，线网布局满足区域经济社会发展要求，主要技术装备达到国际先进水平。

建设内容：北京～天津～塘沽城际轨道交通线，自北京南站至天津站，并延伸至塘沽，全长160千米；北京～石家庄城际轨道交通线，全长263千米；北京～唐山～秦皇岛城际轨道交通线，全长287千米。

实施原则：统一规划，分期建设，逐步建成投产。到2010年，将建成北京～天津～塘沽城际轨道交通线，构筑京津冀地区城际轨道交通网的主轴，营业里程达到160千米；到2020年，将建成北京～石家庄、北京～唐山～秦皇岛城际轨道交通线，推进“京石”、“京秦”经济带的发展，营业里程达到710千米。

第二、以港口战略合作为重心，港区连动，促进区域物流一体化

加强区域一体化发展。长期以来，行政区划分割、区域间缺乏合作的状况导致港口重复建设、恶性竞争，影响区域的物流发展。随着区域合作战略认识的逐步深入，尤其是在国家“十一五”规划和《长江三角洲、珠江三角洲、渤海湾三区域沿海港口建设规划》指导下，地方政府都立足于所在的经济区域进行了经济和社会功能的“定位调整、分工协作”，在三大经济圈的定位下，三大港口群内部的协作进入了一个新阶段。

建设保税物流园区，成分发挥港口在区域物流发展中的重要作用。发达的进出口业务的发展，以港口为依托的外贸物流组织服务的创新，促进保税物流园区在东部沿海地区的建设和快速发展，提高国际竞争力和实现可持续发展奠定了物流服务基础。

2003年底国务院批准设立上海外高桥保税物流园区，作为全国首家“区港联动”试点。2004年8月16日，国务院又正式批准天津、大连、青岛、张家港、宁波、深圳、厦门共7个保税区为“区港联动”新增试点。2004年4月15日，上海外高桥保税物流园区经海关总署联合小组验收通过，7月15日进入试运作。目前，张家港、青岛、天津、深圳等保税物流园区已陆续封关运营。

2004年8月18日，国务院验收苏州工业园区海关保税物流中心(B型)，8月22日海关总署正式验收并封关，2004年10月12日正式运作。

深圳盐田港保税物流园区是全国15个保税区中少数几个与港口、铁路、公路相连的保税区之一。2004年8月16日，国务院正式同意深圳在盐田港区开展“区港联动”试点，设立面积为0.96平方千米的深圳盐田港保税物流园区。去年12月30日，该园区顺利通过国家正式验收。保税区管理局组织在香港举行的盐田港保税物流园区投资环境推介暨新闻发布会上，吸引了来自13个国家和地区的110多家跨国公司、采购中心、物流企业及3家著名的中介机构。推介会上有UPS、伯灵顿、香港新兴机构、中远集运、综合信兴、中海物流、日通储运、香港住友、香港海港物流、索尼等19家世界知名企业和专业公司申请入驻。

该园区正式运作后，将发挥保税仓储、国际中转、国际配送、国际采购、转口贸易、开展流通性简单加工和增值服务、园区内货物自由流转等功能，促进区、港、航的一体化发展。

依托港口，建设综合性的运输枢纽和现代物流中心。突出港口的优势同时，还立足腹地经济资源，在区域中依托港口形成综合性的运输枢纽和现代物流中心，以港口带动区域，推动区域物流的与发展。

2003年8月，苏、浙、沪三地物流主管部门决定，建立长三角物流合作联系制度，突破行政区划的禁锢，积极推动区域物流的整合，促进区域一体化。提出以上海为核心，以苏、浙港口群为依托，全力打造国际物流中心。长三角地区物流中心与国际物流中心正在形成。

2004年6月，内地9省区和港澳特区正式签署了《“泛珠三角”区域合作框架协议》，推进这一区域物流合作的“一体化”进程，提出以广州、深圳、香港等大型港口为核心，打造泛珠三角地区物流网络，使珠三角成为面向东南亚乃至世界的物流重地。

环渤海地区提出以大连为门户，在哈尔滨、长春、沈阳建立内陆港为基础，建立东北物流主廊道，形成东北快速出海大通道；把天津打造成华北物流重镇，促进京畿地区现代物流的发展。

第三、提高信息化水平，实现物流信息一体化

区域经济一体化对信息一体化提出了迫切需求。但东部地区各地之间物流信息资源不能实现共享，信息资源配置也不尽合理，制约了地区间经济的有机融合和区域经济一体化进程。为此区域内部加速了信息一体化进程。

上海信息化委员会牵头开展长三角地区(城市)口岸物流信息化建设需求调研，形成《长三角物流信息一体化合作框架》。口岸城市物流信息化合作示范项目，加快制定统一的长三角地区物流信息一体化建设标准和规范。建成以港航业务为核心的口岸物流信息互动和共享的统一应用平台，实现EDI中心的互联互通，包括区域商务中心、电

子口岸、执法部门、物流企业在内的各种信息平台，具有权威的统一口岸信息发布、查询、跟踪系统。

苏浙沪三省市加强信息化合作，突出三地产业定位的各自优势，在竞争中讲求合作，加强互补，错位发展，共同做大做强长三角信息产业总体实力，扩大长三角信息产业在国际上的影响力。

第四、尽快实现通关一体化，提高进出口物流效率。东部地区进出口贸易占总体物流比重大，如能实施通关一体化，则会有效降低了物流成本，提高进出口物流效率。

目前长江三角洲部分地区已实现通关一体化。根据上海海关上报总署的《长三角区域通关一体化改革方案》，长三角通关一体化是将上海、南京、杭州、宁波四个直属海关视为"大通关协作区域"，在跨关区快速通关的基础上，通过建立虚拟的区域数据平台，实施"选择申报，多点放行，统一平台，区域联动"的一体化新模式。

长三角地区有国务院批准的一类口岸35个，包括19个沿海港口、10个内河港口、5个航空港口和个铁路临时口岸。实施长三角区域通关一体化，对物流监控目标进行全方位、全过程的有效监控，实现跨关区的申报、审单、验放，最大限度地加快进出口货物在长三角区域内的流动，不仅可以有效降低物流成本，还能更好地发挥上海大口岸、大外贸功能优势，增强上海口岸对周边地区的服务和辐射能力。

"长三角"通关一体化改革的总体思路为"3+1"模式，即以规范和简化转关监管，实行跨关区"属地申报，口岸验放"通关方式，积极推进"粤港澳快速通关"方式为重点，积极探索区域性虚拟集中审单作业模式，建立区域海关联系配合机制。

实施区域通关改革后，"长三角"地区转关运输将由人工审核转为计算机自动审核，海关对企业实施"属地申报、口岸验放"模式，以打破"长三角"现有的关区限制，使跨关区通关作业程序从过去的"两次申报、两次放行"方式转变为"一次申报、一次放行"，消除因关区设置而造成的物流障碍。企业可根据自身需要，选择"口岸申报、口岸验放"、"属地申报、口岸验放"和转关运输三种模式并办理通关手续。上海本地试点企业也可根据"属地申报、口岸验放"通关模式的流程设计，选择在上海口岸就近进行通关申报、纳税，然后在江苏、浙江两省的其他口岸办理货物实际放行手续，从而实现进出口货物的跨区快速流转，有效降低企业物流成本。

2. 中部物流

(1) 发展状况

中部地区连南贯北，承东启西，具有得天独厚的区位优势，既是西部大开发的前沿阵地，又是东部物流以及信息流向西推进中的承接点；拥有丰富的自然资源，其中，煤、铁、有色金属、淡水、水能等储量在国内名列前茅；有实力雄厚的产业基础，农业发达，工业基础雄厚，形成了以冶金、建材、汽车、石化、电子、生物等为主的现代工业体系，我国经济和政治的战略腹地。交通基础设施具备一定规模，初步建成了四通八达的综合交通网络。物流需求量较大，物流业发展基础好。

中部地区物流业的发展是全国物流协调发展的重要环节。根据2004年的数据，中部六省的社会消费品零售总额为10933亿元，占全国的20.4%，连锁零售企业从业人数达到15万人，占全国的14.2%，销售额516亿元，占全国的9.2%，从投资角度看，交通运输仓储和邮政业的固定资产投资达到1559亿元，占全国的20.4%，批发零售业固定资产投资282亿元，占全国的22.2%，这些数据都说明中部地区的物流产业地位的重要性。如果没有中部地区物流产业的长足发展，全国的物流产业就难以形成完整的网络，将阻碍国家物流产业的发展。

但与东部沿海地区比较起来，中部地区物流发展还有相当大的距离，主要存在以下不足：

交通运输基础设施总体规模小，设施结构不尽合理，运输设施布局不合理，各种运输方式的市场范围交叉严重。在主要运输通道上，运输能力严重不足，交通运输的结构性矛盾比较突出。

现代化物流集散和储运设施不足，能够进行多式联运的大型综合物流枢纽尚未形成，区域内或城市内部的各种物流基地、物流中心建设明显落后。技术装备，物流信息化、标准化程度低。没有形成统一信息平台，企业信息技术普及程度低。不同运输方式的装备和物流器具之间的标准不一致，影响各种物流功能和要素之间的有效衔接与协调发展，影响物流效率的提高。

总之，中部物流产业总体上还处于从传统的、初级的物流向现代物流阶段过渡的时期，行业的信息化、网络化水平不高，企业规模不大，高端客户的数量也比较少。

(2)发展趋势

中部地区物流业在今后的发展过程中，结合区域特点，应以下面几点作为重点：

第一、物流基础设施建设。

在中部崛起战略的指导下，加快对中部地区的交通基础设施的规划、建设，特别是在高速公路的布局规划，注重中部地区交通骨干网络的完善和连通，提高中部地区省与东、西部地区的连通性与路网密度。沿京广、京九铁路和京珠高速构成的南北向轴线，长江水道、沪蓉高速，陇海线构成的东西向轴线，规划与构建中部物流基础设施与信息网络设施。

第二、物流中心和枢纽的规划与建设，提升物流组织与辐射能力。

区域物流尤其是区域物流中心的形成对整个物流业的发展有着十分重要的作用，它可以整合该区域的各种资源，最大限度地发挥资源的整体优势，带动周边地区、中小城市以及农村的流通和发展，从而促进区域经济的稳定发展。中部地区可考虑将武汉和郑州规划为区域内大型物流中心，构建合理物流网。

武汉作为华中地区特大中心城市，素有“九省通衢”之称，即是全国交通、通讯枢纽，也是全国重要的商品流通中心、物资集散地以及华中经济中心。武汉上下有京广、京九等动脉连接北京、广东，左右则有长江、沿江铁路等连接东部沿海和内陆，是中国少有的集铁路、公路、水运、航空、邮政、电信于一体重要的交通枢纽。这使得武汉具备了发展成为中部乃至全国的物流中心的先决条件。在中部地区物流规划中，应把武汉发展成为一个中部乃至全国物流中心，充分发挥武汉在全国物流网中承东起西，连贯南北的重要作用。

郑州地处中原腹地，处于我国交通大十字架的中心位置，为全国重要的交通、通讯枢纽，是新亚欧大陆桥上的重要城市。交通、通讯发达，陇海、京广铁路在这里交汇，107、310国道，京珠、连霍高速公路穿境而过，被命名为全国文明机场的新郑国际机场与国内外30多个城市通航。拥有亚洲最大的列车编组站和全国最大的零担货物转运站，一类航空、铁路口岸和公路二类口岸各1个，货物可在郑州联检封关直通国外。邮政电信业务量位居全国前列。已经成为一个铁路、公路、航空、邮电通信兼具的综合性重要交通通讯枢纽。郑州商贸发达，是国务院确定的3个商贸中心试点城市之一。拥有一大批高档次、多功能的大型商贸设施和辐射全国的商品集散市场。

把郑州规划建设成为我国区域性重要现代物流中心，充分发挥郑州在中部乃至全国的辐射作用，促进东、中、西部物流网的完善。

第三、农业物流系统和原材料、能源物流系统。

根据中央的部署，中部地区将发挥其区位优势和综合经济优势，加强现代农业特别是粮食主产区建设，加强能源、重要原材料基地建设，未来中部地区将成为我国重要的粮食主产区和农业生产加工基地、重要的能源原材料生产基地以及具有竞争力的先进制造业基地。而粮食、以煤炭为主体的能源、有色金属等重要原材料都是运量大、运距长、金额相对也比较大的货物，物流成本比较高。因此，物流建设应以构建农业物流系统和原材料、能源物流系统为主，发挥现代物流业在降低商品流通成本、提高流通效率、提升企业竞争力、实现经济高效运行、改善地区投资环境和调整产业结构等方面的积极作用。

3. 西部物流

(1)发展状况

西部大部分地区地区对于现代物流仅处于理念认识阶段，现代物流产业尚未真正起步。“十五”期间，物流量与同期全国的物流量基本同比变化，而国内生产总值确已高于全国的水平增加，说明目前西部的物流还未能发挥应有的作用，尚不能适应西部地区的经济增长。

这主要是受到多种因素的制约，特别是作为物流业的重要基础设施通运输和货物仓储，这两者都是西部地区的瓶颈产业。西部地区的运输网络密度、仓储设施水平、物流信息设备、运输设备物流设施水平较低，运营效果不高。物流系统尚不健全，物流管理还受到传统物流制度、物流的管理水平、技术水平、物流人才等的影响。

(2)发展趋势

从现阶段的西部地区物流产业发展状况分析，结合结合西部地区特点，提升物流业的总体水平与优化产业内部结构，需要采取以下一些措施：

第一、继续加强西部地区交通基础设施建设，促进现代物流业发展。以公路建设为重点，加强物流路网建设。我国西部地区地域广阔，地理条件复杂，人口稀少，生产活动分散，产品品种多样，且批量小、价格低、季节性强，客、货运输需求具有点多、面广以及批次多、运距短等特性。公路交通运输机动灵活，方便快捷，直达性能好，能门到门服务，可以连接农村与城镇、产地与销地，直接服务于生产和生活。这种独特的优势决定了公路交通在西部开发和发展中占有特别重要的地位。

在发展公路交通的同时，也应发展其他运输方式，特别是有条件的地方要重视水运基础设施建设，如四川、广西、贵州、云南、重庆等省、区、市水运资源丰富。要结合兴修水利，整治航道，发展航运，这样不仅占用土地少，投资省，见效快，还可以借江出海，促进物流经济的发展。

第二、结合西部地区特点，构建功能与结构合理，层次分明的物流网络体系。

西部范围广，资源丰富、居民区及生产等功能区较分散，这种特点决定了西部物流具有规模大，地域分散的特点。为了更好地、全面地解决西部生产、生活的物流问题，在构建物流体系时需要体现出设施在功能、规模、层次和地域分布的合理性。

在功能上，针对西部地区资源丰富，而生态环境脆弱，基础设施建设滞后，产业发展不足的问题，物流的发展以资源开发物流环境建设为主，提高资源供应的辐射半径，并为高效率开发资源提供物流成本与效率的保障。

在继续加强与中部、东部联系的物流运输通道的同时，构建各层次物流网点。在重要的货物交通枢纽地及重要的生产基地，应建立大型物流基地、物流中心(包括大型配送中心)。特别是一些沿江、沿边、沿交通干线城市，如重庆、成都、西安；力争把广西的一些港口城市，商贸基础好城市建设成为西部地区重要的通商口岸，成为与东南亚国家进行贸易的物流中心；在商品贸易繁荣地区或市内的货物中转地建立适当规模的中小型物流中心(以配送、代理为主要功能)，从事接货、配货、送货以及少量的储存、运输等活动；利用边远地区商业网点，形成物流小结点，逐步构筑起一个大型物流基地、物流中心和区域性配送中心、小配送点相配套，综合性物流中心与专业性物流配送中心相结合的，层次分明的物流网络体系。

第三、加强口岸的物流基础设施建设，构建边贸物流系统。西部地区边境线长，边境贸易优势突出，应加强物流基础设施口岸建设，为边境贸易物流提供保证。如西北地区，应在以乌鲁木齐为重点进行现代物流中心建设的同时，加强各口岸的物流基础设施建设，并将新亚欧大陆桥运输体系与各口岸联系起来，形成一个覆盖全西北，联系中、东部，通过各口岸辐射中亚、西亚、欧洲的“东连西出”物流系统。

第四、是要发挥政府在发展物流产业中的作用，通过制订西部地区物流产业发展规划，加强对于这一新兴产业的宏观引导，形成以政策扶持和地区协调为主要内容的宏观经济环境。

在物流产业发展中强化区域之间的协调与配合，特别是在人力、物力、财力的使用方面，要形成区域内的集中优势和规模优势，要在物流产业的发展上形成跨省份的横向经济合作，形成高效快捷的货物集散能力。

同时要大力引进先进的物流管理理念，加快传统物流服务转型，提高物流业效率与效益，鼓励国际资金参与西部地区的物流产业开发，以国际化、标准化、现代化推动西部物流产业发展。

※ 思考题

1. 从自然环境角度看，我国东部地区发展现代物流业有哪些优势条件？

2. 从地理环境角度分析我国西部地区现代物流业发展的制约因素。

3. 我国东、中、西部地区物流发展有何差异，为什么？

物流窗

发达国家现代物流发展的共同趋势

从美国、欧洲、日本的情况来看，现代物流发展的趋势具有以下特征：

一、物流技术高速发展，物流管理水平不断提高 国外物流企业的技术装备已达到相当高的水平。目前已经形成以信息技术为核心，以信息技术、运输技术、配送技术、装卸搬运技术、自动化仓储技术、库存控制技术、包装技术等专业技术为支撑的现代化物流装备技术格局。其发展趋势表现为：

· 信息化——广泛采用无线互联网技术，卫星定位技术（GPS），地理信息系统（GIS）和射频标识技术（RF）、条形码技术等。

· 自动化——自动引导小车（AGV）技术，搬运机器人（RobotSystem）技术等。

· 智能化——电子识别和电子跟踪技术，智能交通与运输系统（ITS）。

· 集成化——信息化、机械化、自动化和智能化于一体。

其中，高新技术在物流运输业的应用与发展表现尤为突出。

当前，世界公路交通科技发展呈现出三大趋势，公路交通技术研究集中于五大热点。三大趋势分别为：(1)提高通行能力，加强环境保护，开展智能化运输和环保专项技术的研究；(2)以人为本，重点开展交通安全技术的研究；(3)确定经济合理的目标，促进新材料的广泛应用和开发。

世界各国公路交通科技研究五大热点主要包括：(1)利用全球定位系统（GPS）实现

测试自动化；(2)利用交通地理信息系统(GIST)促进公路建设管理现代化；(3)发展计算机辅助设计技术(CAD)达到智能化；(4)利用高科技检测技术促进工程质量监测和道路养护智能化；(5)智能化运输系统(ITS)广泛应用。

二、专业物流形成规模，共同配送成为主导

国外专业物流企业是伴随制造商经营取向的变革应运而生的。由于制造厂商为迎合消费者日益精化、个性化的产品需求，而采取多样、少量的生产方式，因而高频度、小批量的配送需求也随之产生。目前，在美国、日本和欧洲等经济发达国家和地区，专业物流服务已形成规模，它有利于制造商降低流通成本，提高运营效率，并将有限的资源和精力集中于自身的核心业务上。

共同配送是经长期的发展和探索优化出的一种追求合理化配送的配送形式，也是美国、日本等一些发达国家采用较广泛、影响面较大的一种先进的物流方式，它对提高物流动作效率、降低物流成本具有重要意义。从整个社会的角度来讲，实现共同配送主要有以下好处：减少社会车流总量，减少闹市卸货妨碍交通的现象，改善交通运输状况；通过集中化处理，有效提高车辆的装载率，节省物流处理空间和人力资源，提升商业物流环境进而改善整体社会生活品质。总而言之，共同配送可以最大限度地提高人员、物资、金钱、时间等物流资源的使用效率(降低成本)，取得最大效益(提高服务)，还可以去除多余的交错运输，并取得缓解交通、保护环境等社会效益。

共同配送是物流配送发展的总体趋势。当然，共同配送涉及很多具体的细节问题，在实施过程中难免会出现一些困难点。首先，各业种经营的商品不同，有日用百货、食品、酒类饮料、药品、服装乃至厨房用品、卫生洁具等等，林林总总，不一而足。不同的商品特点不同，对配送的要求也不一样，共同配送存在一定的难度。其次，各企业的规模、商圈、客户、经营意识等方面也存在差距，往往很难协调一致。还有费用的分摊、泄露商业机密的担忧，等等。

三、物流企业向集约化、协同化、全球化方向发展 国外物流企业向集约化方向、协同化发展主要表现在两个方面，一是大力建设物流园区；二是物流企业兼并与合作。

物流园区是多种物流设施和不同类型的物流企业在空间上集中布局的场所，是具有一定规模和综合服务功能的物流集结点。日本是最早建立物流园区的国家，至今已建立20个大规模的物流园区，平均占地面积约74万平方米；荷兰统计的14个物流园区，平均占地面积4.5万平方千米；德国不来梅的货运中心占地在100万平方米以上，纽伦堡物流园区占地已达7平方千米。物流园区的建设有利于实现物流企业的专业化和规模化，发挥它们的整体优势和互补优势。

由于世界上各行业大型企业之间的并购浪潮和网上贸易的迅速发展，使国际贸易的货物流动加速向全球化方向前进。为适应这一发展趋势，欧美的一些大型物流企业跨越国境，展开连横合纵式的并购，大力拓展国际物流市场，以争取更大的市场份额。

不久前，德国国营邮政出资11.4亿美元收购了美国大型的陆上运输企业AEI。AEI公司1998年的销售额达15亿美元，是美国国内排列前10位的大型物流运输公司。德国邮政公司这一举动，目的是把自己的航空运输网与AEI在美国的运输物流网合并统一，增强竞争力，以与美国UPS和联邦快递相抗衡。

美国的UPS则并购了总部设在迈阿密的航空货运公司——挑战航空公司。该公司与南美18个国家签订了领空自由通航协议，它与这18个国家的空运物流量在美国同行中居第一。UPS计划将自己在美国的最大物流运输网与挑战航空公司在南美洲的物流网相结合，从而实现南北美洲两个大陆一体化的整体物流网络。美国联邦快递公司投资2亿美元，在法国的戴高乐机场建设小件货物仓储运输设施，目的是将欧洲38个城市的空中物流和陆地物流连为一体，发展38个城市间的空中和陆地一体化快递服务，使欧洲主要城市间的邮递物流业面貌一新，因为欧洲整个邮政市场将分阶段地逐步实现完全自由化。

据不完全统计，1999年美国物流运输企业间的并购数已达23家，并购总金额达6.25亿美元。德国邮政公司在最近两年间并购欧洲地区物流企业达11家，现在它已发展成为年销售额达290亿美元的欧洲巨型物流企业。UPS在1999年11月份宣布，它要增资发行新股，收购美国和欧洲的物流企业。

1999年欧洲物流企业并购呈现出另外一个特点，就是国营企业并购民营企业。英国国营邮政公司并购了德国大型的民营物流企业PARCE；法国邮政收购了德国的民营敦克豪斯公司。德国、英国和法国的邮政公司为争夺欧洲物流市场，竞相收购民营大型物流运输企业。在欧洲地区展开联合和并购活动，下一步将并购目标和物流市场目标直接指向北美洲等地区。

国际物流市场专家们认为，世界上各行业企业间的国际联合与并购，必然带动国际物流业加速向全球化方向发展，而物流业全球化的发展走势，又必然推动和促进各国物流企业的联合和并购活动。新组成的物流联合企业、跨国公司将充分发挥互联网的优势，及时准确地掌握全球的物流动态信息，调动自己在世界各地的物流网点，构筑起本公司全球一体化的物流网络，节省时间和费用，将空载率压缩到最低限度，战胜竞争对手，为货主提供优质物价服务。

除了并购之外，另一种集约化方式是物流企业之间的合作并建立战略联盟。四、电子物流需求强劲，快递业“冲锋陷阵”基于互联网络(如：WorldWideWeb，WWW)的电子商务的迅速发展，促使了电子物流(ELogistics)的兴起。据统计，通过互联网进行企业间的电子商务交易额，1998年全球已达到430亿美元，据市场调查企业ForesterResearch预测，2002年这一数字将迅速增长到8400亿美元。

企业通过互联网加强了企业内部、企业与供应商、企业与消费者、企业与政府部门的联系沟通、相互协调、相互合作。消费者可以直接在网上获取有关产品或服务信息，实现网上购物。这种网上的“直通方式”是企业能迅速、准确、全面地了解需求信息，实现基于客户订货的生产模式(BuildtoOrder, BTO)和物流服务。此外，电子物流可以在线跟踪发出的货物，联机地实现投递路线的规划、物流调度以及货品检查等。可以说电子物流已成为21世纪国外物流发展的大趋势。一方面电子物流的兴起，刺激了传统邮政快递业的需求和发展；另一方面，新兴的快递业发展迅猛，触角伸向全球各地。

长期以来，由于世界许多大的经济发达国家的经济萧条，使全球传统邮政业都不景气。而在电子商务快速发展的背景下，有专家预测，短期内邮政业的一些传统功能可能会很快消失，但作为因特网时代的一个必不可少的通信工具，邮政业的功能将以其他的方式很快重现出来。因为通过因特网所进行的电子商务通常都是交易双方的距离比较遥远，比如通过电话销售、电视直销等方式促成的交易，这就为包裹邮寄和快递业务提供了巨大的发展机遇。正如在经过彩页促销、电话营销、直销以及电视直销和互联网展示后，产品最终要以邮寄方式送达用户手中。因此，电子商务刺激了传统邮政业向电子物流方向发展。

除了传统邮政业将自己的业务向电子物流方向拓展外，一些国际著名的快递企业在电子物流中充当着前锋。如：美国联邦快递、UPS等已将自己的触角延伸到世界各国，大有抢占电子物流市场先机之势。一些新兴的物流企业也将视角瞄准电子商务这一新的物流需求市场而迅速崛起。

五、绿色物流将成为新增长点

物流虽然促进了经济的发展，但是物流的发展同时也会给城市环境带来负面的影响，如运输工具的噪声、污染排放、对交通的阻塞等，以及生产和生活中的废弃物的不当处理所造成的对环境的影响。为此，21世纪对物流提出了新的要求，即绿色物流。

绿色物流主要包含两个方面，一是对物流系统污染进行控制，即在物流系统和物流活动的规划与决策中尽量采用对环境污染小的方案，如采用排污量小的货车车型，近距离配送，夜间运货(以减少交通阻塞，节省燃料和降低排放)等。发达国家政府倡导绿色物流的对策是在污染发生源、交通量、交通流等三个方面制定了相关政策。绿色物流的另一方面就是建立工业和生活废料处理的物流系统。

六、物流专业人才需求增长，教育培训体系日趋完善

在物流人才需求的推动下，一些经济发达国家已经形成了较为合理的物流人才教育培训体系。如在美国，已建立了多层次的物流专业教育，包括研究生、本科生和职业教育等。许多著名的高等院校中都设置物流管理专业，并为工商管理及相关专业的学生开设物流课程，像美国的西北大学、密执根州立大学、奥尔良州立大学、威斯康星州立大学等，或设立了独立的物流管理专业，或附属于运输、营销和生产制造等其他专业。乔治亚技术学院广泛开展物流职业教育，培养物流管理专业的专科生。其中部分高等院校设置了物流方向的研究生课程和学位教育，形成了一定规模的研究生教育系统。美国商船

学院的全球物流与运输中心和乔治亚技术学院的物流所开展物流方面的科学研究。除去正规教育外在美国物流管理委员会(AmericanCouncilofLogisticsManagement)的组织和倡导下，还建立了美国物流业的职业资格认证制度，例如仓储工程师、配送工程师等若干职位。所有物流从业人员必须接受职业教育，经过考试获得上述工程师资格后，才能从事有关的物流工作。

案例分析

德国现代物流经济发展的做法

现代物流是国民经济发展的动脉和基础产业，是降低生产和经营成本，转变经济增长方式和促进国民经济持续发展的重要因素。德国是当今世界现代物流经济最为发达的国家之一，拥有现代化的物流基础设施和装备，物流布局也较合理，德物流企业在许多领域居世界领先地位。德现代物流经济的发展经验，特别是政府促进和引导现代物流经济发展的做法对我国发展现代物流经济很有启示。

一、德国现代物流发展现状

(一)产业规模

现代物流是由运输、装卸、仓储、包装、货代、流通加工、服务分销、物流信息和邮政等服务领域组成的复合型产业。据德国权威的物流研究机构(由爱尔兰根-纽伦堡大学和弗劳恩霍夫集成电路研究所联合组成的物流课题组)2003年发表的研究报告，德物流成本(即营业额)约1500亿欧元，占德国内生产总值的7.2%，占欧盟原15国加瑞士和挪威的物流成本总额(5850亿欧元)的四分之一。其中，货运成本630亿欧元，占物流成本总额的42%;仓储与转运成本381亿欧元，占25.4%;库存保管成本330亿欧元，占22%;订单操作成本81亿欧元，占5.4%;物流计划与管理成本78亿欧元，占5.2%。同年，德国物流产业从业人员约206万，货运总量43.25亿吨，运输强度为人均年货运量54.7吨，平均货运成本是每吨14.02欧元。

(二)产业优势

德国物流产业的优势主要体现在以下方面:

1.物流基础设施和物流装备先进，物流布局较合理

德位于欧洲中心，拥有欧洲最长的水运网络(7300千米)和世界第三大高速公路网(1.2万千米)及全球最现代化的集装箱船队，高速铁路网四通八达，交通十分便利。先进的交通基础设施和自动化、信息化及智能化物流装备为德发展现代物流经济奠定了坚实的基础。德政府在广泛进行经济结构、货物种类、流量与流向调查的基础上，根据各种运输方式衔接的可能，确定物流园区的布局和发展规模，形成物流中心网络，从而确保物流经济的高效益、低消耗和可持续发展。

2.城市物流经营集中，集约化运输程度高

20世纪80年代初，德政府开始对全国物流园区（城市物流与货运中心）建设进行统筹规划，拟建设40个城市物流与货运中心，迄今已有33个城市物流与货运中心投入运行。物流园区依托一定的经济区域，以可供选择的多种运输方式、快捷的运输网络和周到的服务，将传统分散经营的众多运输及运输服务企业吸引到一起，各方货物经过货运中心进行分拨、配载，选择适宜的运输工具迅速运往目的地。实践证明，城市物流与货运中心模式不仅能达到物流经济快捷高效的目的，而且能缓解对城市交通和环境的压力，为地区经济的繁荣发展注入新的活力。

3. 物流产业社会化和综合服务水平高

物流产业社会化的动力来自企业非核心业务的外包。为降低生产和经营成本，非核心业务外包已成为工业企业的发展趋势。工业合同物流和消费品分拨与合同物流是德物流市场最重要的组成部分，市场容量近600亿欧元。德物流企业注重物流技术研究和专业化、规模化经营，基本实现了以运输合理化、仓储标准化、装卸机械化、加工配送一体化和信息管理网络化为标志的现代综合物流管理与服务。

4. 专业物流形成规模，物流企业及物流园区规模大

德国邮政世界网络股份公司位居欧洲10强物流企业之冠、世界第四大物流企业。德10大物流企业的营业额约182亿欧元，从业人员11.93万；百强物流企业的营业额约385亿欧元，从业人员达27.3万。德10大快递公司的市场占有率为69%；10大国际陆运与货代企业的市场份额占34%；10大国际海运与货代企业的市场占有率约36%。德物流园区平均规模约140万平米，共有1200家物流企业在物流园区落户，保障了4万人的就业岗位。

5. 电子物流和绿色物流发展迅速

德物流企业充分发挥互联网和信息技术的优势，构建公司全球一体化的物流网络，以便及时准确地掌握全方位的物流动态信息，尽可能地降低空载率，减少商品库存，缩短商品库存周期。德物流产业的绿色化表现为控制物流系统污染，即在物流系统的规划与决策中采用对环境污染小的方案，如长距离运输尽可能以铁路、水路为主，采用近距离配送和夜间运货的方式，以减少交通拥堵、节省燃料并降低排放。另外，德注重绿化和环保建设，建立工业和生活废料分类回收处理的循环系统。如规定物流园区内绿色面积不得少于20%，对园区内的洗车污水进行处理后循环使用等。

二、德政府在促进现代物流经济发展中的作用

（一）制定和完善交通运输与货代法律法规

1. 货代商对承运货物承担赔偿责任。德《商法典》规定的最高赔偿金额为每公斤（毛重）8.33特别提款权（1特别提款权等于1.29欧元）。新的《德国通用运输条例》（ADSp）规定，承运人对货物损坏或丢失承担每公斤5欧元的赔偿责任。

2. 德《货运法》（GueKG）规定，超过3.5吨的机动车货物运输必须办理赔偿保险，承

运人在运输途中必须携带保险证明。3.5吨以上的卡车司机必须具备从业资格证书。

3. 如货物外表损坏，必须在交接货物时当场提出索赔；对外表看不见的损坏，可在交货后7天内提出索赔。家具运输损坏的最高赔偿标准为每立方米620欧元，对外表看不见的损坏可在14天内提出索赔。

4. 危险品运输必须向主管部门报批。运输超大规格及危险物品需向联邦交通部报批。涉及放射性物品运输需向联邦环境、自然保护与核安全部及联邦交通部申请，联邦幅射防护局负责放射性物品的运输。经批准的危险品运输均需有专人专车护送。

（二）加强对包括物流总体布局、商品储备和调拨及废弃物物流在内的宏观物流调控与监督管理

作为联邦制国家，德联邦政府和各州政府依靠法律手段对交通运输进行宏观调控。联邦货运管理局负责对公路运输的市场准入和运输行为进行检查与监督。联邦铁路署负责监管所有联邦铁路及运输企业，非联邦铁路由各州政府监管。德政府重视对物流中心的统筹规划与协调发展，使各地的物流中心形成网络。各州及地方政府积极做好物流中心的选址、征地工作，并负责物流中心的相关配套基础设施和公共服务设施的建设，如设立海关负责进出口货物验关，开通公交线路。物流中心一般都兴建综合服务中心、车辆维修保养厂、加油站、清洗站和餐厅等。

（三）重视现代化物流基础设施建设，并推动各种运输方式的协调发展，形成综合运输网

德所有的运输基础设施均由政府投资建设，每年交通基础设施建设投资高达数百亿欧元。今年4月，德政府宣布至2008年将追加投资20亿欧元，用于交通基础设施扩建和现代化改造。其中9亿欧元用于公路建设，7.5亿欧元投入铁路建设，3.5亿欧元用于水路建设。德政府要求物流中心紧临港口，靠近铁路货运站，周围有高速公路网，物流中心内至少有两种以上运输方式的联接。物流中心实行公司化运作、自主经营的发展模式。

（四）促进物流职业教育与培训及物流产业的标准化发展

德物流职业教育与培训包括物流高等院校教育和企业在职培训两部分。德许多高等院校中都设置了物流管理专业，并为工商管理及相关专业的学生开设物流课程。物流从业人员均需接受职业培训与教育。德政府支持物流行业协会对各种物流作业和服务制定相应的行业标准，如统一物流专业术语标准和物流从业人员资格标准；对物流基础设施和装备制定通用标准，如统一托盘标准、车辆承载标准、物品条形码标准等，保证物流活动的顺利进行。

（五）为物流中心建设提供投资补贴，协助中心管理部门做好招商引资工作

为促进物流经济发展，推动地区经济结构改善，德政府利用“改善地区经济结构”公共任务和欧盟地区发展基金对企业在物流中心的投资提供补贴，并积极引导有条件的企

业进入物流中心，协助中心管理部门做好招商工作，吸引大企业和国际物流企业落户物流中心。如不来梅州政府为吸引韩国大宇公司在不来梅港和不来梅物流中心设立欧洲转运中心及在不来梅设立南非新鲜水果欧洲分拨中心做了大量的招商引资工作。

案例讨论

1. 结合世界地理知识，试分析德国物流发展的自然地理环境。
2. 从社会经济环境看，德国物物流业发展有哪些优势条件?
3. 试分析德国政府在物流业发展中的重要作用。

第4章 物流基础设施

4

＊本章主要内容

- 物流网络的定义
- 中国物流基础设施的种类及布局
- 我国物流基础设施的现状
- 合理化运输

＊引导案例

物流一词最早出现于美国，日本从美国引入了物流概念并且发展迅速，已经成为世界上物流最发达的国家之一。随着科学技术的不断发展，现代物流的结构特点是：点多、线长、面宽、规模大，而传统物流系统之间是相互独立的，缺乏集成化和系统化。现代物流把生产和销售系统有机地联系起来，看成一个整体，一个网络。我国于 1979 年从日本引入现代物流概念到现在已有二十多年的时间，尤其是近几年得到了迅速发展，现代物流的发展逐渐成为我国经济生活中的一个“热点”，作为“第三利润源”越来越受到各个方面的重视。物流发展水平逐渐成为衡量一个国家和地区经济发展水平的重要指标，也是衡量一个国家和地区具有竞争力的重要条件，是否具有完善、高效的物流系统也是吸引外来投资者的重要条件之一。物流速度已经成为目前我国产业升级发展的瓶颈，尽快健全高效的物流系统，将从整体上提高国民经济运行速度和质量。

物流管理、物流技术飞速发展的时代已经到来。纵观当今世界，凡是人才和科技水平较高的国家，物流的发展速度快，物流业水平也高。21 世纪，物流业将成为适应世界经济发展最新趋势的重要基础产业，并且将为国民经济在高起点上持续发展提供基础动力。从2003年起,我国物流信息中心每个月开始公布物流业发展的三个关键指标,它们分别是全国社会物流总值、国内物流业实现增加值,社会物流总成本占国内生产品值(GDP)的比例。物流发展历史表明,物流的灵魂在于系统;物流的关键在于管理;物流的水平在于科技;物流的成败在于体制;物流的落实在于工程。

4.1 物流网络的定义

物流网络的概念在国内外的相关学术专著中有所提及,不同的论著都是从不同的侧面来对物流网络的内涵进行界定。如:同济大学的朱道立教授在《物流和供应链管理》一书中将物流网络定义概括为:物流网络指产品从供应地向销售地移动的流通渠道,这主要是从微观的企业角度对物流网络的概念进行了分析;王之泰教授在《现代物流管理》一书中提出:线路和结点相互关系、相互配置以及其结构、组成、联系方式不同,形成了不同的物流网络,这主要是从实体的线路和结点这两个基本因素来解释物流网络的内涵;清华大学缪立新教授提出:物流网络是指实现物流系统各项功能要素之间所形成的网络,包括物理层面上的网络和信息网络,这主要是从网络角度对现代物流定义的进一步阐述。

目前国内关于"物流网络"内涵的代表性观点有:为配合企业内部销售渠道的建立而构建的物流网络,如海尔、美的等大型企业都在进行自己的分销物流网络的研究和设计;从物流(运输)线路和结点的角度来研究物流网络,这是对社会化物流网络的研究,但仍然局限于对物流基础设施网络的研究(主要是运输网络);从物理层面和信息层面去定义物流网络,仍然有一定局限性。

我国国标《物流术语》中将"物流网络"定义为"物流过程中相互联系的组织与设施的集合",这是一个概括性的定义,没有对物流网络内涵进行更为深入的解释,可以理解是指物流运输线路与物流运输线路上的结点相互交织连结成的网络。

从物流服务功能的角度看,物流网络由运输网络、仓储网络、配送网络构成。

4.2 中国物流基础设施布局

4.2.1 中国物流基础设施、设备目前主要的种类和布局

1. 物流基础性设施

(1)物流网络结构中的结点(枢纽点):主要是指全国或区域铁路枢纽、公路枢纽、航空枢纽港、水路枢细港,国家战略物流储备基地,辐射全国、经济区域的物流基地等。

(2)物流网络结构中的线:主要是指铁路、公路、水运航道、空中航线、输送管道等。

(3)物流基础信息平台:其任务是为企业的物流信息系统提供基础信息服务(交通状况信息、交通组织与管理信息、城市商务及经济地理信息等),承担不同企业间的信息交换枢纽支持,提供政府行业管理决策支持等。这类设施一般具有公共设施性质,是宏观物流的基础,它的主要特点是由政府投资建设,战略地位高,辐射范围大。

2. 物流功能性设施

(1)以存放货物为主要职能的节点:如储备仓库、营业仓库、中转仓库、货械等,货物在这种节点上停滞时间较长。

(2)以组织物资在系统中运动为主要职能的节点:如流通仓库、流通中心、配送中心流通加工点等。

(3)物流系统中的载体:包括货运车辆、货运列车、货机、货运船舶等。这类设施往往被第三方物流企业所拥有,是提供物流功能性服务的基本手段。

3. 物流技术装备

物流技术装备是指进行各项物流活动所需的机械设备、器具等可供长 期使用、并在使用过程中基本保持原来实物形态的生产资料。不包括建筑物、场站等物流基础设施和运输工具。

(1)物流仓储设备:主要用于各种配送中心、仓库存取货物。主要有货架、堆垛机、室内搬运车、出入库输送设备、分拣设备、提升机、AGV 、搬运机器人以及计算机管理和监控系统。这些设备可以组成自动化、半自动化、机械化的商业仓库,完成对物料的堆垛、存取、分拣等作业。

(2)起重机械:用于将重物提升、降落、移动、放置于需要的位置。起重机械是生产过程中不可或缺的物料搬运设备。起重机械包括千斤顶、葫芦、桥式起重机、悬臂起重机、装卸桥等。

(3)输送机械:输送机械是按照规定路线连续或间歇地运送散状物料或成件物品的搬运设备,是现代物料搬运系统的重要组成部分。主要有带式输送机、斗式提升机、埋刮板输送机、悬挂输送机、架空索道等。

(4)流通加工机械:完成流通加工作业的专用机械设备,主要有切割机械和包装机械两大类。切割机械有金属、木材、玻璃、塑料等原材料切割机械;包装机械有充填机械、罐装机械、捆扎机械、裹包机械、贴标机械、封口机械、清洗机械、真空包装机械、多功能包装机械等。

(5)集装单元器具:主要有集装箱、托盘、周转箱和其他集装单元器具。

(6)工业搬运车辆:主要指在工厂、码头、仓库等运用极为广泛的叉车、跨运车、牵引车等搬运设备。

4.2.2 物流设施与设备在现代物流中的地位与作用

物流设施与设备在现代物流中具有十分重要的地位。俗话说:工欲善其事,必先利其器。高度发达的物流设施与设备对提高物流能力与效率、降低物流成本、保证服务质量等方面都有着十分重要的影响。

1. 物流设施与设备是物流系统的物质技术基础

物流设施与设备是进行物流活动的物质技术基础，也是生产力发展水平与物流现代化程度的重要标志。物流设施与设备作为生产力要素，对于发展现代物流，改善物流状况，促进现代化大生产、大流通，强化物流系统能力，具有十分重要的地位和作用。

2. 物流设施与设备是物流系统中的重要资产

在物流系统中，物流设施与设备的价值所占资产的比重较大，现代物流设施与设备既是技术密集型的生产资料，也是资金密集型的社会财富，因此，其造价昂贵，建设一个现代化的物流系统所需的物流设施与设备购置投资相当可观，同时，购置设备后，为了维持设备正常运转、发挥设备效能，在设备长期使用过程中还需要继续不断地投入大量的资金。

3. 物流设施与设备涉及物流活动的每一环节在整个物流过程中，从物流功能来看，物料或商品要经过包装、运输、装卸、储存等作业环节，而且伴随着附加的辅助作业，这些作业的高效完成需要不同的物流设施与设备。

4. 物流设施与设备是物流技术水平高低的主要标志随着生产的发展和科学技术的进步，物流活动的各环节在各自的领域中不断提高技术水平。一个完善的物流系统离不开现代先进水平的物流技术的应用。可以说，物流技术是提高物流生产力的决定性因素。

4.3 我国物流设施与设备现状

4.3.1 物流基础设施初具规模

近年来，我国以干线铁路、高速公路、枢纽机场、国际航运中心为重点，大力推进物流基础设施建设。至 2004 年初，我国运输线路中，铁路营业里程 7.3 万千米、公路里程 179 万千米，高速公路里程 3 万千米、内河航道 12 万千米、拥有 600 多个深水泊位、全国交通枢纽 45 个。可以看出我国的物流基础设施已初具规模。

4.3.2 物流技术设备市场活跃

我国的集装箱生产能力和国际市场份额都已居世界首位。各种物流设备制造企业及附属配件制造企业达 3000 多家，一些企业积极引进国外先 进技术并消化吸收，自身技术水平已很高。

4.3.3 物流基础设施尚待完善

1. 交通运输基础设施总体规模仍然很小，按国土面积和人口数量计算的运输网络密度，我国仅为1344.48千米/万平方米和10.43千米/万人，大大低于主要工业化国家的平均水平。

2. 能够有效连接不同运输方式的大型综合货运枢纽、服务于区域或城市的物流基地、物流中心等现代化物流设施还比较缺乏，严重影响着物流集散和运输效率的提高。

3. 运输结构矛盾比较突出，各种运输方式尚未形成合理分工关系，市场范围交叉严重，在同类货源上进行盲目竞争，使得各种运输方式不能合理地发挥各自的优势。

4.3.4 物流技术装备比较落后

物流装备水平仍然较低，各种运输方式之间装备标准不统一，物流器具标准不配套，物流包装标准与物流设施标准之间缺乏有效地衔接，在一定程度上延缓了物流机械化和自动化水平的提高，影响了运输工具的装载率、装卸设备的荷载率以及仓储设施的空间利用率。

企业物流信息管理水平和技术手段比较落后，缺乏必要的公共物流信息平台，订单管理、货物跟踪、库存查询等物流信息服务功能较弱，制约了物流运行效率和服务质量的提高。

虽然我国有个别企业的物流设备达到或接近了国际先进水平（如海尔自动化物流系统，联想电脑集团的自动化仓库），总的看来，我国的物流设施与设备与国外的相比，存在的差距还比较大，基础设施还很薄弱，需要不断努力提高我国物流设施设备的整体技术水平。

4.4 合理化运输

4.4.1 合理化运输的概念

合理运输是指选择运距短、运力省、速度快、运费低的最佳运输方式组织的货物运输。货物在发运地与到达地之间，往往有多条运输线路和多种运输方式可供选择。一个区域的货物运输更存在着各种各样的货物、纵横交错的运输线路、千家万户的运输单位和各种运输方式。组织合理化运输就是在保证货物适合社会需要的条件下，根据各种运输工具的特点和能力，结合货源的分布、货流的规律和货物的特性，做到经最少的环节、用最少的时间、走最短的路程、花最低的费用、以最高的效率，及时、准确、安全、经济地把货物从发运地送到目的地。组织合理化运输主要考虑以下三个因素：

1. 运输方式

运输方式包括铁路、水路、公路、航空及管道运输等,不同运输方式决定了运输费用、时间。因此,选择运输方式是合理化运输首要考虑的因素。

2. 运输工具

各种运输工具都有其对应使用的优势领域,根据运输对象的性质和特点,对运输工具进行优化选择,按运输工具特点进行装卸运输作业,最大限度地发挥所用运输工具的作,是运输合理化的重要一环。

3. 运输路线

运输路线关系到运输距离、运输时间和运输工具利用率的问题。选择运输路线应达到运距最短、环节最少、费用最低的要求。

4.4.2 合理化运输的意义

组织合理化运输,对于加速物资流通、降低商品的生产和流通费用、提高运输效率和运力运用效率、降低运输成本、减少能源消耗,提高社会效益和经济效益,都有重要作用。

1. 有利于各种运输方式的合理分工,提高运输能力

从总体上看,我国目前的交通运输仍然满足不了国民经济的发展需要,各地区之间交通运输的发展和各种运输工具的发展也不平衡。水上运输受到航道和季节水位的限制;铁路已超过负荷能力,新建和改造铁路又受到财力、物力的制约;空运和管道运输占的比例小,大力发展需要大量投资。这一切都决定了充分运用汽车运输的必要性,而组织合理化运输正是实现这一目的的有效途径。同时,汽车运输业是能源消耗大户。因此,组织合理化运输,能够节约能源,降低消耗,对整个国民经济建设有着十分重要的意义。

2. 有利于加速货物流通,保障社会生产和人民生活的需要

不论是生产资料还是生活资料,都无一例外地要求安全、及时地送到用户和市场。组织合理运输,能够因时因地制宜,选择适当运输线路运输,必然能够加速货物流转,减少货物在途时间,保证社会生产和生活的需要。

3. 有利于降低货物流通费用和运输成本

组织合理化运输,就是按运送时间、物流速度、物流费用、资金回收、银行利息等,进行经济效益的综合评价,选择适宜的运输线路和方式,对物资单位来说,能够降低原材料运输费用和商品流通费用,加速资金周转,既节约开支,又提高资金使用率和周转率;对运输来说,也能够减少车辆空驶,提高实载率,降低运输成本,提高企业经济效益。

※ 思考题：

1. 什么是物流网络？

2. 物流基础设施的种类有哪些？

3. 目前，我国物流基础设施与设备的现状如何？

4. 什么是合理化运输？合理化运输在现代物流中有何意义？

案例分析

安利(中国)公司成立于1992年，投资近1亿美元，目前公司员工逾2000人。安利产品的销售方式主要通过“自设店铺 + 雇佣推销人员”，2001年度安利(中国)公司在大陆的销售额达40亿元人民币。安利(中国)能够取得这么骄人的业绩，其中良好的后勤物流运作起着举足轻重的作用。

安利(中国)在全国拥有近3万平方米的仓库面积，其中广州本仓的面积达1万平方米，另外，北方区、华东区都有几千平方米的区域物流中心。作为负责全国产品调配计划的广州本仓储运中心发挥着非常巨大的作用。安利(中国)的物流部门主要的功能是建设补货、配送渠道，确保库存、运输、包装、安全等方面的管理。安利(中国)储运中心有员工60多人，相当重视对物流设备、设施的投资，主要的储运设施、设备多从国外进口，如各式电瓶叉车、高层货架、打包机，可升降收/出货平台及运输车辆等。由于考虑仓库面积有限，但又必须满足频繁进出货的需要，仓库容量必须往纵向发展。安利(中国)采用进口的多层立体货架来提高仓库的利用率，同时配合木质托盘进行叉车等机械作业。储运中心必须放下近8000个托盘，面对平均每月7000多次托盘及货品的进出，还必须按照货物“先进先出”的原则，要求必须随时清楚了解每一个托盘的具体情况，如托盘的具体位置、装什么产品、何时进仓库等。储运中心为解决以上种种问题，经过一番研究，对所有的货架货位进行定位，确定一个相应坐标，这样把所有的坐标都输入电脑存档，装卸人员只要在现场把每次存放的托盘坐标号转递给电脑录入员即可，管理人员通过电脑就可以纵览仓库内所有的货物的情况，能达到用机械盘点的效果，极大地提高了商品盘点的效率与准确性。立体货架采用叉车作业。最大限度地利用了仓储空间；同时，安利(中国)储运中心也保留了部分手工作业，处理仓内一部分收货、移货、打包、出货任务，在保证仓库运作效率、保障客户需求的同时，也节约了运作成本。

第5章 综合运输

5

*本章主要内容

- 综合运输及现代综合运输体系
- 世界综合运输发展状况
- 我国综合运输的发展
- 综合运输的发展趋势

*引导案例

美国是世界上经济最发达的国家,也是交通运输最发达的国家。

美国在19世纪20－30年代主要发展和利用水运,改造内河,修建运河,水运成为运输主力。到60年代美国出现修铁路高潮,到1890年铁路修了达到6.8万千米,到1916年达到41万千米,铁路运输成为运输业主角。之后,汽车工业的发展导致公路建设突飞猛进,开始了大修公路、拆铁路时期,到1996年公路通车里程达到650万千米,铁路则减少到20多万千米。在1996年,在旅客运输周转量中,铁路所占份额仅0.6%,公路客运周转量占90.3%,航空运输9.1%。在货物运输周转量构成中,公路运输份额为24.4%,铁路比重达到35.8%,水运为22.796,管道运输为16.8%,航空运输所占份额为0.4%。在美国现代综合运输体系中,公路运输是旅客运输的主力,货物运输是骨干,而铁路运输是货物运输的主力,在客运市场所占比重无几,而美国内河运输仍是货物运输的重要力量。

2006年第一季度,美国铁路多式联运持续增长,与2005年同比增长3%。……

从美国的经济发展与交通运输的关系不难看出:经济发展导致各运输方式的利用在不同时期会有不同的发展组合。

5.1 综合运输

5.1.1 综合运输及综合运输体系

1. 综合运输的定义

综合运输是使两种或两种以上运输工具在最优利用的基础上相互结合，实现旅客或货物的直达运输。

综合运输概念，也就是联合运输。

"综合运输"是美国较早提出、使用的。上世纪70-80年代，美国通过改革，使各种运输方式在设施和营销上得以协调发展和综合利用。上世纪90年代后，随着产业结构的高度化、经济的全球化和信息化以及资源环境的改变，综合运输的发展在美国得到进一步重视，在理论和实践方面都有重大发展。

随着科学进步与发展，我国开始从理论研究，走向全面系统研究综合运输系统建设规划的制定和实施阶段:综合运输发展已经提到了国家经济发展的议事日程，成了我国交通运输业发展的一项国策。

与传统的联合运输相比，综合运输体系具有更高的经济效益和社会效益，更加适应当代经济多样化、国际化、信息化、网络化和持续稳定发展的要求。

2. 综合运输体系定义

现代综合运输体系，是指在社会化的运输范围内和统一的运输过程中，按照各种运输方式的技术经济特点，形成分工协作、有机结合、布局合理、联结贯通的交通运输综合体。

综合运输体系由三个系统组成：

——具有一定技术装备的综合运输网及其结合部系统。这是综合运输体系的物质基础。

——综合运输生产系统。即各种运输方式的联合运输系统，以实现高效率的运输与高质量的服务。

——综合运输组织管理和协调系统。对综合运输网络实行宏观管理，统筹规划和组织协调。

上述三个方面构成了综合运输体系的主要因素。这个系统要实现运输高效率、经济高效率、服务高质量，充分体现出各种运输方式综合利用的优越性。

当代世界交通运输业的发展，出现了两大趋势:一是随着世界新技术革命发展，交通运输业广泛采用新技术，提高运输工具和设备现代化和运输管理信息化水平;二是由于运输方式的多样化，运输过程的统一化，各种运输方式朝着分工协作、协调配合、建立综合运输体系的方向发展。

3. 综合运输体系的基本特征

第一，关联性。通过利用各种交通运输方式（公路运输、铁路运输、航空运输、海运和内河航运等）的网络基础共同完成相应的运输任务；各组成运输方式的基础设施、运输装备等硬件设施和管理软件在相互连接和配合中相互融合，达到一体化。

第二，有效性。不同运输方式具有不同的技术经济特征和适应不同层次的需求，充分发挥各种运输方式的比较优势，分工协作，优化组合，实现合理利用，形成效率更高、效益更好的运输能力。

第三，时代性。不同的运输方式有不同的发展历程，仅从运输方式构成来看，综合运输体系随着社会发展而不断发展变化。现代综合运输体系，由五种运输方式构成，而且每一种运输方式及五种运输方式的整合都具有现代技术经济的水准。

第四，社会性。不同的社会条件（包括自然、人文、经济、政治等方面条件），综合运输体系的构成必然不同，这是由运输需求特性及运输方式特性共同决定的。它使得各国家、国内各地区综合运输体系发展模式的个性非常鲜明，必须因地制宜来建立综合运输体系。

4. 综合运输体系的优越性

综合运输的优越性主要体现在：实现资源的最合理利用和节约；实现系统整体高效用和高效率；运输全过程实现一体化的运输服务和实现能力供给增加、安全保障性提高以及经济、环保等。

日本从第二次世界大战后，为了发展经济一直把交通作为最重点课题予以高度重视，1964 年建成世界第一条高速铁路和日本的第一条高速公路，使铁路、公路在运输结构和在综合运输体系中的比重发生重大变化，铁路几乎放弃了货运而专营客运，公路客货并重均为运输市场中的主力，沿海运输、航空运输发展十分迅速，从而迅速改变了日本交通运输落后的面貌，自然也改变了运输结构。以 1996 年为例，日本综合运输体系中各种运输方式的比重，在客运市场中公路占 65.3%，铁路为 29.5%，航空运输为 4.8%，水运为 0.4%；在货运市场中公路运输占 52.696，铁路仅占 4.7%，水运占 42.5%，航空运输占 0.296。

5. 综合运输体系建立的条件

综合运输体系的建立需要具备如下几个方面的条件：

（1）完善和布局合理的交通运输网。

（2）合理的运输方式结构。

（3）可行的管理系统。

（4）先进的信息平台。

（5）政府的统一规划。

（6）相应的政策法规。

我国综合运输在 80 年代以后，从方式间分流运量与方式协作开始，向综合运输系统建设进行规划的制定和逐步实施。综合运输发展已经成为了我国交通运输业发展的一项国策。“八五”特别是“九五”以来，我国综合运输通道建设规划和实施，取得了举世瞩目的成就。我国“九五”计划有关交通运输的发展政策指出，“要加快综合运输体系的建设，形成若干条通过能力强的东西向、南北向大通道”，这些政策明确将发展综合运输体系作为指导我国交通运输建设的战略方针，将综合运输通道及其主枢纽站场和联运系统等作为我国综合运输发展的重点。

目前，综合运输体系的基础设施网络系统框架已经基本形成。综合运输大通道具备一定的能力，系统的通达度明显提高，技术装备和运输能力都有较大改善，各种运输方式共同组成的快速客运系统、集装箱运输系统、铁矿石运输系统、煤炭运输系统、进口原油运输系统，以及铁路、公路、内河、沿海运输的枢纽、场站等设施和装备都步入良性发展，智能交通技术的应用开始得到重视，运用现代信息技术建立的安全保障及支持系统、运营管理系统等都已取得了明显的进展。相对宽松的运输能力已经成为综合运输体系进一步发展的基本条件。我国已初步具备建立和大力推进国家综合交通体系建设的技术和物质条件。

5.1.2 综合运输网布局

综合运输网布局就是综合运输网的各种固定技术设备，按一定规律在空间上进行分布与组合。综合运输网布局，实质上就是综合运输体系的建立。

综合运输网按其空间范围，可划分为国家运输网和地区运输网。根据各地区的自然地理条件和运输需要，可以形成由两种运输方式组成的综合运输网，如铁路和公路、公路和水运、公路和民航等;也可以形成由几种运输方式组成的综合运输网，如铁路、公路、水运、民航和管道等。

综合运输网主要由运输线路和运输枢纽组成。在综合运输网布局中尤其重要的是:运输线路和运输枢纽的布局。

我国幅员辽阔，各地区的自然条件不同，各种运输方式对自然条件的适应程度不一。加之资源和生产力分布极不平衡，其经济发展水平差异极大，这就要求我们在规划国民经济与交通运输协调发展时，必须充分考虑各种运输方式的优劣势和适用条件，结合国土综合开发规划和生产力布局，实行合理分工与协作，在线路建设的布局上，要因地制宜，宜水则水，宜陆则陆，根据各地自然经济特点，各有侧重，以形成完整的运输体系，更好地发挥运输系统的整体功能和综合经济效益。

铁路是国民经济的大动脉，是运输体系的骨干，具有运输能力大、成本低、连续性强，是大中物资和中长途客货运输的主力。

公路运输机动灵活，适应性强，时效性好，能实现门到门的运输，是客货短途运输中的主力，它可以深入到边远山区，穷乡僻壤，是运输脉络中的微血管。

水运运输能力大，投资省，能耗和占地少，成本低，适宜于中长途大宗散货的运输，在我国能源和矿产品运输中占有重要的地位，在对外贸易中有明显优势。

航空运输速度快，舒适性好，建设周期短，是大城市间和边远地区长途客运和特种物资运输的重要力量。随着对外贸易的迅速增长，旅游事业的发展和国际交流的不断加强，民用航空事业将有更大的发展。

管道运输能力强，占地少，成本低，运输连续性好，减少污染，是石油和天然气运输的最佳方式，也是煤炭和矿石运输的新方式。

客货运输是一个连续过程，往往都要两种或多种运输方式才能完成，客观上要求各种运输方式密切协调配合，实现交通运输一体化。

5.2 世界综合运输发展状况

世界交通运输的发展里程，大致分为两大阶段：古代原始交通运输和现代机械化交通运输，它以18世纪机械化运输的出现为分界线。

5.2.1 古代原始交通运输

在交通运输出现到18世纪产业革命之间的漫长时间里，由于自给自足的自然经济在人类社会长期居于 统治地位，商品交换规模和范围都十分有限，古代交通运输需求的增长较慢，甚至长期徘徊不前。同时，受技术水平的限制，古代交通运输是建立在利用人力、畜力和风力等条件的基础之上的，运输能力低下、范围有限。根据运输工具的发展和运输规模的扩大，古代的交通运输可分前后两个时期：

1. 舟、车、路的出现

古代人类大多是沿河而居，随着火和简单工具的使用，为适应捕鱼和渡河的需要，便创造出了最早的水上运输工具——独木舟。独木舟的发明，是人类历史上的一件大事，人们的活动范围因其扩大，可以跨越水域，开拓新的天地，促进生产的进一步发展。《易·系辞》记载："伏羲氏挎木为舟，刻木为楫谈"，这说明我国人造独木舟已有悠久历史。

人类早期在运输方面的另一件大事是懂得驯养牛、马等动物，并用它们代替人力运送货物，还供人乘骑。随之又出现了用牲口拉的车。车出现后，为了加快运送速度和提高负荷量，便产生了修筑道路的要求。古代的埃及、波斯、印度和罗马都修筑过坚固的石砌道路。我国在春秋战国时期，因战争频繁，也修筑了许多通行战车的道路，秦统一六国后，颁布了"车同轨"的法令，大修驰道，使车辆可畅行全国。

2. 造船和航运的兴起

根据所处地理位置的特点，沿河和滨海生活的人们很早懂得从事水上运输，古代地中海沿岸的腓尼基人以善于航海和经商闻名于世，而且精于造船；滨爱琴海的希腊，造船业也十分兴盛；我国在商代就能造木船，在周朝已出现了较大规模的内河船。人类在利用天然河流、湖泊和大海航运的同时，也学会了挖掘运河，以沟通天然河道，扩大航运范围。我国在隋朝时完成了贯穿南北的大运河工程，是世界上开凿最早、规模最大、里程最长的运河。

约 11 世纪，我国将指南针应用到海上，使航海技术大大提高。不久这项发明经阿拉伯人传入欧洲，为日后的地理大发现和全球范围内航海的兴起奠定了基础。

15 世纪是人类航海事业大发展的时期。我国航海技术经汉、唐、宋等几代人的积累和创新，达到了很高的水平，1405～1433 年，即明永乐至宣德年间，郑和率领船队七下西洋，达到了我国古代航海史上的高峰；1492 年，意大利航海家哥伦布发现了新大陆；1522 年，葡萄牙航海家麦哲伦的环球航行完成。航海业的兴起极大地拓宽了人类的视野，有力地推动了地理学、天文学、数学和力学的发展，并对人类社会的未来发展产生了重大的影响。

5.2.2 现代机械化交通运输

18 世纪下半叶蒸汽机的发明，导致了产业革命，并最终推动了人类社会的大进步。资本主义大工业迅速兴起，生产规模的扩大，要求扩大商品销售和原材料的供应范围；地方性市场发展为全国性市场，进而发展为世界性市场，原有的运输工具不能适应经济的迅猛发展和市场急剧扩大的要求。工业和农业生产方式的革命，使社会生产的一般条件——运输业的革命成为必要。随着新型动力蒸汽机在水上运输的使用，标志着人类的交通运输进入了一个崭新的发展时期——机械化运输阶段。自机械化运输出现以来，随着运输技术的改进和创新，以及社会经济、贸易发展对运输需求的快速增长，交通运输的发展日新月异，根据不同运输方式在整个运输中的地位和作用的变化，现代机械化运输先后经历以下几个不同时期。

早期的燃煤蒸汽机帆船客轮——大东方号

1. 以水运为主的时期

作为最古老的运输方式之一，水运是首先采用蒸汽机驱动进入机械化运输时代的。自 1807 年，美国人 R·富尔顿首次在轮船上用蒸汽机驱动航行成功，从此机械力代替了自然力，水运的发展进入了一个新纪元。蒸汽机的使用，使船舶的装载量、航行速度和续航能力都发生了巨大的改善。在铁路出现之前，远距离的和大宗的货物运输主要是依靠水运。水上运输对资本主义社会乃至整个人类社会的进步和发展起到了举足轻重的作用。

2. 以铁路为主的时期

1825 年，英国发明家 G·斯蒂芬森制造的蒸汽机车在英国斯托克顿——达灵顿铁路上行使成功，揭开了铁路运输的序幕。从 19 世纪下半叶开始，出现了持续半个多世纪的世界性铁路修建热潮，到 1920 年全世界铁路总营业里程达到了 103.3 万千米。铁路以机械动力为基础，能够快速、大量地实现货物和人员的位移，使长期落后的陆地运输有了很大的改观。人类文明从单纯的海洋文明发展到大陆文明，铁路起了决定性作用。此外，铁路运输的出现迎合了工业革命时代的经济要求，成为工业化时期主要的运输方式。

蒸汽机车

3. 公路、航空和管道运输兴起时期

19 世纪末 20 世纪初，汽车、飞机相继诞生，从此开始了汽车运输和飞机运输；同时，从 19 世纪中叶开始，随着石油和天然气开采量的增加，现代管道运输也发展起来。

20 世纪 30 年代后，由于汽车技术的发展和汽车的普及，公路运输在机动灵活、小额分散、及时便捷等方面的优势性明显显示出来，汽车运输也由水运运输和铁路运输的辅助手段，发展成为最重要的运输方式之一。随着航空科技的进步，航空运输在速度和舒适性等方面具有明显的优势，特别是在旅客长距离运输，以及铁路、公路设施不足的情况下，航空运输成为人们的首选方式。管道运输具有成本低、输送方便等特点，它对于解决特定货物的运输具有明显的优势。

4. 综合运输发展和完善时期

20 世纪 50 年代以后，人们认识到不同运输方式既具有各自的优势和技术经济特性，也存在着各自的不足。为了充分发展整个交通运输对社会经济的基础作用和推动作用，减少不合理竞争而造成的浪费和损失，需要有预见地、有计划地进行综合考虑，协调不同运输方式之间的关系，构成一个现代化的综合运输体系。

在这一阶段，铁路网的萎缩趋势逐渐稳定下来，随着电气化里程的增加和高速铁路的兴建，铁路网的质量和运输效率不断改善，使其在合理运输范围内仍有一定发展。公路、管道和航空由于能更好地适应现代运输需求，继续在稳定、上升和发展。20 世纪 60 年代以来，各国特别是发达国家运输总量的增长速度接近或略低于国民经济的增长速度，但公路和航空运输的发展速度则仍高于经济的增长速度。管道运输虽受货物种类的限制，但由于世界石油和天然气产量和消费量的增加，也继续发展。水运则一直在自己适用的范围内稳步增长，全球经济、贸易一体化的发展，也给海运业注入了新的生命力。近年来，随着人们对环境问题的日益关注，水运占用资源少、能耗低及污染少的优势更加突出。

目前，以美国为代表的发达国家的综合运输发展已进入了完善阶段，这些国家交通基础设施等硬件的建设已具备了相当的规模，在能力上基本满足了社会经济发展的需要，因而更加注重通过协调各种运输方式之间的关系，提高运输的安全性、及时性和舒适性来满足对运输质量的需求。

5.3 我国综合运输的发展

5.3.1 我国综合运输体系建设的回顾

我国综合运输体系建设始于 20 世纪 60 年代，但由于体制与机制的制约，加之当时的综合运输体系理论和实践都缺乏经验，使得我国综合运输体系建设进程比较缓慢。

80 年代以后，我国综合运输进入全面系统研究、建设规划和实施阶段。我国“九五”计划中指出:“要加快综合运输体系的建设，形成若干条通过能力强的东西向、南北向大通道”。发展综合运输体系已成为指导我国交通运输建设的战略方针，综合运输通道及其主枢纽站场和联运系统等已成为我国综合运输发展的重点。

回顾和总结我国交通运输建设和发展的重大成就，主要体现在以下几个方面：

1. 总体规模显著扩大

在 1980 年，我国各种运输方式的总里程为 124.91 万千米，其中铁路营运里程 5.33 万千米，公路通车里程 88.33 万千米，内河航运里程 10.85 万千米，民用航空航线 19.53 万千米，油气管道 0.87 万千米。

2005 年，中国铁路通车总里程已达 7.54 万千米，次于美国，俄罗斯，居世界第三。

2005 年，铁路电气化总里程已超过 2 万千米，次于俄罗斯，德国，居世界第三。

2005 年，中国公路通车总里程已达 195 万千米，次于美国，居世界第二；高速公路通车总里程已达 4.1 万千米，次于美国，居世界第二；我国的高速公路建设达到了 3.5 万千米。中国高速公路建设走上了一条快速发展之路，高速公路因其对经济发展的巨大的作用，正在以高速公路网络的形式向全国覆盖。

而到2000年底，综合运输体系网络总里程达到311.83万千米，与1980年相比增长了2.5倍，其中铁路营运里程达6.87万千米，增长了283%，公路通车里程达到140.27万千米，增长了58.8%，民用航空线路里程达到150.29万千米，增长了7.69倍，管道里程2.47万千米，增长了2.84倍，水运通航里程11.93万千米，增长10%左右。（注：按第二次全国公路普查数据2000年全国公路总里程应为167.98万千米）

到2000年年底，全国沿海51个主要港口共有泊位3146个，总吞吐能力达到13亿吨。其中万吨级以上深水泊位641个，能力约10亿吨。而1986年沿海主要港口泊位数仅686个，万吨级以上泊位为198个。

运输工具也都大幅增加。到2000年底，全国保有铁路机车15253辆，铁路客车车辆37249辆，铁路货车44.39万辆，民用汽车1608.91万辆，民用船舶吨位51285万吨，民用飞机828架，分别比1980年增长了1.4倍、3.6倍、22倍、9.02倍、2.73倍和6.18倍。

2. 技术装备水平显著提高

铁路复线率、电气化率和内燃率分别从1980年的16.25%、33%和14.8%增加到2000年的36.5%、25.3%和67.3%，基本上完成了长期期盼的牵引动力的现代化改革。在此基础上货运重载、旅客列车扩编和大规模4次旅客列车提速，为缓解铁路能力不足发挥了重要作用。公路坚持改造与新建相结合，以改造现有公路为主的方针，全国公路网的路况和等级大大提高：等级公路由1980年的58.7%提高到2000年的86.1%，二级以上的高等级公路从1980年的1.27万千米发展到2000年17.9万千米，增长14倍之多，1980年还没有高速公路，到2000年底建成通车1.6万千米，成为仅次于美国高速公路建设第二长的国家。公路建设和等级的大幅度提高，正在从根本上改变我国公路运输网状况与功能，对综合运输体系建设和功能定位也带来了非常大的影响。

3. 运输能力大幅度提高

近20年来，我国综合运输能力的提高一方面是上述各种运输设施数量上的扩张；另一方面可以说更重要的因素是交通运输行业技术装备水平的提高。以公路运输为例，虽然其总的通车里程仅增长58.8%，但由于公路等级大面积提升，尤其是高等级公路的快速发展，公路通行能力大大提高，粗略计算，目前全国公路网总的通行能力大约是1980年的6.2倍。同样，铁路运营里程增长不足30%，但由于技术装备水平，列车组织管理水平提高，铁路总体运输能力和主要干线通过能力都有显著提高。就全局而言，我国各种运输方式能力严重不足的矛盾已大大缓解，长期困扰社会和国民经济健康发展的运输瓶颈已基本解除，呈现了供需大体平衡局面。

4. 运输结构和地区不断调整和改善

我国交通运输总体发展水平大幅提高，不仅表现在每种运输方式的数量和质量上，而且表现在各种运输方式在发展和利用上以及时间和空间上不断优化组合，合理匹配，主要表现有以下几点：

其一，多年来比较薄弱的公路建设得到了快速发展，使公路运输在综合运输体系中的地位与功能发生重大变化，不仅巩固了在中短途客货运输中的地位，在中长途快速客货运输方面也日益发挥重要作用。

其二，铁路运输在客货运输改善中市场份额有所降低，但在客货运输周转量中仍占有较大比重，使其在长途客货运输和大宗货物运输中的优势和作用得到更好的发挥。

其三，坚持各种运输方式综合利用、联合协作的原则，建立和完善了重要物资和国际运输系统。

其四，以大通道的建设为重点，建成和投产了一大批具有全局和历史意义的大型项目，优化和改善了全国干线运输网的总体布局。

体制改革和市场化进程取得重大进展。主要表现为：

其一，交通运输行业不断加大改革和开放的力度与范围，在转变政府职能，转换企业经营机制，培育和发展运输市场，强化行业管理方面取得重大进展。

其二，初步改变了长期以来在传统体制下的封闭垄断局面，开放和竞争格局正在逐步形成。

其三，价格体制改革不断深入，以市场供求决定价格水平的运价机制正在逐步形成。

其四，建设资金筹措和投资管理体制方面基本改变了长期以来投资主体单一，中央负担过重，包揽过多的不合理局面，逐渐形成投资主体多元化，投资渠道多元化的良好局面。

5.3.2 我国综合运输现状

目前，综合运输体系的基础设施网络系统框架已经基本形成。综合运输大通道具备一定的能力，系统的通达度明显提高，技术装备和运输能力都有较大改善，各种运输方式共同组成的快速客运系统、集装箱运输系统、铁矿石运输系统、煤炭运输系统、进口原油运输系统，以及铁路、公路、内河、沿海运输的枢纽、场站等设施和装备都步入良性发展，智能交通技术的应用开始得到重视，运用现代信息技术建立的安全保障及支持系统、运营管理系统等都已取得了明显的进展。相对宽松的运输能力已经成为综合运输体系进一步发展的基本条件。我国已初步具备建立和大力推进国家综合交通体系建设的技术和物质条件。

联网的高速公路对综合运输格局的影响

直到上世纪 80 年代，高速公路在我国出现之前，我国运输界对铁路、公路、水运、航空和管道五种运输方式的服务对象和范围是这样认识的：

铁路适合大批量、中长距离的客货运输；

水运适合大宗、散货、低时效性货物运输；

公路适合集疏运输和短途运输；

航空适合高时效性、小批量运输，费用高；

管道用于液体、气体货物的运输。

1995 年 – 2000 年间我国高速公路网络逐渐形成，对综合运输格局的影响开始显现。这一期间，铁路承担的高价值货物运输数量逐年下降。2000 年与 1995 年相比，铁路货运量总量增长 3.9%，但纺织皮革的运量下降 55%，零担下降 58.7%，电子电器下降 45.2%，工业机械下降 40.4%，鲜活货物下降 39.1%。虽然其中有部分转移到铁路行包和集装箱，但相当大部分转移到高速公路。在若干 300 – 500 千米距离的区段上，高速公路的快速客运迅速兴起并与铁路形成竞争态势。传统的，公路作为综合运输体系的基础为铁路和水运承担集疏运的格局受到挑战。高速公路客货运输密度和特点的分析说明，高速公路联网后的综合运输格局发生了变化，高速公路已经介入了通道运输的范畴。在东部经济发达地区，地区性的高速公路作为公路网络的一部分，也大大提升了东部地区公路集疏运输的速度和服务水平，促进了东部地区其他运输方式，尤其是远洋运输的高效运行。

由于高速公路的介入，承担了高价值，小批量、时效性高的货物运输，使铁路可以集中力量运送能源、原材料、粮食和建材等大宗货物。但是，在现阶段我国国民经济发展迅速，铁路还是显现制约，突出的现象是能源运输紧张。

以山西为例，2003 年原煤产量 44951.89 万吨，铁路和公路总运量为 33777.9 万吨，其中出省运量为 30005.63 万吨（占总运量 88.8%）。从发挥各个运输方式的技术经济特性角度出发，铁路应承担出省煤炭运量，公路在省内承担煤炭集运。但实际状况是在出省运量中公路承担了 23.1%，山西联接河北、河南的各条出省公路上煤车充斥，高速公路无一例外地也承担了大量的煤炭运输任务。而山西因为地处国家高速公路网中心区位，（规划有五条国家高速公路），现已建成的高速公路因为煤炭运输的介入，车流不畅，服务水平大大降低，影响到国家高速公路网局部功能的发挥，山西煤炭外运的铁路通道急需扩能和增建。

我国煤炭基地多数不具备水运的条件，因此，加速建设足够的铁路外运通道，是确保新的综合运输格局下国家高速公路网正常运行，发挥运输体系的综合效益的关键之一。

我国综合运输体系存在的主要问题有：

1. 综合运输体系的数量和质量仍不能完全适应社会、经济发展的要求、运输结构和运输网布局还需优化和调整。

2. 与其他行业改革和市场化进程相比，交通运输行业改革明显滞后，深度和力度不足。

3. 至今未能建立全国统一的行业主管部门，严重影响全行业的宏观调控和各种运输资源的优化配置。

4. 政企分开仍然是交通运输行业改革的主要课题。

5. 行业法规建设严重滞后。

5.3.3 我国现代综合运输体系发展方向

综合运输体系的建设与完善，是一项长期而艰巨的任务。遵循交通运输发展的客观规律和经济社会发展的客观要求，按照综合运输体系基本思想内容，满足国民经济和社会发展需求及客货用户要求，各种运输方式作为一个有机整体，形成整体系统能力。

为达到这一要求，我国现代化综合运输体系建设的长期目标是：以市场经济为导向，可持续发展为前提，建立客运快速化、货运物流化的智能型综合交通运输体系。这一建设目标既体现了交通运输的系统性、先进性和可持续性，又体现了交通运输自身的发展和完善离不开市场经济这个大环境；既体现了以优化经济、环境效益为目标的系统工程，又体现了有时代特点的先进技术和现代物流理念。

我国综合运输发展的有利条件：

1. 交通运输管理体制将全面改革。

交通运输业全部完成政企分开的改革，建立交通委员会或运输部则水到渠成，综合运输在管理体制方面将提升到新的层次。

2. 市场经济制度的逐步建立与完善。

随着经济体制改革的不断深入，市场成为我国生产力配置的基本要素。依靠市场调节运输能力的行为正在成为交通运输市场化改革的重要内容，并作为交通运输改革的主导方向。因此，在市场经济的大环境中，利用市场动力促进各种运输方式的协调发展与合理利用，将是综合运输发展的良好机遇，也是提升综合运输系统的必由之路。随着市场经济制度逐步融入交通运输业，一个成熟的综合运输体系有望在本世纪 20 至 30 年代建成。

3. 建国 50 年形成的丰富的交通运输设施资源。

近 20 年时间，我国交通基础设施发生了翻天覆地的变化，综合运输系统网络设施初步形成，这是综合运输向成熟进军的宝贵条件。到 2001 年，我国铁路营业里程突破 7 万千米；公路里程近 170 万千米，其中高速公路从零起步，已经达到 1.94 万千米；内河航道 12.15 万千米；港口码头泊位 3.34 万个，其中万吨级深水泊位 810 个；通航机场 139 个；输油气管道 2.76 万千米。不断增长的交通设施为客货运输提供了强有力的供给能力，基本消除了长期形成的交通运输瓶颈制约。相对宽松的运输能力已经成为综合运输体系进一步发展的基本条件。

基础已经打下，环境正在转变，改革不断深入，市场逐步形成。有利的条件将使综合运输发展跨入走向成熟的新阶段。

今后工作重点：

1. 强化以运输大通道为框架的综合运输网建设

高度通达的交通运输网是综合运输体系现代化的基础，而通达交通运输网的形成要以布局合理的运输大通道为框架，运输大通道在综合运输网中能起纲举目张的作用。

我国已规划了八纵八横铁路运输主通道，五纵七横高等级公路主骨架，长江、珠江、京杭运河、淮河及黑龙江水运主通道等。应同时加强综合运输大通道的规划和建设：就是在同一方向的客货运输流密集地带，形成由几种运输方式的骨干线路构成、跨越省区的、具有全国意义的运输通道，属于全国交通运输网的主骨架。按照合理布局、协调发展、连接贯通的原则，并以综合运输大通道为主轴，分层次形成全国性大通道、省市通道、县乡通道，展开全国交通运输网建设布局。

此外，还应重视开放型的国际运输通道的规划和建设，要扩大出海通道，加强陆桥通道，开通邻国通道，并要规划选择重要进出口物资的国际运输大通道。

2. 重视综合运输枢纽合理布局，实现各种运输方式紧密衔接

综合运输枢纽是各种运输方式的结合部，车、船、飞机运转作业的操作场，旅客和货物换乘、换装和集散的中枢，在综合运输体系中占有十分重要地位。为此，实现综合运输体系现代化应高度重视综合运输枢纽的建设布局，使各种运输方式紧密衔接，实现运输过程“无缝化”衔接。

综合运输枢纽布局合理化包括两个方面：一是运输枢纽在全国运输网上布局合理；二是枢纽内各种运输方式的结点及其与城市交通布局合理，使其紧密衔接，特别是对全国交通乃至国际交通有重大影响的特大城市、大城市综合运输枢纽，应该作出战略性、前瞻性、综合性规划，并按规划总图付诸实施。

3. 继续调整和优化运输结构

优化运输结构的标准，应该是建立能够适应市场需求的、可以充分发挥各种运输方式优势的、有利于可持续发展的运输结构。

优化运输结构要充分发挥各种运输方式优势，中长途旅客运输要充分发挥铁路和航空运输的作用，中、短途客运充分发挥公路运输的作用。大宗长途货运以铁路、水运为主，高档、鲜活中短途货运充分利用公路运输，石油天然气充分利用管道运输。

此外，还要优化运输技术结构，提高高等级运输线的比重，发展高速铁路、客货专用铁路，提高电气化铁路和复线铁路比重。发展高速公路、高等级公路，提高等级以上公路比重。

积极采用先进的运输动力，铁路加快发展电力牵引，在运量、线路、电力牵引都应不断增大比重。汽车运输利用清洁绿色燃料，降低能耗，控制排放，积极开发电动汽车。优化城市交通结构，大中城市以公共交通为主，公共交通以电力牵引为主；特大城市以电气化轨道交通为主，大力发展地下铁道运输。

4. 积极推进综合运输管理信息化

信息技术与综合运输管理相结合，是综合运输体系现代化的核心和最重要手段。以综合运输管理信息化改造传统的综合运输生产、管理和服务，形成一种以信息资源为基础的智能化、高效化新型综合运输体系，是交通运输业发展的长远目标。

目前我国铁路、公路、水路、航空和管道各个运输部门都在致力于信息化建设，而对于综合运输管理信息化几乎还是个空白，亟待加强。关注和加强各种运输方式信息网络“节点”的信息化建设，形成综合运输信息网。

要建立综合运输管理信息系统，铁路、公路、水路、航空交通互联网，资源共享，合理分配和集疏运客货流。要健全和完善多式联运管理信息系统，提高客货联运效率、服务质量和安

全性。要建立综合运输枢纽信息系统，以城市为中心，以各种运输方式结合部为纽带，形成城市交通与城间交通的信息中心，改善枢纽作业，提高枢纽效率。

5. 加快高速客运系统建设

改革开放以来，1980 年至 2000 年全社会客运量和旅客周转量的年均增长速度分别为 7.6% 和 8.77%，大大超过货运年均增长速度，充分显示了旅客运输的旺盛需求。旅客运输高速化，既是增强客运能力、增加运输线路客流量的重要途径，也是适应经济发展、社会进步、节省旅客在途时间的根本举措，是综合运输体系现代化最明显的标志之一。

我国客运高速化发展势头很好，铁路实施提速战略成效显著，高速公路建设方兴未艾。在此情况下，应该统筹加快高速客运设施建设，在全国范围内形成一个由高速铁路、高速公路和民用航空组成的、连接各大中城市的全国高速客运系统；由提速铁路、高等级公路和民用航空组成的、连接众多城市的、通畅的旅客运输系统；以国道、省道为骨干，连接等级公路支线，通达广大城乡的优质客运系统；以高速船舶运输为主，发展海湾、陆岛间、大江、大湖水上高速客运系统。

6. 与时俱进，发展现代物流

现代物流是新世纪运输业发展新的经济增长点，是货物运输企业经营理念的重大转变和经营方式发展的高效阶段。综合运输是现代物流的基础，现代物流需要各种运输方式全方位的服务。因此，发展现代物流也成为综合运输体系现代化的又一内涵之一，它标志着交通运输业摆脱了孤立地从本系统思考问题的传统观念和运作方式，而真正成为以市场为导向，以满足客户需求为宗旨，以系统总效益最大化来适应未来经济社会发展的需要。

明确运输业向现代物流发展的方向，对运输企业的经营形式和经营规模有所调整。在经营形式上，根据市场需求，要调整经营战略，加强物流管理，完善物流设施，提高物流技术，形成物流系统，提供全方位、高质量的物流服务；在经营规模上要由各种运输方式的大型企业联合起来，实行规模经营，共同适应现代物流服务的需要。

7. 积极推动综合运输管理体制创新

目前各种运输方式基础设施建设缺乏统一规划，缺乏统一的运输政策和法规；高效的多式联运难以组织。为了发挥市场配置资源的基础作用，并加强交通运输发展的宏观调控，建立适应综合运输体系发展要求的新型管理体制。

综上所述的技术创新、管理创新和体制创新是相辅相成的，将共同推进和实现综合运输体系现代化。

案例讨论

江苏省综合运输通道的建设

即“三纵四横”七大运输通道：沪宁、沿江、沿东陇海、沿海、沿京杭运河、徐宿淮盐和徐宁杭。

铁路建设：建成京沪高速铁路（沪宁段）。加快建设南京至合肥段等铁路，完成京沪铁路（江苏段）和东陇海铁路的电气化改造，规划建设长江铁路大桥。积极做好镇江至南翔段、南通至上海、盐城至连云港、宿州经宿迁至淮安、扬州至淮安等铁路项目的论证工作，争取纳入国家相关规划。“十一五”期间，新建铁路约 1000 千米。

公路和过江通道建设：重点实施沪苏浙、宁常、镇溧、宁杭二期、南京绕城公路东南段、连云港至临沂江苏段、徐州至济宁江苏段、江都至海安、南京至马鞍山等高速公路建设；实施一批干线公路工程，加快农村公路建设，提高农村公路等级。续建和新建 7 座长江过江通道，建成苏通大桥、南京过江隧道，实施泰州－镇江－常州、启东至崇明、南京四桥、五峰山、海门至崇明等过江通道项目。“十一五”期间，建成高速公路 1200 千米，新建、改扩建干线公路 3000 千米，新建改造农村公路 40000 千米，初步形成现代化的高速公路网、畅通的干线公路网和四通八达的农村公路网。

讨论问题：

江苏省“十一五”综合运输建设主要是着重在哪些方面？今后还需在哪些方面进行完善其综合运输？

第6章 铁路运输布局 6

＊本章主要内容

- 我国铁路网布局概况
- 主要铁路干线的分布
- 主要铁路枢纽和编组站

＊引导案例

1958 年，党中央决定建设青藏铁路西宁至格尔木段，1984 年 5 月这段铁路建成通车，由于西藏特殊的地理自然环境和高原、冻土等筑路技术问题没有解决，青藏铁路格尔木至拉萨段停建。

长期以来，地域偏远、交通不便一直是制约青海、西藏两省区经济发展的重要因素。纵观中国铁路史，到目前为止，我国的省级行政区中只有西藏自治区不通铁路。因为没有铁路，85% 以上的进藏物资都要通过青藏公路运输，而公路运输远远满足不了青藏两省区、特别是西藏自治区社会经济的快速发展。

2001 年 2 月 8 日，党中央、国务院从推进西部大开发、实现各民族共同发展繁荣的大局出发，作出了修建青藏铁路格尔木至拉萨段的重大决策，提出了建设世界一流高原铁路的目标。格拉段北起格尔木市，经纳赤台、五道梁、沱沱河、雁石苹，翻越唐古拉山，再经西藏安多、那曲、当雄、羊八井，南至拉萨。全长 1118 千米，其中青海省境内 564 千米，西藏自治区境内 554 千米，国家总投资 262.1 亿元，工期 6 年。2002 年 6 月 29 日，青藏铁路格拉段全线正式开工，2006 年 7 月 1 日通车，仅用 5 年时间就建成了这条高原铁路。高原多年冻土、高寒缺氧、生态脆弱是青藏铁路面临的三大难题。其中，冻土问题是修建青藏铁路最主要的技术难题。这次建成的青藏铁路格尔木至拉萨段，施工难度之大、设备可靠性和安全性要求之高在世界铁路建设史上是前所未有的。

青藏铁路是实施西部大开发战略的标志性工程，加速青海、西藏两省区物流、旅游等产业的发展，把铁路建到世界屋脊上，这是人类的一大创举，也是中国人民智慧、力量、勇气、胆识的结晶，更是国家经济富强、人民富裕、民族团结的象征。

长期以来作为我国运输“钢铁大动脉”的铁路运输，其发展情况、主要线路、枢纽布局状况等需要我们学习、认识。

6.1 我国铁路网布局状况

铁路运输长期以来是我国最重要的运输方式，从交通运输可持续发展角度讲，无论在占地面积，单位能耗，环境污染还是在安全性、舒适性方面，铁路在中长途运输方面具有无可替代的优势。有资料显示：以运输能力占地相比，一条复线铁路与一条16车道的公路具有相同的运输能力，而铁路占地为15米宽，公路占地为122米宽，铁路占地仅为公路的1/8。另据1997年《京沪高速铁路研究报告》，若以高速铁路的能耗为1，则高速公路上汽车能耗为7.6，飞机能耗为15.2，铁路最显著的特点是载运质量大、运行成本低、能源消耗少，既在大宗、大流量的中长以上距离的客货运输方面具有绝对优势，而且在大流量、高密度的城际中短途旅客运输中具有很强的竞争优势，是最适合中国经济地理特征和人们收入水平的区域骨干运输方式。尽管从20世纪90年代以来，中国高速公路和航空业获得了巨大发展，对铁路运输形成了越来越明显的竞争，但是，铁路在国民经济中的支柱作用和在中国综合运输网络中的担纲作用是其他运输方式难以替代的。

我国铁路的发展历史主要可以分为以下几个阶段：

6.1.1 中国铁路的开创时期(1876～1893年)

大约是在1840年鸦片战争前后，当时中国的爱国有识之士如：林则徐、魏源、徐继畲等人先后著书立说，介绍铁路知识。

1876年，中国土地上出现了第一条铁路，这就是英国资本集团采取欺骗手段擅筑的吴淞铁路。这条铁路经营了一年多时间，就被清政府赎回拆除了。五年后，在清政府洋务派的主持下，于1881年开始修建唐山至胥各庄铁路，从而揭开了中国自主修建铁路的序幕。

此后又在台湾修筑了台北到基隆港和到新竹的铁路。但由于清政府的昏庸愚昧和闭关锁国的政策，早期修建铁路的阻力很大，到1894年中日甲午战争前夕，近二十年的时间里仅修建约400多千米铁路。

6.1.2 帝国主义争夺路权，中国铁路缓慢发展时期(1894～1948)

1894 年，清政府在中日甲午战争中战败后，割地赔款，国力大损，英、俄、法、日、德、比、美等帝国主义国家乘机对清政府施加压力，攫取中国的铁路权益。他们或强行擅筑，或假借“合办”，或通过贷款控制，一万多千米的中国路权被吞噬和瓜分，形成帝国主义掠夺中国路权的第一次高潮。随后，他们按照各自的需要，分别设计和修建了一批铁路，标准不一，装备杂乱，造成了中国铁路的混乱和落后局面。

1911 年，辛亥革命推翻了清政府，建立了中华民国。但革命果实被大地主、大买办阶级的代表北洋军阀袁世凯篡夺。他在 1912 年宣布“统一路政”，解散了各省商办铁路公司，把各省已经建成和正在兴建的铁路全部收归国有，用以抵借外债，因而形成了帝国主义掠夺中国路权的第二次高潮。从 1912 年到 1916 年各国夺得的路权共达 13000 多千米，只是由于当时帝国主义正在进行世界大战，他们没有力量把得到手的路权变为现实。北洋政府时期(1912～1927)，在关内修了约 2100 千米铁路，大都是原有铁路的展筑和延续；在东北修了约 1800 千米铁路，多数是日本帝国主义采用借款、垫款或“合办”等方式修建和控制的，还有一些是官商合办的铁路。

1928 年，南京国民党政府执政以后，主要是以官僚买办资本与帝国主义垄断资本“合资”方式修建铁路，从而出现了帝国主义掠夺中国路权的第三次高潮。从 1928 年到 1937 年在关内修建了约 3600 千米铁路；在东北以官商合营方式修建约 900 千米铁路(1928～1931)。从 1937 年到 1945 年抗日战争期间，在西南、西北“大后方”修建约 1900 千米铁路。在这期间，日本帝国主义妄想独霸中国，1931 年发动了“九・一八”事变，侵占了整个东北地区，成立了伪满政府。继而于 1937 年又发动了“七・七”事变，掀起了全面的侵华战争，中国铁路大部伦于敌手。从 1931 到 1945 年，日本侵略者在东北共修建了 5700 千米铁路；从 1937 到 1945 年，在华北、华中和华南的占领区修建了约 900 千米铁路。综上所述，南京国民党政府时期(1928～1948)，在中国大陆上共修建铁路约 13000 千米。

京张铁路是中国自己筹款，中国人自己勘测、设计、施工的第一条铁路。它的建成，揭开了中国铁路建筑史上的崭新的一页。1905 年，正当英、俄两国激烈争夺中国华北路权时，清政府决定自建京张铁路，任命詹天佑为京张铁路局会办兼总工程师。詹天佑面对外国人的冷言恶语和封建官僚的嘲笑议论，毅然挑起重担。从 3 月开始，他亲自率领中国工程技术人员，背上标杆，分别勘测了数条线路。经过缜密计算和反复比较，最后选定关沟段进行复测。8 月定测完毕，10 月开始动工。

京张铁路自北京丰台到张家口，全长 201.2 千米。其中关沟段穿越军都山，最大坡度为 33‰，最小曲线半径 182.5 米，隧道 4 座，计长 1644 米，采用“之”字形线路，工程非常艰巨。经过 4 年奋战，1909 年 9 月全线提前胜利完工。

6.1.3 人民政府接管铁路，抢修和恢复铁路运输生产时期(1949－1952 年)

1949 年 10 月 1 日中华人民共和国成立后，原军委铁道部改组为中央人民政府铁道部，统一管理全国铁路的运输生产、基本建设和机车车辆工业。当时的主要任务是接管新解放的铁路，进行民主改革，继续抢修、抢通全国铁路，修复机车车辆、通信信号设施，支援解放战争和恢复国民经济。1949 年一年共抢修恢复了 8278 千米铁路。到 1949 年底，全国铁路营业里程共达 21810 千米。

1950 年开始，国家进入三年经济恢复时期。在这期间，全路颁布和实施了统一的《铁路技术管理规程》，从此彻底改变了旧中国铁路管理分散、各自为政的状况。全国对战时临时修复通车的线路、桥梁、隧道，特别是京汉、粤汉两大干线，进行了大规模的复旧工程。津浦铁路黄河大桥，京汉铁路黄河大桥相继修复。1952 年 6 月 18 日，满洲里至广州间开行了第一列直达列车，全程 4600 多千米畅通无阻。与此同时，全国开始了新线建设工程，一些主要干线和关键区段相继开工，并且部分竣工通车。到 1952 年底，全国铁路营业里程增加到 22876 千米。

在此期间，对机车车辆工业做了调整，确定各厂产品方向，增添了设备，改善作业条件，同时修复了 1400 多台机车，近 900 辆客车和 7000 多辆货车。1952 年 8 月 1 日，四方铁路工厂诞生了第一台完全由中国独立制造的蒸汽机车。

6.1.4 有计划地开展铁路建设，中国铁路网骨架基本形式时期(1953～1978 年)

从 1953 年开始，国家进入有计划发展国民经济的时期。到 1980 年铁路经过了五个五年计划的建设，取得了辉煌的成绩。

第一个五年计划时期，铁路部门以学习苏联和推广中长铁路经验为方针，全面改造旧中国铁路落后的管理制度。同时继续在全路开展“满载、超轴、五百千米运动”，树立先进典型，推广先进经验，从而大大铁高了运输效率。在新线建设方面将重点放在西南、西北地区以改变旧中国铁路布局不合理的局面。在此期间，除旧中国遗留下来的铁路已全部修通外，对一些主要干线区段增修了第二线，并建成跨越长江的第一座武汉长江大桥。到 1957 年底，全国铁路营业里程达 26708 千米，客货换算周转量达 1707 亿吨千米。

第二个五年计划开始时，出现了国民经济“大跃进”的形势，铁路部门曾错误的废除了许多规章制度，破坏了集中统一的领导，一度导致运输秩序混乱，设备和各项工作的质量严重下降。1961 年开始贯彻中央“调整、巩固、充实、提高”方针后，经过三年调整，扭转了被动局面，并加速了西南地区的铁路建设，建成了干线 12 条，支线 30 条。宝鸡到风州铁路电气化改造的完成，揭开了中国铁路牵引动力改革的新篇章。同时，有 5 个机车车辆工厂相继建成投产，机车保有量较前增加 46.7%，客车增加 25.5%，货车增加 62.1%。到 1965 年底，全国铁路营业里程达 34406 千米，客货换算周转量达 3174 亿吨千米。

第三、四两个五年计划时期，正值十年动乱的“文化大革命”时期。铁路集中统一的领导体制再度遭到破坏，铁路运输曾一度陷于半瘫痪状态，但是由于铁路职工的努力，工作还是取得了一定成绩。在此期间，建成了一批重要干线和包括南京长江大桥在内的 19 座特大桥梁；宝成铁路全线实现了电气化；内燃机车和电力机车已开始批量和小批量生产。到 1975 年底，全国铁路营业里程达 45992 千米，客货换算周转量大 5199 亿吨千米。

6.1.5 贯彻改革开放政策，中国铁路步入新的发展时期(1979 年～至今)

十一届三中全会以来，国民经济快速发展，1982 年中国共产党十二届代表大会提出到 20 末工农业生产总值要翻两番的伟大目标。并指出“铁路运输已成为制约国民经济发展的一个重要原因，运输能力同运输量增长的需要很不适应。为了改变这种局面，铁路必须进行一系列的重点建设，加快发展速度，提高运力。”根据这个精神，铁路把基本建设的重点放在加强既有铁路的技术改造上，并适当的安排一些必要的新线建设，提出“北战大秦，南攻衡广，中取华东”的战略。同时加速牵引动力的改造，提高机车车辆的修造能力，着重铁路各项运输设备的配套，以提高运输能力，解决运输薄弱环节。

第六个五年计划时期，铁路完成的基本建设投资是历次五年计划中最多的时期。其中既有铁路改造的投资占 33.2%。双线铺轨 1870 千米，使营业铁路中的主要干线大都建成双线，改建和新建电气化铁路 2483.5 千米，内燃牵引的铁路增加 3421 千米。机车保有量中内燃、电力机车的比重增至 34.6%，因而在繁重的牵引任务中，内燃、电力机车已占 39.1%。在运输组织方面，进行了许多改革。组织单元重载组合列车，提高货物列车的重量；扩大旅客类车编组，挖掘运输潜力；采用零担运输集中化，减少沿零列车和办理沿零的车站，提高运行速度；改革机车乘务制度，实行长交路轮乘制，充分发挥机车运力；发展集装箱和集装化运输，提高货运效率等等。到 1985 年底，全国铁路营业里程达 52119 千米，客货换算周转量突破 1 万亿吨千米。

1986 年开始进入第七个五年计划时期，铁路实行了投入产出承包经营责任制后，更加调动了全路职工的积极性。京秦、大秦(第一期工程)等双线电气化铁路相继竣工。全长 14 千米以上的大瑶山隧道胜利打通，使南北主要大干线——京广铁路双线全线通车，大大提高了通过能力。兰新铁路修到了阿拉山口，是中国通往前苏联的另一条重要国际干线，也是连接亚欧两洲大陆桥的重要组成部分，在政治、经济、国防上具有重大意义。

为了解决煤炭运输，新建的兖石铁路是兖州和腾枣煤田煤炭的一条出海通道，新兖铁路与兖石铁路、太焦铁路连接成为平行于陇海铁路东段的东西干线，是山西煤炭出海的一条通道；建设大秦双线电气化铁路，是中国第一条以运煤为主、开行重载单元列车的现代化铁路，这一条铁路将是山西、内蒙古、宁夏等地区煤炭外运的重要通道，对开发山西煤炭基地，增加内蒙古、宁夏煤炭的调出量将发挥重要作用。

解决铁路运能不足的根本出路在于采用先进技术，加速铁路现代化建设，努力提升国产机车设计制造及运行管理水平。在客车车辆方面，高速铁路动车组和时速 200 千米以上机车车辆，整体引进技术，逐步实现国产化，达到国际先进水平。同时，加强铁路综合调度指挥管理信息系统建设，不断提升铁路运输生产调度指挥信息化水平，努力实现列车运行图编制、管理现代化。

国家还建设铁道部科学研究院、西南交通大学、北方交通大学等科研院所、学校，发展铁路科学技术，培养铁路专门人才。

1997 年 4 月 1 日，中国铁路实施第一次大面积提速，京广、京沪、京哈三大干线全面提速。以沈阳、北京、上海、广州、武汉等大城市为中心，开行了最高时速达 140 千米、平均运行时速 90 千米的 40 对快速列车和 64 列夕发朝至列车。

1998 年 10 月 1 日，铁路第二次大面积提速。京广、京沪、京哈三大干线的提速区段最高时速达到 140 至 160 千米，广深线采用摆式列车最高时速达到 200 千米。全路旅客列车平均速度达到 55.16 千米/小时。

2000 年 10 月 22 日，铁路第三次大面积提速。重点是亚欧大陆桥陇海、兰新线、京九线和浙赣线。列车等级和车次重新分类和调整；全国铁路实行联网售票，400 多个较大车站可办理相互异地售票业务。

从 2001 年 11 月 21 日零时起，全国铁路实施第四次大面积提速和新的列车运行图。提速范围基本覆盖全国较大城市和大部分地区，对武昌至成都、京广线南段、京九线、浙赣线、沪杭线和哈大线进行提速。

2004 年 4 月 18 日全国铁路实施第五次大面积提速，京沪、京广、京哈等干线部分地段线路最高时速 200 千米全路旅客列车平均旅行速度 65.7 千米/小时，提速网络总里程将达到 16500 多千米。包括京沪间新增的“一站直达”特快列车在内，中国铁道部在此次提速中新投入北京至上海、杭州、苏州、扬州、南京、合肥、哈尔滨、长春、长沙、武昌、汉口、西安和天津至上海共 19 对直达特快列车。这些列车统一编为“Z”字头，实行点到点运输，中途不停，最高时速 160 千米，大大缩短这些城市间旅行时间。

我国第六次铁路大提速在 2007 年 4 月 18 日正式在京哈、京沪、京广、京九、陇海、浙赣、兰新、广深、胶济等干线展开，列车运行时速达 200 千米，其中京哈、京广、京沪、胶济线部分区段时速将达到 250 千米。

此次提速将在以北京、天津为中心的环渤海，以上海为中心的长三角，以广州、深圳为中心的珠三角这三大城市群以及以郑州、武汉为中心的中原城市群，以沈阳、长春和哈尔滨为中心的东北城市群，以西安为中心的西北城市群，大量组织开行高密度的 416 列城际快速客车。全国主要中心城市间的“D”字头快速客车将新开 86 列。通过此次提速，时速 200 千米及以上的铁路线超过 6000 千米，时速 160 千米以上的铁路线达到 14000 千米。主要城市间的列车运行时间进一步缩短。我国铁路客货运输能力将分别增长 18% 和 12%。

“十一五”开局的 2006 年，全国铁路新线铺轨 1040 千米，复线铺轨 997 千米，投产新线 1065 千米，全国铁路完成货运总发送量(包括行包运量)288285 万吨，比上年增长 7.1%，全国铁路完成货运总周转量(包括行包周转量)21954.46 亿吨千米，比上年增长 5.9%，国家铁路完成运输收入 2364.5 亿元，比上年增加 318 亿元，增长 15.5%。

与国民经济和社会发展的需要相比，中国铁路无论是规模还是质量都还有很大的差距。从数量上看，铁路路网密度仍处于较低的水平，远落后于发达国家的平均水平；主要运输通道客货运输能力严重不足，制约了国民经济的发展。从质量上看，铁路的技术装备水平和管理水平与发达国家有较大的差距，便捷性、舒适性、准时性、安全性等还远远不能满足旅客和用户的要求。

"十一五"期间，我国将建设铁路新线 19800 千米，其中客运专线 9800 千米。2010 年全国铁路营业里程达到 9.5 万千米。届时，发达的铁路网将初具规模，并形成客运专线、城际客运铁路和既有提速线路相配套的 32000 千米的快速客运网络。到 2010 年，各大区域之间大能力货运通道网络和快速货运网络也将初步形成。预测 2010 年铁路旅客发送量、货物发送量将达到 19 亿人次、32 亿吨左右。年均增长速度为 10.6% 和 33.7%。旅客、货物周转量达到 820 亿千米，24000 亿吨千米，年均增长速度分别为 6.9% 和 4.0%。2007 年全国铁路计划新线铺轨 2099 千米，复线铺轨 2347 千米，新线投产 607 千米，复线投产 663 千米，电气化投产 2019 千米。

国家制订《中长期铁路网规划》，计划未来投入 2 万亿元用于铁路建设，构建覆盖中国主要城市的快速客运网，包括主要干线客运专线、客货混跑提速线路和以环渤海圈、长江三角洲、珠江三角洲为重点地区的城际客运铁路。到 2020 年，全国铁路营业里程达到 10 万千米，主要繁忙干线实现客货分线，复线率和电气化率均达到 50%，运输能力满足国民经济和社会发展需要，主要技术装备达到或接近国际先进水平，这意味着我国铁路网不仅规模有大的扩展，而且标准和水平也有质的飞跃。

6.2 我国主要铁路干线的分布

目前，我国铁路已基本形成以北京为中心，以五纵、三横、三网和关内外三线为骨架，联接着众多的支线、辅助线、专用线，构成我国铁路网骨架的主要干线。五纵是指京广线、京九线、京沪线、宝成——成昆线、北同蒲——太焦——焦柳线；三横是指京包——包兰线、陇海——兰新——兰新西线、沪杭——浙赣——湘黔——贵昆线；三网是指东北铁路网、西南铁路网和台湾铁路网；关内外三线是指京沈线、京通线、和京承——锦承线。

6.2.1 我国南北向铁路干线

1. 沟通东南半壁交通大动脉：京沪线

京沪线始于北京，经天津、济南、徐州、南京直抵我国最大城市上海，沿途大都为沿海经济发达地带，因此成为中国目前最繁忙的铁路干线之一，全为复线。全线纵贯海河、黄河、淮河、长江四大流域，穿过冀、鲁、皖、苏四省，连接津、沪两大直辖市，连接华北平原、江淮平原和长江三角洲。该线北端与京哈铁路相接;途中于德州会合石德线;于济南会胶济线;于兖州与附近会兖荷(泽)线和兖石(臼所)线;于徐州会陇海线;于蚌埠会淮南线;于南京会宁芜、芜铜线;在上海与沪杭线相连接。沿线是沿海人口密集、经济发达地区，有许多重要工业城市、大型煤、铁、石油基地，粮棉集中产区和鱼米之乡。南运货物以钢铁、煤炭、木材、棉花、油料和杂粮为主;北运货物以机械设备、机电设备、仪表、布匹、百货、面粉和茶叶等。

京沪高速铁路是《中长期铁路网规划》中投资规模最大、技术含量最高的一项工程,也是我国第一条具有世界先进水平的高速铁路，正线全长约1318千米，与既有京沪铁路的走向大体并行，全线为新建双线，设计时速350千米，初期运营时速300千米，共设置21个客运车站。该项工程预计5年左右完成，2010年投入运营。

现有的京沪铁路运输能力长期紧张，运输密度是全国铁路平均水平的4倍，一直处于超负荷运行和限制型运输状态，严重制约了沿线经济发展。京沪高速铁路建成后，与既有京沪铁路实现客货分流。新建的高速铁路为客运专线，既有的京沪铁路为货运主线。届时，北京至上海高速列车全程运行时间只需5小时,比目前京沪间特快列车缩短9小时左右，年输送旅客单方向可达8000余万人，大大释放既有京沪铁路的能力，使既有京沪线单向年货运能力达1.3亿吨以上,使其成为大能力货运通道，从而满足京沪通道客货运输需求，从根本上解决京沪通道运输能力紧张的状况，真正实现“人便其行、货畅其流”。

京沪高速铁路还具有与时速200千米既有铁路兼容的优势，从上海去往哈尔滨、沈阳、包头、兰州、西安、成都、乌鲁木齐和从北京去往华东的旅客，均可大大缩短旅行时间。

2. 南北交通的中枢:京广线

京广铁路是中国最重要的一条南北铁路干线，其连接了六座省会，以及数十座大中城市，并与京山、丰沙、京九、京原、石太、石德、邯长、邯济、新焦、新石、陇海、孟宝、漯阜、宁西、横麻、汉丹、武九、石长、湘黔、浙赣、湘桂、广三、广九等铁路相接，在中国的国民经济中起到了非同寻常的作用。即使在平行的京九铁路建成后，京广铁路也依然发挥着巨大的的作用。全路旅客列车和货物列车大多采用电力机车牵引。

沿途纵贯六省市，跨越五大流域，途经华北平原、两湖平原、江南丘陵，穿越南岭山地，连接珠江三角洲，沿线人中稠密、物产富饶、经济发达、城镇密布、运输十分繁忙。南运货物主要有煤炭、钢铁、木材及出口物资，北运货物主要有稻米、有色金属及进口物资。

3. 纵贯南北的第二大交通中枢:北同蒲——太焦——焦枝——枝柳线

全线北起山西大同、经太原、焦作、枝城达柳州，与湘桂、黎湛铁路相连构成与京广铁路平行、纵贯南北的又一铁路大动脉。沿线经过五省(区)，跨越三大流域，纵贯黄土高原、豫西山地、江汉平原、湘西山地和两广丘陵。全长2395千米，沿线盛产粮、棉、油、烟叶等农副产品及煤、有色金属等矿产，该线对改善我国铁路布局，提高晋煤外运能力，分流京广运量，都具有重要作用。

4. 纵贯南北的第三大交通中枢:京九线

京九线始于北京，是中国一条从北京通往香港九龙的一级双线铁路，于1993年2月全面动工，沿线跨越海河、黄河、淮河、长江、珠江五大水系，纵贯华北平原、鄱阳湖平原、大别山、井冈山、两广丘陵。1996 年开通运营，纵贯北京、天津、河北、山东、河南、安徽、湖北、江西、广东、香港等 10 个省、市及特别行政区，全长 2397 千米。加上两条联络线，总长 2536 千米。

本路之位置介于京沪铁路与京广铁路之间，其建造的目的，主要是为了缓解当时负荷過大的京广铁路，以及促进京广铁路以东贫困地区的发展。另外，也有将香港与中国内地更紧密联系起来的用意。但到目前为止，京九直通车服务是经由广深铁路和京广铁路。

京九铁路的设想早已有之，一些关键地段早已开工，例如九江长江桥已于 1993 年初建成，部分路段(如九江——南昌、商丘——阜阳)利用既有线路改造而成。沿线地区不仅是我国粮棉油等农副产品的重要产区，也是矿产资源、旅游资源非常丰富的地区。该线对促进沿线经济的发展，维持香港的长期稳定的繁荣，都是有重要作用。

5. 纵贯西南地区的南北干线:宝成——成昆线

北起宝鸡，翻越秦岭、大巴山，穿越川西平原、飞越岷江，横跨金沙江，到达昆明，全长 1754 千米。

宝成铁路是中国一条从陕西宝鸡通往四川成都的铁路，全长 668. 2 千米，是中国第一条电气化铁路。它是沟通中国西北与西南的第一条铁路干线。

成昆铁路沿线越过成都平原、川西横断山地、滇北高原。成昆铁路建筑工程艰巨，沿线为横断山区，山高谷深、川大流急，地质复杂，天气多变。全线有 1/3 地段坐落在 7 级以上地震区，并有大量的溶洞、暗河、断层、流沙、瓦斯、岩爆、粉砂、硝盐等。修筑这条铁路，平均每 1. 7 千米就有一座大中型桥梁;每 2. 5 千米就有一座隧道。全线桥梁 427 座，隧道 653 座，总长达 400 多千米，成昆铁路桥、隧道总长度占线路总长度的 40%，工程之艰巨为世界铁路建筑史上所罕见。

该线在宝鸡与陇海线衔接，在成都与成渝线相接。沿线所过地区，资源丰富，有煤、铁、石棉、木材及有色金属。它的建成对沿线资源开发、工农业发展，工业合理布局，铁路的建成促进了西南地区经济建设，加强了民族团结，也是连接西北地区的重要通道。

6. 2. 2 东西向铁路干线

1. 新欧亚大陆桥:陇海——兰新线——兰新线西段(原称北疆铁路)

东起黄海之滨的连云港，经徐州、商丘、开封、郑州、洛阳、三门峡、西安、宝鸡、兰州、武威、张掖、嘉峪关、柳园、哈密、吐鲁番、乌鲁木齐、昌吉、石河子、乌苏、博乐等城市，途径六省区，横贯黄淮平原、豫中平原、关中平原、黄土高原、穿过河西走廊、吐鲁番盆地，翻越天山山脉到达北疆，全长 3652 千米，是我国最长的一条铁路干线，沿途沟通京沪、太焦、京九、京广、西延、宝成、包兰、兰青、南疆等铁路线，经过我国许多古都和历史文化名城，沿线有丰富的旅游资源和煤炭、石油、镍、棉花、畜产品等农矿资源。这条铁路的修建，对被誉为 20 世纪的新“丝绸之路”，具有重大意义。

兰新铁路西段全长460千米，于1985年5月开工，被誉为二十世纪的新“丝绸之路”，1990年与哈萨克中亚铁路接轨。至此，一条从中国连云港，经陇海、兰新线，横穿欧亚大陆腹地，直达荷兰鹿特丹港的联接太平洋与大西洋的国际铁路干线已经全部筑通，总长1.2万千米。这条“亚欧大陆桥”的贯通，对发展我国外贸事业，加速沿边开放将起重要作用，使中国、日本、港澳地区以及东南亚一些国家的大宗货物即可经此线运往原苏联、东欧、西欧以及黑海、波罗的海、地中海和大西洋沿岸各港。据测算，这比取道印度洋、苏伊士运河的海运可节省20%的运费，运期可缩短一半，而且更加安全可靠。

2. 沟通华北和西北的通道:京包——包兰线

京包线自北京西行经呼和浩特至包头，全长833千米，既是一条晋煤外运线，又是一条与蒙古、俄罗斯相通的国际线一部分。包兰线自包头西行南下经银川至兰州，全长980千米。该线东起北京，越冀北山地、跨张北高原、内蒙古高原、过河套平原、宁夏平原至兰州，连接六省(市、区)，沟通华北和西北，衔接陇海、兰新、兰青、集二等铁路。沿线煤、铁、池盐、磷矿等资源丰富，又分布着我国重要的畜牧业基地和商品粮基地。西运货物主要有钢铁、机械、木材等;东运货物以煤炭、矿石、畜产品为主。该线对促进华北和西北经济联系，分担陇海线运输压力，对开发大西北，促进少数民族地区经济发展以及巩固国防都具有重要意义。

3. 横贯江南的东西干线:沪杭——浙赣——湘黔——贵昆线

全线东起上海，经浙、赣、湘、黔、滇等六省市，连接长江三角洲，江南丘陵和云贵高原，全长2677千米，沟通京沪、京九、京广、川黔、成昆、南昆等干线，是横贯江南的东西大动脉。该线东段人口密集、工农业发达，西段煤、铁等资源丰富。东运的货物主要有粮食、木材、有色金属等，西运的货物主要有钢铁、机械、水泥、日用百货等。

6.2.3 主要铁路网

1. 东北铁路网

东北铁路网以哈尔滨、沈阳为中心，由滨洲——滨绥线和哈大线构成“丁”字型骨架，联接全区70多条干支线，独具一格，自成体系，主要包括京沈、沈丹、平齐、沈吉、长图、哈佳、京通、京承锦、集通、通让等30多条干线。哈大线北起哈尔滨，经长春、沈阳、鞍山到大连，全长944千米。哈大线联结东北三省主要的工业中心、政治中心和最大海港，通过重要的农业区和人口密集地带，是我国通运能力最强、客货量最大的主干线之一，成为东北地区经济发展的支柱。滨洲——滨绥线，西起满洲里，经哈尔滨至绥芬河，全长1483千米。两端都与俄罗斯的铁路接轨，是一条重要的国际铁路线，沿途特产极为丰富，是我国木材、粮食、畜产品供应基地，也是石油、煤炭、木材等产地。

2. 西南铁路网

西南铁路网由连接区内的成昆线、成渝线、川黔线、贵昆线等四条铁路和联接区外的宝成线、襄渝线、湘黔线、黔桂线和南昆线等铁路组成。

西南铁路网区内的四线环通，成都、重庆、昆明、贵阳各占一角，把云南、贵州、四川和重庆三省一市连接起来。通向区外的主要有五条，北以宝成线与西北、华北、东北相连。东北以襄渝线接武汉至丹江口线，把川、陕、鄂相连，沟通中南、西南、西北三区。东以湘黔线连中南、华东。东南由黔桂线、南昆线入两广并出海。

西南铁路干线网的形成，从根本上改变了“蜀道难，难于上青天”的川、云、贵、渝等西南地区交通闭塞的局面。

3. 台湾铁路网

台湾铁路包括纵贯线含山线、海线和屏东线、南回线、花东线、北回线、宜兰线，构成完整的环岛铁路网。

台湾高速铁路（简称台湾高铁）是连结台北与高雄两大直辖市之间的高速铁路系统，路线全长 345 千米。但由于号志系统整合、试车进度大幅落后，拖至 2007 年 1 月 12 日，台湾高速铁路正式通车运营。

6.2.4 沟通关内外的干线

沟通关内外的干线是京沈线、京通线、和京承——锦承线。

1. 京沈线

京沈段线路是联系“关内”和“关外”的重要干线。是中国通过能力最大和最繁忙的铁路交通大动脉。京沈线南起北京，经天津、秦皇岛出山海关，沿辽西走廊到沈阳，全长 850 千米，沿途是我国重要城市以及煤炭、钢铁、机械、石油等生产基地集中的地区，是我国客货运密度最大的铁路干线之一。也是联系关内外的最主要通道。

2. 京通线

京通线自北京郊区昌平，经内蒙古赤峰至通辽，全长 870 千米，是晋煤出关和东北木材外运的重要铁路，也是沟通华北和东北的第二条铁路干线，对减轻京沈线的运输压力和内蒙古东部的经济开发有很大意义。

3. 京承——锦承线

京承——锦承线起自北京，经承德到达锦州，是京沈铁路的重要辅助线。

京通线由北京郊区昌平出发，经内蒙赤峰到通辽。京通线是连接关内外的第二条重要的铁路通道，为连接东北西部地区与华北地区的一条捷径。

6.2.5 我国主要的运煤线及重要的铁路新线

1. 大秦铁路

大秦铁路自山西省大同市至河北省秦皇岛市，纵贯山西、河北、北京、天津，全长 653 千米，是晋煤外运的专线铁路，是为解决晋煤外运新修建的铁路干线之一。

大秦铁路是我国“七五”重点建设工程，是中国第一条双线、电气化、重载、单元列车线路；

第一条复线、电气化一次建成的铁路;第一条实现微机化调度集中系统线路;第一条采用全线光纤通信系统的线路。它的开通可以把山西、内蒙、陕西等省区生产的煤源源不断地运到华北、华东、东北及华南地区，对解决这些地区煤炭供应紧张、电力用煤不足，以及增加煤炭出口起巨大作用。大秦铁路具有重(开行重载单元列车)、大(大通道、大运量)、高(高质量、高效率)特点。有关专家认为，从大秦铁路的线路质量与装备看，已具备年运煤三亿吨的能力，而且潜力很大，配套完善后将来运能可以超过四亿吨。

2. 邯长线

邯长线东起京广线邯郸站，西经河北省武安、磁山、涉县，越太行山经山西省潞城至太焦线长治北站。晋煤外运南通道，邯长线扩能的最后一个改造项目邯郸站电气集中工程已于2000 年 12 月开通。

3. 新兖——兖石铁路

新兖铁路:新兖铁路自京广铁路的新乡，在长亘跨黄河，进入山东东明而抵兖州，全长315 千米。济宁至菏泽段于 1977 年开工，1982 年竣工，新乡到菏泽段于 1983 年开工，1985年竣工。长东黄河大桥全长 10282 米，有桥墩 301 个，桥上设有 1243 米长的会让站。大桥于1985 年 10 月建成。该段黄河“有水不能行船，无水不能行车”，河床冲瘀变化剧烈，素有“豆腐腰”之称，工程难度很大。

还记得那个字吧？原来是我看错了，应该是六下面加个允。

兖石铁路起自京沪铁路的程家庄至黄海之滨的石臼所港，全长 308 千米，兖石铁路沿线煤炭及其他矿产藏量丰富，是山西、山东煤炭出海的一条通道，它的建成对开发沂蒙山区、振兴鲁南经济和巩固国防都具有重要意义。1981 年开工，1985 年交付运营。兖石铁路最东端的港口城市日照，被国家批准为新亚欧大陆桥东方桥头堡之一。

4. 神黄线

自陕西省神木神东煤田大柳塔东至河北省沧州市的黄骅港，全长 815 千米，是“世界七大煤田”之一的神府东胜煤田外运的大通道，也是中国“西煤东运“的第二大通道。由神朔铁路和朔黄铁路所组成。

神朔铁路，自陕西神木县大柳塔镇至山西朔州市，正线全长 266 千米，总投资 23 亿元。是我国第二条西煤东运的大通道神黄铁路的一部分，主要承担神府东胜煤田的煤炭外运任务，单线设计运输能力为 3500 万吨。2002 年 3 月开工建设复线，复线全线贯通后的运输能力为每年 1.4 亿吨。

朔黄铁路西起山西省神池县神池南站，与神朔铁路相联，东至河北省黄骅市黄骅港口货场。正线总长近 600 千米，设计为国家一级干线、双线电气化铁路，重载路基，设计年运输能力为近期 6800 万吨，远期 1 亿吨。1997 年 11 月 25 日正式开工，2002 年 11 月 1 日全线建成，总投资 150 亿元，是我国目前投资与建设规模最大的一条合资铁路，也是我国西煤东运第二大通道和神华集团矿、路、港、电、航、油一体化工程的重要组成部分，在全国路网中占有重要地位。特别是对加快沿线地方经济发展、保证华东、东南沿海地区能源供应、扩大我国煤炭出口能力具有极其重要的战略意义。

神华工程是我国四大跨世纪工程之一，是实现我国“九五”计划和 2010 年远景目标的重点建设项目，也是建国以来第一个煤矿、铁路、电站、港口、航运一体化建设的国家重点骨干工程。它的建设，对加速我国中西部能源基地的开发、加快晋煤外运、促进沿线和东南沿海地区的经济繁荣、保障华东和华南地区的能源供给都具有重要意义。

5. 南疆铁路

南疆铁路东起吐鲁番，西抵喀什，全长 1451 千米，其中吐鲁番至库尔勒段已于 1984 年建成通车。南疆铁路西延工程从库尔勒向西续建，是国家“九五”重点建设项目，沿塔里木盆地北缘经库车、阿克苏、阿图什至喀什，全长 975 千米，总概算投资 60 亿元，为国家二级干线，年运输能力 1000 万吨。1999 年 12 月全线通车运营。

南疆是新疆重要的农牧业生产基地，棉花产量占新疆的 70%。塔里木石油探区是我国石油工业的战略接替区，现已建成年产 400 万吨的原油生产能力。南疆对外贸易活跃，游客众多，是我国西部对外开放的重要桥头堡。南疆铁路结束了南疆大部分地区没有铁路的历史，当地各族人民亲切地称南疆铁路是“致富路”和“幸福路”。

6. 南昆铁路

南昆铁路是国家重点建设工程，被称为“国家最大的扶贫项目”，是沟通西南与华南沿海的一条重要通道，是云、贵、川出海的最佳捷径。它东起广西南宁，西至云南昆明，北接贵州红果，途经桂、黔、滇三省区的隆安、平果、田东、田阳、百色、田林、册亨、安龙、兴义、盘县、富源、罗平、师宗、陆良、路南、宜良、呈贡等 19 个县(市)，全长 898.7 千米，为国家一级干线(单线)，一次建成电气化，年输送能力近期 1000 万吨，远期 2000 ~ 3000 万吨。

南昆铁路所经地区地形极其险峻，地质极为复杂，沿线岩层破碎，滑坡、坍塌、溶岩、瓦斯、膨胀土等不良地质俱存，覆盖面大，通过七度以上高烈度地震区 242 千米，可溶岩区 375 千米，膨胀土区 146 千米，被称为“地层博览”、“地下迷宫”。铁路从海拔 78 米的南宁盆地上升到海拔 2000 多米的云贵高原，高差达 2010 米，为我国铁路前所未有。整个线路形成沟梁相间，桥隧相连的走势，路基土石方达 8600 多万立方米；隧道 258 座，总长 194.6 千米；大中桥梁 476 座，总长 79.8 千米，桥隧总长占线路总长的 31%。其中多座大桥、特大桥的高桥墩、大跨度、新结构具有全国领先水平，或为国内首次采用。南昆铁路的胜利铺通，标志着我国在艰难山区修筑铁路和建设桥隧的科学技术水平，已经进入世界先进行列。

7. 青藏铁路

青藏铁路西宁至拉萨全长 1956 千米，其中西宁至格尔木 814 千米已于 1979 年铺通，1984 年投入运营。新建的青藏铁路格尔木至拉萨段北起青海省格尔木市，经纳赤台、五道梁、沱沱河、雁石坪、翻越唐古拉山，再经西藏自治区安多、纳曲、当雄、羊八井、纳之西藏自治区首府拉萨市，全长 1142 千米，其中新建铁路(南山口至拉萨)1110 千米，格尔木至南山口 32 千米为既有线。

青藏铁路创造多项的世界之最：

世界海拔最高的高原铁路：铁路穿越海拔 4000 米以上地段达 960 千米，最高点为海拔 5072 米；

世界最长的高原铁路：青藏铁路格尔木至拉萨段，全线总里程达 1142 千米；

世界上穿越冻土里程最长的高原铁路：铁路穿越多年连续冻土里程达 550 千米；

海拔 5068 米的唐古拉山车站，是世界海拔最高的铁路车站；

海拔 4905 米的风火山隧道，是世界海拔最高的冻土隧道；

全长 1686 米的昆仑山隧道，是世界最长的高原冻土隧道；

海拔 4704 米的安多铺架基地，是世界海拔最高的铺架基地；

全长 11.7 千米的清水河特大桥，是世界最长的高原冻土铁路桥；

建成后的青藏铁路冻土地段时速将达到 100 千米，非冻土地段达到 120 千米，这是目前火车在世界高原冻土铁路上的最高时速。

6.2.6 我国主要铁路线及里程

线路	起始	长度(千米)	线路	起始	长度(千米)
京沪线	北京——上海	1463	包兰线	包头——兰州	990
京广线	北京——广州	2295	包神线	西安——包头	170
京哈线	北京——哈尔滨	1288	宝成线	宝鸡——成都	668
京九线	北京——九龙	2311	北疆线	乌鲁木齐——阿拉山口	460
京包线	北京——包头	828	滨绥线	哈尔滨——绥芬河	548
京原线	北京——原平	419	滨洲线	哈尔滨——满洲里	935
京通线	北京——通辽	804	长图线	长春——图们	529
成渝线	成都——重庆	505	成昆线	成都——昆明	1134
线路	起始	长度(千米)	线路	起始	长度(千米)
渝黔线	重庆——贵阳	470	丰沙线	北京丰台——沙城	106
达成线	达州——成都	386	贵昆线	贵阳——昆明	639
大秦线	大同——秦皇岛	653	哈大线	哈尔滨——大连	944
沪杭线	上海——杭州	200	侯月线	侯马——月山	252
淮南线	淮南——裕溪口	214	淮阜线	淮南——阜阳	130
胶济线	济南——青岛	393	集通线	集宁——通辽	995

续表

焦柳线	焦作——柳州	1369	集二线	集宁——二连浩特	331
兰新线	兰州——乌鲁木齐	1903	南疆线	吐鲁番——喀什	1446
陇海线	兰州——连云港	1735	南昆线	南宁——昆明	898
内昆线	内江——昆明	872	平齐线	四平——齐齐哈尔	570
宁芜线	南京——芜湖	92	沈大线	沈阳——大连	397
宁西线	南京——西安	1030	同蒲线	大同——风陵渡口	865
皖赣线	火龙港——贵溪	540	西康线	西安——安康	268
襄渝线	襄樊——重庆	896	湘桂线	衡阳——凭祥	1013
黔桂线	贵阳——柳州	607	宣杭线	宣州——杭州	224
湘黔线	株州——贵阳	820	新长线	新沂——长兴	561
萧杭线	杭州——宁波	148	鹰厦线	鹰潭——厦门	694
浙赣线	杭州——株洲	946	石太线	石家庄——太原	235
石德线	石家庄——德州	182	合九线	合肥——九江	325
黎湛线	黎塘——湛江	318	达万线	达州——重庆市万州	157
包西线	包头——西安	625	通霍线	通辽——霍林河	419
兖石线	兖州——石臼所	316	粤海线	湛江——海安	345

6.3 我国主要铁路枢纽和编组站

6.3.1 铁路枢纽

在铁路各线交会处或与其他交通线路的连接处，以铁路车站、联络线和进出站线等技术装备构成的铁路综合设施。铁路枢纽的功能是使各向铁路线相互沟通，与其他运输方式顺畅衔接。其主要作业内容是组织各向列车的到发和通过、客货的集散和中转、车辆改编以及货物承运与换装等项。铁路枢纽通常设有编组站、客运和货运站，有时也可由一个站办理各种作业。在各站之间以联络线联结，在枢纽范围内引入车站的进出站线路。

我国铁路枢纽众多，重要的铁路枢纽有北京、郑州、天津、广州、株州、武汉、上海、徐州、石家庄、哈尔滨、沈阳、贵阳、重庆、昆明、成都、柳州、西安、乌鲁木齐、兰州、呼和浩特等。

1. 北京铁路枢纽

北京铁路枢纽属环形铁路枢纽，核心区形成内环(北京——北京南——广安门——北京西)和外环(丰台、丰西——东南环——双桥——东北环——西北环——丰沙——丰台、丰西)二重环线。通过环线连接京广、京山、京包、京原、京九、京承、京秦、京通、丰沙等9条铁路干线。北京铁路枢纽是以特大型客运站北京站、北京西站和路网性编组站丰台西站为主，辅之以北京南站、北京北站等客运站和枢纽辅助编组站丰台站、双桥站，以及广安门、大红门、百子湾、石景山南站等货运站组成的中国最大的铁路枢纽。枢纽内的主要车站为：

北京站始建于公元1901年，原址位于正阳门瓮城东侧，旧称“京奉铁路正阳门东车站”。随着历史沿革，曾沿用前门站、北京站、北平站、北平东站等站名。1949年9月30日改称北京站至今，素有首都迎宾门之称。

新建北京站位于东单和建国门之间，东临通惠河，西倚崇文门，南界明城墙遗址，北界长安街，1959年1月20日开工兴建，9月10日竣工，9月15日开通运营。其建筑雄伟壮丽，金碧辉煌，浓郁民族风格与现代化设施设备完美结合，是建国十周年首都著名十大建筑之一。其建设速度之快、规模之大、科技含量之高，堪称中国铁路建设史上的一个奇迹。开站前夕，毛泽东主席视察新建北京站，后亲笔为北京站题写站名。

北京站为全国铁路客运特等站。占地面积25万平方米。车站纵列式布局，主要担当京九、京沈、京沪、京秦、京承、京原、京包线旅客运输任务，并有开往平壤、乌兰巴托、莫斯科的国际和国际联运旅客列车，北京站是铁路和首都两个文明建设的重要窗口。北京西客站，简称北京西站或北京西，位于北京市西三环附近，坐落在莲花池东路，是1996年初竣工的北京铁路客运站，是亚洲规模最大的现代化铁路客运站之一。

北京西客站是一座现代化客运站，占地51万平方米，建筑面积为17万平方米，候车摩天楼高90米，呈“品”字形；整个车站内设9个站台。北京西客站的投资总额达23.5亿元。北京西站是京九线的龙头工程，这里开出的旅客列车可直达香港九龙。

北京西客站是首都的窗口，是我国规模最大的人口集散地和交通枢纽，被誉为“亚洲第一大站”的北京西客站最高客运能力可达每日90对列车60万人次，是世界最大的铁路客运站之一；随着铁路运输的不断发展，北京西客站已成为北京向全国、全世界传递信息的重要窗口；北京西客站出发的列车覆盖华南、西南、西北地区的主要城市：香港、广州、深圳、武汉、西安、郑州、南昌、成都、重庆、长沙、石家庄、太原、福州、厦门、桂林、南宁、呼和浩特、西宁、济南、乌鲁木齐、昆明等。

2. 武汉铁路枢纽

武汉铁路枢纽作为全国四大铁路枢纽之一，其建设主要包括建设武广客运专线、沪汉蓉客运专线、武汉北编组站、舵落口集装箱中心站、郑武客运专线、汉丹线复线等工程。根据国家中长期铁路网规划，到2010年，国家将投入武汉铁路枢纽建设的投资将达400

亿元。这些建设项目完成后，武汉铁路枢纽通过国家铁路网络将辐射全国各省、自治区、直辖市和大中城市，届时，武汉至中南地区各大中心城市的行程将不超过 4 小时，武汉至北京、上海、广州、成都行程在 4 ~ 6 小时。

目前，建成后主要停靠京广线高速客车的武汉火车站，选址工作已经完成，其站房设计正在紧锣密鼓地进行之中，汉口火车站也计划于今年下半年动工改扩建。届时，武汉将成为全国惟一拥有三座火车站的城市。

3. 郑州铁路枢纽

郑州铁路枢纽是京广、陇海两大铁路干线的交会点，是沟通南北，连贯东西的交通要冲，它在布局上有一个明显的特点，就是集中设置三个大站一个大型编组站（郑州北站），统一办理两大干线的列车编组和通过作业。郑州北编组站规模庞大，布局紧凑，编解能力强，主要承担着南北京广线、东西陇海线四个方向货物列车和郑州枢纽地区小运转列车的到达、解体、编组及出发作业任务，是名副其实的巨型“物流中转站”，也是亚洲最大的编组站；一个客运站（郑州站）担当各线的旅客输送业务；一个货运站（郑州东站），郑州东站负责办理整车货物到发、零担货物到发、中转及货车洗刷消毒等业务，零担货物中转量居全国铁路第一位。

4. 上海铁路枢纽

由京沪线和沪杭线交汇而成，与上海港相结合，组成了我国最大的水陆交通枢纽。通过铁路上海南站等一系列建设，将使上海铁路枢纽由目前的尽端式枢纽格局转变为通过式特大型环行枢纽格局。

上海铁路枢纽现有京沪、沪杭两大干线引入，另有南何、何杨、淞沪、金山、新闵、吴泾等八大支线接轨，设有南翔、新龙华一主一辅编组站，上海、上海西一主一辅客运站，北郊、桃浦、南浦等六大主要货运站，组成以京沪线为主轴、沪杭正线为次轴，外环线将两大干线联为一体的分布于黄浦江以西的尽端式枢纽总图格局。

按照铁道部确定的“十五”期间建设规划，以及上海市的城市建设规划，上海铁路枢纽自西向东拟新建京沪高速铁路、沪杭客运专线、沿江铁路引入，由北往南将新建沪通铁路、沪乍铁路及在枢纽内修建浦东铁路、青浦支线、芦潮港支线等。届时，上海铁路枢纽将逐步建设成设有南翔、新桥、罗店等两主一辅编组站，上海、上海南、浦东、上海西、漕溪路等三主两辅客运站，北郊、桃浦、杨行、安亭、黄渡、松江、南浦及浦东铁路的浦东南等 19 个货运站，形成衔接京沪线、京沪高速线、沪杭线、沪杭客运专线、沪通铁路和沪乍铁路（沿海铁路的组成部分）沿江铁路等五个方向、七条干线和由沪杭外环线、新闵支线、金山支线、浦东铁路、南何支线等组成的环线，将黄浦江东、西联为一体的通过式特大型环行枢纽总图格局。

5. 广州铁路枢纽

广州铁路枢纽每年均完成旅客发送 3400 万人次左右，地处我国改革开放前沿的珠江三角洲，南北货运量巨大，是国内最繁忙的铁路客运枢纽。枢纽内现有京广、广深及广茂三条铁路干线相交汇，主要客站有京广线上的广州站及广深线上的广州东站。广州站主要办理京广线和广三线旅客列车始发终到作业，广州东站主要办理广深、京广及广梅汕旅客列车始发终到作业。今后，将引入武广客运专线、广深港客运专线、广珠城际线等客运线路和广珠铁路、东北/西北联络线等货运铁路，从而形成环形框架结构，通过线路、站场及疏解区等的合理布局，形成客在内、货在外，地方车流在内、通过车流在外，客货分流的运输方式，提高广州铁路枢纽的综合运能和服务水平。

6. 天津铁路枢纽

天津铁路枢纽位于京沈线与京沪线交会处，津霸线、津蓟线的起点，衔接北京、山海关、济南、霸州、蓟县 5 个方向，承担着关内外车流中转和天津港集疏港任务，是一个客货混合、路港联运的大型铁路枢纽。既有的枢纽共有 25 个车站，其中天津站为主要客运站，天津西、天津北、塘沽为客货运综合性车站，南仓为枢纽主要编组站，北塘西站是南疆港下海煤炭直通车作业站。

京津建设城际铁路，总投资 133.24 亿元，这是我国首条时速 350 千米的高标准客运专线，也是即将建设的京沪高速客专的试验段，全长约 117 千米，设北京南、亦庄、永乐、武清、天津等 5 座车站，其中北京南和天津站为城际列车始发站。京津城际铁路，最小发车间隔 3 分钟，最大通过能力 20 对/小时，每列车定员 900 人，最大输送能力 18000 人/小时。其建成通车后，实现了京津两地 30 分钟内通达。

7. 兰州铁路枢纽

位于包兰、兰青、陇海、兰新四大干线交汇处，为西北地区最重要的铁路枢纽。

8. 沈阳铁路枢纽

地处哈大、京沈、沈丹和沈吉等铁路线交汇处，是东北南部地区最大的铁路枢纽。它地处我国东北经济区中心，担负着繁重的客货运输任务，特别是大宗工业原材料和过境货物运输。

9. 哈尔滨铁路枢纽

位于哈大、滨洲、滨绥、滨北、滨吉、哈佳等铁路线交汇处，是东北北部地区最大的铁路枢纽。

10. 成都铁路枢纽

地处宝成、成昆、成渝等铁路线交汇处，为一环形枢纽。

11. 重庆铁路枢纽

地处襄渝、成渝、川黔等铁路线交汇处，联接重庆港，是西南地区最大的水陆交通中心。

12. 贵阳铁路枢纽

位于黔桂、贵昆、渝黔和湘黔等铁路干线交汇处，系新中国成立后形成的铁路枢纽。

6.3.2 我国主要编组站

编组站是铁路网上集中办理大量货物列车到达、解体、编组出发、直通和其他列车作业，并为此设有比较完善的调车作业的车站。其主要任务是根据列车编组计划的要求，大量办理货物列车的解体和编组作业。对货物列车中的车辆进行技术检修和货运检查整理工作，并且按照运行图规定的时刻，正点接发列车。所以，人们往往称编组站为编组列车的工厂。

编组站的主要任务和作用可以归纳为：

——解编各种类型的货物列车；

——组织和取送本地区的车流，即小运转列车；

——设在编组站的机务段还需供应列车动力，以及整备、检修机车；

——设在编组站的车辆段及其下属单位（站修所、列检所）还要对车辆进行日常维修和定期检修等。

编组站一般设有专用的到达、发车和调车场，以及驼峰调车设备、机车整备和车辆检修设备。通常设在有3条及以上的铁路交汇点，或有大量车流集散的工矿企业、港口，大城市所在地区。位于工业区或港口附近并专为工业区或港口服务的编组站，又称工业编组站或港湾编组站。中国现有编组站49处，分为：

路网性编组站——设置在有3条及以上主要铁路干线的交汇点，编组2个及以上远程技术直达列车（通过1个以上编组站的列车），每昼夜编解6000辆及以上车辆。

区域性编组站——设置在有3条及以上铁路干线的交汇点，主要编组相邻编组站直通列车，每昼夜编解4000辆及以上车辆。

地方性编组站——设置在有3条及以上铁路干、支线的交汇点，或工矿区、港湾区、终端大城市地区附近，主要编组相邻编组站、区段站、工业站、港湾站间的直通、区小运转列车，每昼夜编解2000辆及以上车辆。

中国铁路编组站的分类及分布见下表：

分类	数量	分布					
		东北区	华北区	华东区	中南区	西北区	西南区
路网性	15	哈尔滨南、沈阳西、沈阳南、山海关	丰台西、石家庄	济南西、徐州北、阜阳北、南京东、南翔、鹰潭	郑州北、株洲北、襄樊北		
区域性	17	三间房、四平、哈尔滨	南仓、大同西	向塘西	江岸西、武昌南、衡阳北、广州北、柳州南	西安东、宝鸡东、兰州西	成都东、重庆西、贵阳南
地方性	17	牡丹江、长春、通辽南、梅河口	太原北	乔司、艮山门、淮南西、青岛西、来舟	怀化南	包头西、迎水桥、武威南、乌鲁木齐西	昆明东、安康东
合计	49	11	5	12	9	7	5

1979 年以来，在加强编组站方面，已经建成或正在改建，扩建的大型路网性编组站有郑州北、丰台西、沈阳西、孟家沟、南京东和南翔等编组站；

郑州北站是我国第一个双向纵列式三级八场半自动化的特大编组站。承担京广、陇海两大干线东、西、南、北 4 个方向货物列车的解体、编组任务。

规模：有站线 151 条，有冷藏、加水、机械保温、加油等设备，日均编解能力 24000 辆，居全国编组站之首。该站南北长 6000 余米、东西宽 800 余米，占地 5.3 平方千米，采用双向纵列式三级六场机械化驼峰编组站站型。它纵连京广铁路线，横接陇海铁路线，是我国沟通南北、连接东西的交通要冲，素有铁路“心脏”之称。

郑州北站又是我园第一个综合性现代化编组站，它以电子计算机为主体，实现了运营管理自动化。郑州北站自动化系统包括货车管理信息处理系统、驼峰作业过程控制系统、编组场尾部微机集中联锁系统、站场无线通讯系统和郑州枢纽地区调度监督系统。实现了编组站以信息收集处理、调度指挥到作业过程、统计分析及监督检查的全过程的自动化。

※ 思考题

1. 我国铁路主要“五纵三横三网”干线是哪些?

2. 我国铁路运煤专用线是哪些?

3. 我国青藏铁路建设有什么重要意义?

物流窗:

青藏铁路开通对西藏货运市场的影响

青藏铁路开通将大幅度降低货运成本、进一步优化进出藏物资的运输方式，从而对西藏货运市场产生深远影响。中国社会科学院工业经济研究所专家指出，青藏铁路开通主要在进出藏货运价格、货运量规模、货运方式、货运结构等方面产生以下影响:

一是对货运价格的影响。不同于其他地区，西藏的物价具有一定的特殊性。由于经济发展基础较差，西藏经济建设所需物资及农业生产资料基本上是靠内地供应，运距长、运费高、损耗大。专家认为，青藏铁路的开通将大大降低进出藏物资的运输成本。这种运输成本的降低，将对西藏经济社会产生重要的影响。

对西藏企业来说，产品运输成本的降低，将有利于其开拓区外市场，为西藏产品打开国内市场提供运输通道，提高产品的价格竞争力。随着运输成本的下降，外地优质廉价的商品将大量输入到西藏，从而对西藏工农业生产形成一定冲击，一些缺乏竞争力的企业将出现生存危机甚至会倒闭。此外，运输成本的降低将导致西藏商品零售价和物价总水平的下降，从而减少当地居民的消费支出，有利于提高实际生活水平。

二是对货运量规模的影响。西藏对外的依赖性较强，进出藏货运量在全社会货运量中所占的比重较高。如果包括管道运输在内，1999 至 2000 年进出藏物资高达 470 多万吨，占全社会货运量的 24.2%。其中，青藏公路作为西藏公路运输的大动脉，每年承担着公路进出藏物资的 85% 的任务。青藏铁路的开通，将进一步刺激进出藏物资的增加。据预测，2010 年进出藏货运量将达到 280 万吨，其中铁路进出藏货运量将达到 210 万吨。随着青藏铁路的修建，大量的建设物资将需要运入西藏，进藏物资将呈现不断增加的趋势，而出藏物资是有限的，因此，如何解决进出藏物资的不平衡将是当前亟待解决的重要问题。

三是对货物运输方式的影响。目前，西藏的货物运输以公路运输占绝对支配地位，管道运输仅限于格尔木至拉萨的部分燃油运输，航空运输尽管增长迅速，但所占比重很小。

专家认为，青藏铁路开通后，西藏货物运输方式将会发生重大的变化。在各种运输方式中，公路运输仍将占主导地位，但所占比重将急剧下降。特别是在进出藏物资运输中，预计 75% 的货运量将由铁路承担。西藏境内青藏线沿线地区的货运量，现有公路运输的大部分也将由铁路所替代。

四是对进出藏货运结构的影响。目前，进藏物资主要是粮食、能源、原材料和日用工业品，而出藏物资主要是土畜产品、木材和矿产品等。专家分析认为，青藏铁路开通后，随着货运成本的大幅下降，将可以通过廉价的铁路运输，从区外调进大量低附加价值的能源原材料，如煤炭、水泥、钢铁、化肥、石油等，同时调出矿产品和土特产品。

西藏国土辽阔，矿产资源丰富，但目前地质工作程度普遍很低，加强西藏的地质勘查工作，加快矿产资源的开发，不仅可以促进西藏矿业乃至整个国民经济的发展，而且有利于解决进出藏物资运输的不平衡问题。

青藏铁路的开通运营将进一步改变西藏交通运输落后的状况，大幅度降低进出藏物资和人员的运输价格，强化进出藏格尔木至拉萨主通道的综合运输能力，加快形成以铁路为主，公路、输油管道、航空共同组成的现代化综合运输体系。总的来说，青藏铁路的开通对西藏货运市场有以下三方面作用：

一是促进作用。青藏铁路的修建，将从根本上改变进出藏的交通条件，进一步完善西藏综合交通运输体系，促进交通运输方式的优化，大幅度增加客货运输流量，降低客货运输成本，从而为西藏经济的腾飞创造有利条件。

二是互补作用。青藏铁路的修建，将与公路运输、航空运输形成相互补充，构建一个以铁路为主体、公路和航空运输共同发展的综合运输体系。可以预见，随着青藏铁路的开通，进藏务工、经商、旅游人员和各种物资将不断增加，这样就为区内公路客货运输的繁荣和发展创造了有利条件。

三是替代作用。青藏铁路的开通，将对进出藏客货公路运输产生替代作用，由此导致区（省）际公路客货运量的减少。特别是，作为目前进出藏主通道的青藏公路，有很大一部分客货运输将转移成铁路运输。此外，青藏铁路的修建，也将使目前经航空运输的一部分客流转移为铁路运输。

第7章 公路运输布局 7

＊本章主要内容

● 公路运输概况

● 公路运输网的布局

● 公路运输组织

＊引导案例

农产品物流不仅关系到农民的根本利益、农业产业化发展、农业结构调整，而且还是实现农产品商品化、增加农民收入、实现农业现代化的有效措施。安徽作为一个农业大省，发展农产品物流具有非常重要的意义。

目前，安徽着力加快乡村道路建设，实施村村通公路工程，提高通达率和道路等级，改善农村交通条件，构筑内通外畅的快速交通网络，确保农产品的运输道路畅通无阻，从而为安徽农产品物流发展提供有力的交通支持。

7.1 公路运输概况

公路运输是一种机动灵活、简捷方便的运输方式，在短途货物集散运转上，它比铁路、航空运输具有更大的优越性，尤其在实现“门到门”的运输中，其重要性更为显著。但公路运输也具有一定的局限性，如：能耗大，载重量有限，不适宜装载重件、大件货物、不适宜走长途运输；车辆运行中震动较大，易造成货损货差事故，同时，运输费用较高。

在市场经济条件下，公路运输的组织形式一般有以下几种类别。

公共运输业(Common Carrier):这种企业专业经营汽车货物运输业务并以整个社会为服务对象，其经营方式有:

1. 定期定线。不论货载多少，在固定路线上按时间表行驶。

2. 定线不定期。在固定路线上视货载情况，派车行驶。

3. 定区不定期。在固定的区域内根据货载需要，派车行驶。

契约运输业(Contract Carrier):按照承托双方签订的运输契约运送货物。与之签订契约的一般都是一些大的工矿企业，常年运量较大而又较稳定。契约期限一般都比较长，短的有半年、一年，长的可达数年。按契约规定，托运人保证提供一定的货运量，承运人保证提供所需的运力。

自用运输业(Private Operator):工厂、企业、机关自置汽车，专为运送自己的物资和产品，一般不对外营业。

汽车货运代理(Freight Forwarder):本身既不掌握货源也不掌握运输工具。他们以中间人身份一面向货主揽货，一面向运输公司托运，借此收取手续费用和佣金。有的汽车货运代理专门从事向货主揽取零星货载，加以归纳集中成为整车货物，然后自己以托运人名义向运输公司托运，赚取零担和整车货物运费之间的差额。

自新中国成立以来，我国的公路交通建设大致经历了四个阶段。建国初期，由于对公路运输在国民经济中的基础性和先导性认识不足，公路“长期滞后”于国民经济的发展。20世纪80年代，随着我国改革开放政策的实施和推进，我国经济社会快速发展，对交通运输的需求急剧增加。但我国交通运输生产力十分落后，交通基础设施总量严重不足，到80年代末，全国公路通车里程102万千米，仅有200多千米高速公路，大多数交通干线和城市出入口交通严重阻塞，“行路难”成为当时制约经济发展的“瓶颈”和突出矛盾。20世纪90年代以后，中央将交通运输事业尤其是公路的发展作为国民经济发展的全局性、战略性和紧迫性任务，公路建设得以迅速发展。新世纪以来，我国继续加大基础建设投资力度，公路建设获得了前所未有的大发展，使“全面紧张”的交通状况在近几年内得到根本改变。

7.1.1 公路建设取得的主要成就

1. 公路基础建设取得历史性突破

新世纪以来的几年，无疑是我国公路运输发展最快最好的时期。2006年，我国公路投资高达6231.05亿元，比2005年增加746.08亿元，同比增长13.6%。2006年末，全国公路总里程达345.7万千米，比上年末增加11.18万千米，其中高速公路总里程达4.5万千米，高速公路位居世界第二位。

2007年，我国交通固定资产投资达7500亿元，全年建成高速公路近8300千米，是历史上建成里程最多的一年。至2007年底，我国公路通车总里程达357.3万千米，其中高速公路5.36万千米。有21个省区市高速公路里程超过1000千米，其中，河南、山东两省突破4000千米;江苏、广东两省突破3000千米。全国新改建农村公路42.3万千米，比2006年增长30.2%，解决了1682个乡(镇)、近4万个建制村通公路，1199个乡(镇)、3万多个建制村通油路或水泥路。

2. 公路运输的能力迅速增长

近年来，伴随着我国公路建设的迅速发展，公路网络的不断完善，公路运输业成为服务范围最广，承担运量最大、运输组织最为灵活、运输产品最为多样的运输服务业，公路客货运输增长加快，在综合运输中所占的比重优势明显，为国家经济社会发展提供了坚实的基础和保障。截至2006年年底，全国公路营运汽车达802.58万辆，其中载客汽车161.92万辆、2312.41万个客位，载货汽车640.66万辆、2822.69万吨位，日均运送货物4017万吨，全年货运量达到146.6亿吨，占综合运输总量的72%;日均运送旅客5097万人次，全年客运量达到186.1亿人次，占综合运输总量的92%。高速公路每天运送跨省旅客100万人次以上。全行业实现增加值4363.7亿元，对GDP的直接贡献率达到2.1%。公路运输在综合运输体系中的骨干作用明显增强。另外，公路运输在应对春运和"黄金周"客流高峰、抢运煤电油粮、抢险救灾等重要时段和重点物资的运输中，都发挥出重要的基础作用。

3. 公路运输结构调整取得新进展

近年来，通过政策引导和企业兼并重组，全国公路运输结构调整稳步推进。以资产为纽带，企业兼并、重组和改制步伐加快，涌现出一批诸如中远物流、中外运等大型运输企业，集约化、规模化、网络化经营水平和市场集中度明显提高。初步形成大型专业集团主导行业发展方向的市场格局;各地采取有效措施，不断优化车型结构，提升运输装备水平。2006年全国中高级客车数量比2001年增长近1倍，营运货车平均吨位比2001年增长了73%。货车重型化、厢式化、专业化日趋明显，专用车辆和重型货车的数量逐年增长。经营结构也有所改善，旅游客运、现代物流、小件快运、连锁维修、汽车租赁等新型服务方式快速发展，进一步满足了社会不同层次的运输需求。

4. 运输市场秩序进一步规范

2006年全国货运车辆公路交通安全事故发生数、死亡人数、受伤人数、直接财产损失，都与往年相比下降了不少。在公路运输市场管理方面，加强了行业监管和社会监督，市场秩序得到明显好转，守法诚信经营的意识明显增强，违法违规行为明显减少，规范有序的市场环境正在逐步形成。

5. 公路运输信息化水平明显提高

在公路运输信息化建设方面，各地普遍实行了政务公开，推广应用了公路运政管理信息系统、卫星全球定位和导航系统、行车记录仪、联网售票系统等先进设备，加快普及了联网售票、电子屏幕显示、货运信息配载和汽车维修、综合性能检测等电子技术，有效提高了公路运输行业的管理能力和服务水平。2006年万车死亡率同比下降了20%。

7.1.2 我国公路运输存在的问题和不足

这主要表现在：

一是从总体上看有效供给仍显不足。主要表现在：全国公路网络和运输站场的总体数量和结构，还不能满足运输发展的需要，特别是公路运输站场的发展仍然落后于公路建设；公路运输的车辆、组织和经营结构仍欠合理；营运车辆空驶率高，能耗高，运输效率和服务水平低；城乡交通一体化的进程比较缓慢，城乡客运管理体制尚未理顺；公路运输的管理和经营水平、信息化建设仍然有待进一步提高和加强。

二是公路运输稳定性依旧不够。虽然道路运输业的集约化程度有所提高，但市场主体依然处于多、小、散、弱状态，缺少处于主导地位的大而强的企业。同时还面临铁路提速、城际轨道建设、燃油价格上涨等不利因素。

三是运输市场还不够规范，市场主体集中度比较低。从全国看，非法运输屡禁不止，没有从根本上得到遏止。车辆超限超载还未从源头上得到彻底治理。运输市场中地区封锁现象依然存在，不正当竞争行为仍时有发生，继续整顿和规范市场经济秩序的任务仍很艰巨。运政队伍建设和规范执法也需要进一步加强。另外，还存在公路建设基础薄弱，收费不规范，办事效率低下，系统不完善，司机职业化程度非常低，管理人才、市场人才的缺乏等诸多问题。

7.1.3 我国公路运输建设的重点

一是继续加快公路基础设施建设。根据交通部的规划，“十一五”期间要进一步完善公路网络，其中高速公路将达到6.5万千米，二级以上公路达到45万千米，农村公路达到180万千米。要加快区域和城乡交通一体化的进程，科学规划公路运输站场布局，增加站场建设投入，建设一批客运枢纽、物流园区。要进一步发展运力，增加运量，提高应急保障能力。通过市场政策引导，车辆车型结构将得到进一步改善，中高档客车比例将达到75%左右；重型货车、专用货车和厢式车的比例也会大幅度提高。公路运输客运量年均增长6%左右，货运量年均增长4%左右。同时，要进一步加强应急运输保障体系建设，确保有效应对各种突发事件，保障国家重点物资、抢险救灾物资的运输和节假日等客流高峰期的旅客运输。

二是加快运输服务产业的全面发展。进一步健全车辆技术服务保障体系，推进机动车维修企业连锁经营，提高机动车维修质量和服务水平，建立全国机动车维修救援网络。进一步推动驾驶员培训实现规范化、标准化、专业化，建立驾驶学校和教练员的诚信考核制度，提高培训质量。要通过政策引导，鼓励汽车制造企业开发生产安全环保、经济可靠的车型，鼓励中高级客车和厢式货车、专用车辆、集装箱车辆、多轴重型货车以及小型货车发展，加速淘汰能耗高、性能差的运输车辆。加快发展农村客运，需要统筹规划城乡客运线路布局，合理配置客运资源，推动城乡客运一体化；要鼓励企业发展农村客运线路，方便农民群众乘车。此外，还应当重视培育和规范货运代理市场，对危险货物和大型物件运输应当实行专业代理。

三是大力提高公路运输组织服务水平。要通过大力改进服务质量，建立市场主体的质量信誉考核体系，进一步规范运输市场秩序，提高运输服务水平。在公路客运方面，要提高城乡客运一体化程度，做好城乡客运网络的衔接，提高客运通达水平，逐步使所有通公路的乡镇和行政村开通农村客运班车。在货运方面，要以国家高速公路网为依托，大力发展快速客货运输，继续加快运输组织、经营和运力结构调整，引导企业建立健全快速客货运输网络。鼓励企业兼并重组和股份制改造，推进规模化、集约化经营；鼓励发展甩挂运输、集装箱运输、小件快运、多式联运、城市物流配送等运输组织形式，引导货运企业逐步向现代物流企业转化。

四要加快科技进步，促进科学发展。应当逐步建立起全国统一的公路运输管理信息平台，鼓励企业建立经营管理信息系统，应用卫星导航定位、行车记录仪和条形码技术，加强对车辆的动态管理；鼓励运输和维修企业、运输站场和应用先进技术和设备，实行计算机管理；鼓励和引导企业选用能耗低的运输车辆，降低燃料消耗和废气排放；提高运输组织化程度，倡导标准化运输、甩挂运输等组织方式，提高车辆实载率，减少车辆空驶。另外，还要更加重视运输安全，采取一系列措施，进一步加强企业内部管理，完善安全管理长效机制，降低交通安全事故率。

五是加强法制观念，规范运输市场。要认真落实公路运输有关的法律法规，加强运政队伍建设，规范行政执法行为，加大市场监管力度，依法惩处各种违法违规行为，规范市场秩序。应当充分运用竞争机制，优化资源配置，促进企业加强管理，诚信经营，改进服务。要利用经济杠杆引导行业发展，根据行业发展导向，调整有关运输政策，提高政府宏观调控能力。继续引导和鼓励各种经济成分投资公路运输业，推进国有企业的股份制改造和资产重组。进一步打破地区封锁，鼓励企业跨地区经营，促进公路运输市场的统一开放；推动区域公路运输一体化。同时，应当继续扩大对外开放，认真落实加入世贸组织的有关承诺，加强与周边国家的交流与合作，加快发展国际公路运输。

7.2 我国公路运输网的布局

在 2007 年，总规模约 3.5 万千米的“五纵七横”国道主干线系统于年底基本贯通，比原规划提前 13 年；西部开发 8 条省级通道建设已完成总量的 80%；苏通长江大桥、杭州湾跨海大桥、舟山连岛工程西堠门大桥相继合龙。2007 年我国新增公路通车里程达 11.6 万千米。

2008 年我国将新建高速公路 5000 千米，完成“五纵七横”国道主干线系统收尾工作，推进国家高速公路和西部开发8条省级公路通道建设。交通部还将进行西藏扎墨公路建设，尽快结束中国惟一没有通公路的墨脱县不通公路的历史。

1989年，交通部提出了建设公路主骨架的长远规划设想;1992年，正式提出国道主干线系统布局方案，得到国务院的肯定;1993年，全面部署实施“五纵七横”国道主干线系统建设。

2003年，途经我国经济最发达、人口最稠密、交通最拥挤的东部沿海地区，北起黑龙江同江市，南至海南三亚市，全长5700千米的南北大通道同三高速公路全线贯通，它是惟一一条贯通我国东部沿海地区的高速公路大通道。

7.2.1“五纵七横”国道干线

“五纵”是:

1.同江——哈尔滨——长春——沈阳——大连——烟台——青岛——连云港——上海——宁波——福州——厦门——深圳——珠海——湛江——海口——三亚。

同三高速公路起始于黑龙江省同江市，终点为海南省的三亚市，是国家规划建设的“五纵七横”12条主干线中最长的一条，也是惟一一条贯通我国东南沿海地区的高速公路大通道。高速公路平阳(县)苍南(县)段是同三国道主干线暨甬台温高速公路的组成部分，全长50.92千米，起于瑞安市龙头村，止于苍南县分水关(浙闽交界处)，与福建省福宁高速公路相接。工程于2001年5月14日开工，总投资27.75亿元。设计标准为双向四车道，全封闭、全立交;路基宽24.5米至28米，计算车速80千米/小时至120千米/小时。全线共有桥梁122座，其中特大桥10座，大桥38座，桥路总长17.69千米，占34.7%。双洞隧道3座，总长6944单延米。

2007年12月30日上午在浙江省甬台温(宁波－台州－温州)高速公路平阳苍南段举行通车典礼，31日零时将正式通车，这标志着中国南北大动脉“同三线”高速公路已全线贯通。

2.北京——天津——济南——合肥——南昌——福州。

3.北京——石家庄——郑州——武汉——长沙——广州——深圳。

4.二连浩特——太原——西安——成都——昆明——河口。

5.重庆——贵阳——南宁——北海——湛江。

“七横”是:

1.绥芬河——哈尔滨——满洲里。

2.丹东——沈阳——北京——呼和浩特——银川——兰州——西宁——格尔木——拉萨。

3.青岛——济南——石家庄——太原——银川。

4.连云港——徐州——郑州——西安——兰州——乌鲁木齐——霍尔果斯。

5.上海——南京——合肥——武汉——重庆——成都。

6. 上海——杭州——南昌——长沙——贵阳——昆明——瑞丽。

7. 衡阳——桂林——南宁——昆明。

"五纵七横"国道主干线连接首都、各省省会、直辖市、经济特区、主要交通枢纽和重要对外开放口岸，全部由二级以上的高等级公路贯通，其中高速公路占76%，初步构筑了我国区域和省际间横连东西、纵贯南北、覆盖全国的国家公路骨架网络，具有重要的政治、经济、社会意义。实践证明，这个规划适应了经济社会发展需求，具有很强的前瞻性。

7.2.2 我国重点公路

1.13 纵

编号	线路	里程（千米）
1	嘉荫——南平（含支线抚远——同江、南通——嘉兴）	4250
2	黑河——通化（含支线伊春——大庆）	1330
3	加格达奇——锦州（含支线齐齐哈尔——白城）	1640
4	天津——汕尾（含支线盐城港——徐州）	2610
5	东营——香港（口岸）（含支线滨州——衡水、铜陵——九江）	2560
6	阿荣旗——深圳（含支线秦皇岛——赤峰，唐山——京唐港）	4090
7	太原——澳门（口岸）（含支线新乡——晋城，珠海——阳江）	2560
8	临汾——三亚（含支线海口——通什——三亚）	3040
9	包头——友谊关	3250
10	兰州——磨憨（含支线勐养——打洛）	2940
11	张掖——打洛（含支线西宁——临夏）	3880
12	阿勒泰——若羌	1620
13	阿勒泰——拉孜	4350

2.15 横

编号	线路	里程（千米）
1	长白山——阿尔山	1120
2	集安——锡林浩特（含支线通化——阜新）	1810
3	丹东——伊尔克斯坦（含支线二连浩特——大同）	5720
4	威海——乌海（含支线威海——青岛、黄骅港——石家庄）	2440
5	青岛——红其拉甫（含支线安西——茫崖）	6230
6	日照——南阳	830
7	上海——洛阳（含支线扬州——溧阳）	1050
8	上海——武威（含支线合肥——铜陵、六安——武汉）	2450

续表

9	杭州——兰州(含支线武汉——汉中)	4050
10	成都——那曲	1820
11	宁波——樟木(含金华——温州,广元——重庆,重庆——绵阳,拉萨——错那)	6440
12	泉州——毕节(含支线常德——永顺,吉安——昭阳)	3170
13	厦门——昆明	2390
14	汕头——昆明	2230
15	汕尾——清水河(含支线玉林——山口)	3040

3. 西部开发 8 大通道

1	甘肃兰州——云南磨憨口岸	5	陕西西安——安徽合肥
2	内蒙古包头——广西北海	6	湖南长沙——重庆
3	新疆阿勒泰——红其拉甫口岸	7	青海西宁——新疆库尔勒
4	宁夏银川——湖北武汉	8	四川成都——西藏彰木口岸

7.2.3 我国国道一览表

1. 首都放射线 12 条，编号 101 ~ 112

编号	起始地点	通过地区	里程(千米)
G101	北京 ~ 承德 ~ 沈阳线	京、冀、辽	869
G102	北京 ~ 山海关 ~ 沈阳 ~ 长春 ~ 哈尔滨线	京、冀、津、辽、吉、黑	1317
G103	北京 ~ 天津 ~ 塘沽线	京、冀、津 166	
G104	北京 ~ 南京 ~ 杭州 ~ 福州线	京、冀、津、鲁、苏、皖、浙、闽	2280
G105	北京 ~ 南昌 ~ 广州 ~ 珠海线	京、冀、津、鲁、豫、皖、鄂、赣、粤	2312
G106	北京 ~ 兰考 ~ 黄冈 ~ 广州线	京、冀、豫、鄂、湘、粤	2422
G107	北京 ~ 郑州 ~ 武汉 ~ 广州 ~ 深圳线	京、冀、豫、鄂、湘、粤	2520
G108	北京 ~ 太原 ~ 西安 ~ 成都 ~ 昆明线	京、冀、晋、陕、川、滇	3228
G109	北京 ~ 银川 ~ 兰州 ~ 西宁 ~ 拉萨线	京、冀、晋、蒙、宁、甘、青、藏	3846
G110	北京 ~ 呼和浩特 ~ 银川线	京、冀、蒙、宁	1231
G111	北京 ~ 通辽 ~ 乌兰浩特 ~ 加格达奇线	京、冀、蒙、黑	1827，另有复线 490
G112	北京环线		1024

2. 南北纵线 27 条，编号 201～228(无 226)

编号	起始地点	通过地区	里程(千米)
G201	鹤岗～牡丹江～大连线	黑、吉、辽	1762
G202	黑河～哈尔滨～吉林～沈阳～大连～旅顺线	黑、吉、辽	1726
G203	明水～扶余～沈阳线	黑、吉、辽	710
G204	烟台～连云港～上海线	鲁、苏、沪	967
G205	山海关～淄博～南京～屯溪～深圳线	冀、津、鲁、苏、皖、浙、闽、粤	2891
G206	烟台～徐州～合肥～景德镇～汕头线	鲁、苏、皖、赣、粤	2339
G207	锡林浩特～张家口～长治～襄樊～常德～梧州～海安线	蒙、冀、晋、豫、鄂、湘、桂、粤	3405
G208	二连浩特～集宁～太原～长治线	蒙、晋	751
G209	呼和浩特～三门峡～柳州～北海线	蒙、晋、豫、鄂、湘、桂	3346
G210	包头～西安～重庆～贵阳～南宁线	蒙、陕、川、渝、黔、桂	3011
G211	银川～西安线	宁、甘、陕	629
G212	兰州～广元～重庆线	甘、川、渝	1257
G213	兰州～成都～昆明～景洪～磨憨线	甘、川、滇	2286
G214	西宁～昌都～景洪线	青、藏、滇	3182
G215	红柳园～敦煌～格尔木线	甘、青	656
G216	阿勒泰～乌鲁木齐～巴伦台线	新	864
G217	阿勒泰～独山子～库车线	新	1089
G218	清水河～伊宁～库尔勒～若羌线	新	1123
G219	叶城～狮泉河～拉孜线	新、藏	2178
G220	东营～济南～郑州线	鲁、豫	571
G221	哈尔滨～同江线	黑	486
G222	哈尔滨～伊春线	黑	327
G223	海口～榆林(东)线	琼	319
G224	海口～榆林(中)线	琼	296
G225	海口～榆林(西)线	琼	426
G227	西宁～张掖线	青、甘	338
G228	台湾环线	台	

3. 东西横线 29 条，编号 301 ~ 330（除 313）

编号	起始地点	通过地区	里程（千米）
G301	绥芬河 ~ 哈尔滨 ~ 满洲里线	黑、蒙	1303
G302	珲春 ~ 图门 ~ 吉林 ~ 长春 ~ 乌兰浩特线	吉、蒙	1007
G303	集安 ~ 四平 ~ 通辽 ~ 锡林浩特线	吉、辽、蒙	1215
G304	丹东 ~ 通辽 ~ 霍林河线	辽、蒙	813
G305	庄河 ~ 营口 ~ 敖汉旗 ~ 林东线	辽、蒙	676
G306	绥中 ~ 克什克滕线	辽、蒙 507	
G307	黄骅 ~ 石家庄 ~ 太原 ~ 银川线	冀、鲁、晋、陕、宁 1274	
G308	青岛 ~ 济南 ~ 石家庄线	冀、鲁 320	
G309	荣城 ~ 济南 ~ 宜川 ~ 兰州线	冀、鲁、晋、陕、宁、甘	2198
G310	连云港 ~ 徐州 ~ 郑州 ~ 西安 ~ 天水线	苏、鲁、皖、豫、陕、甘	1222
G311	徐州 ~ 许昌 ~ 西峡线	苏、皖、豫	710
G312	上海 ~ 南京 ~ 合肥 ~ 西安 ~ 兰州 ~ 乌鲁木齐 ~ 霍尔果斯线	沪、苏、皖、豫、鄂、陕、甘、宁、新	4451
G314	乌鲁木齐 ~ 喀什 ~ 红其拉甫线	新	1733
G315	西宁 ~ 若羌 ~ 喀什线	青、新	2921
G316	福州 ~ 南昌 ~ 武汉 ~ 兰州线	闽、赣、鄂、陕、甘	2268
G317	成都 ~ 昌都 ~ 那曲线	川、藏	1827
G318	上海 ~ 武汉 ~ 成都 ~ 拉萨 ~ 聂拉木线	沪、苏、浙、皖、鄂、渝、川、藏	4877
G319	厦门 ~ 长沙 ~ 重庆 ~ 成都线	闽、赣、湘、渝、川	2453
G320	上海 ~ 南昌 ~ 昆明 ~ 畹町 ~ 瑞丽线	沪、浙、赣、湘、黔、云南	2217
G321	广州 ~ 桂林 ~ 贵阳 ~ 成都线	粤、桂、黔、川	1612
G322	衡阳 ~ 桂林 ~ 南宁 ~ 凭祥 ~ 友谊关线	湘、桂	880
G323	瑞金 ~ 韶关 ~ 柳州 ~ 临沧线	赣、粤、桂、滇	1863
G324	福州 ~ 广州 ~ 南宁 ~ 昆明线	闽、粤、桂、黔、滇	2181
G325	广州 ~ 湛江 ~ 南宁线	粤、桂	769
G326	秀山 ~ 毕节 ~ 个旧 ~ 河口线	渝、黔、滇	1054
G327	连云港 ~ 济宁 ~ 菏泽线	苏、鲁	407
G328	南京 ~ 扬州 ~ 南通线	苏	197
G329	杭州 ~ 宁波 ~ 沈家门线	浙	206
G330	温州 ~ 寿昌线	浙	361

国道主干线的建设，缓解了交通运输对国民经济发展的“瓶颈”制约，有效提高了运输效率，使经济发展的运力保障更为稳固，为我国经济持续稳定增长奠定了基础。国道主干线系统建立了地区之间联系的快速通道，成为引导产业空间布局优化的主轴线，推动了产业结构升级和空间布局优化，促进了区域经济协调发展。同时，以高速公路为主体的国道主干线系统，使道路运输变得更快速、更安全、更便捷、更经济，提高了运输的可靠性和运输效率，有效降低了产品的生产和配送成本，提高了我国产品在国际市场上的价格竞争力，为外向型经济的快速发展和我国深入参与国际竞争创造了条件。

目前，我国公路交通仍然面临着新的挑战：国民经济持续快速增长带来的公路客货运输需求总量仍将不断扩大，汽车保有量增长依然强劲，广大人民群众对交通运输的需求仍在不断提升，而公路交通供给能力的增长则日益受到土地、环境、资金等因素的制约。

7.2.4 高速公路

1. 高速公路的主要优点

高速公路是一种具有四条以上车道，路的两侧除有保护栏外，路中央设有隔离带，分隔双向车辆行驶，互不干扰，作为“封闭、立交、专用”的汽车快速运输系统，高速公路具有行车速度快、通过能力强，交通事故少、安全舒适，服务水平高、投资回收快，物资周转快、经济效益好等优点。

行车速度快、通过能力强。一般高速公路行车速度在120千米/小时，比普通公路车速高出60%到70%。一般普通公路通行能力为每天200至2000辆，而四车道高速公路昼夜通行能力为2.5万至5.5万辆，六车道为4.5万至8万辆，八车道为6万至10万辆。由此可见，高速公路的运输量要比普通公路高出几倍乃至几十倍。

交通事故少、安全舒适 。因为高速公路交通标志设置醒目，有严格的管理系统，全程采用先进的自动化交通监控手段，全封闭、全立交，无横向干扰，因此交通事故大幅度下降。据国外资料统计，与普通公路相比，美国下降56%，英国下降62%，日本下降89%。

服务水平高、投资回收快。高速公路沿线设有必要加油站、服务区等设施的，为过往车辆和旅客服务。2006年底重庆万州区至开县高速公路建成通车，这是重庆市首条“智能高速公路”，高速公路隧道洞口采用渐变式灯光，进出隧道，驾驶员不会产生视觉差异；架设的68个摄像头能向驾驶人员和乘客报警，检测洞内的风速、风向、一氧化碳浓度、大雾浓度、车流等情况。

高速公路因收取通行费，其投资成本一般在5~7年内收回，如我国的广佛高速公路，其投资费用回收期不到6年。

物资周转快、经济效益好。高速公路综合运输成本低，经济效益好，一般运距在300千米以内，使用大吨位车辆运输，无论从时间上，还是从经济角度来考虑，均优于铁路和普通公路运输。高速公路完善的道路设施条件使主要行车消耗——燃油与轮胎消耗、车辆磨损、货损货差及事故赔偿损失降低，从而使运输成本大幅度降低。高速公路的高效率功能，还进一步推动了公路运输组织方式的变革，汽车制造以提高轴载荷不断朝大型化、高速化、专用车型发展。

2. 我国高速公路的发展

高速公路的建设和发展是国家经济发展水平的风向标。中国的高速公路发展比西方发达国家晚近半个世纪的时间，从80年代末开始起步，经历了80年代末至1997年的起步建设阶段和1998年至今的快速发展阶段。

沪嘉高速公路是我国第一条按高速公路工程技术标准设计、施工的高等级公路工程，是交通部“七五”期间重点建设项目，1984年12月开工建设，1988年10月建成通车，全长18.5千米。全路设计行车时速120千米，双向4车道，中央分隔带宽3米，全封闭，全立交，沿线建有大型互通式立交桥3座，设有完整的交通标志、标线和交通监控系统。全线路面平坦舒展，行车安全、快捷、舒适。沪嘉高速公路的建成，结束了我国大陆没有高速公路的历史，对其他地区高速公路的建设起到推动、示范作用。

1990年，被誉为“神州第一路”的沈大高速公路全线建成通车，标志着我国高速公路发展进入了一个新的时代。从1988年中国大陆第一条高速公路正式通车到现在，中国的高速公路建设取得了举世瞩目的成就。“十五”期间中国共建成高速公路2.47万千米，是“八五”和“九五”建成高速公路总和的1.5倍。全国高速公路通车总里程先后跃上了2万千米、3万千米、4万千米三个大台阶。到2005年底，高速公路总里程达到4.1万千米，位居世界第二位。除西藏外，各省、自治区和直辖市都已拥有高速公路，有10个省份的高速公路里程超过1000千米。辽宁省和山东省已实现了省会到地市全部由高速公路连接，长江三角洲、珠江三角洲、环渤海等经济发达地区的高速公路网络也正在形成。随着高速公路里程的不断延伸，规模效益逐步发挥，人们切身感受到高速公路带来的时间、空间观念的变化。在山东、辽宁、广东、江苏等地，省会到地市当天可以往返，这在过去难以想像。北京提出“迎奥运1小时交通”的构想，重庆提出建设“8小时重庆”，浙江的“4小时公路交通圈”，都正在逐步变成现实。

2006年，“五纵七横”国道主干线京沪公路天津段、沪瑞公路三穗至凯里段、连霍公路清水至嘉峪关段，西部省际通道阿北公路黄陵至延安段、兰磨公路思茅至小勐养段，国家高速公路网京承高速公路北京段二期、杭瑞高速公路景德镇至婺源段等重点项目建成通车。2007年，我国累计建设高速公路5.36万千米，21个省区市高速公路超1000千米，其中，河南、山东超4000千米。

根据交通部最新公布的《国家高速公路网规划》，从2005年起到2030年，国家将斥资两万亿元，新建5.1万千米高速公路，使中国高速公路里程达到8.5万千米。

中国高速公路的发展同世界还有一定的差距，建设和管理方面的体制都不是很完善。加快高速公路建设是中国经济社会发展的需要。随着国民经济的快速发展，物流、人流、商品流大幅度增加，提高运输效率、降低运输成本的要求日益迫切。到目前为止所修建的高速公路仅满足了所需高速公路的30%多。应该说对高速公路的需求还是突出的。在中国经济比较发达的珠江三角洲、长江三角洲和京津冀地区，高速公路的建设和发展速度最快，同时高速公路为这些地区带来的经济效益也十分显著。在今后的经济发展中，这些地区仍旧是高速公路的重点需求区域。

我国高速公路起步较晚，但发展速度很快，已建成的高速公路主要有西宝（西安——宝鸡）、西临（西安——临潼）、西铜（西安——铜川）、广深（广州——深圳）、广珠（广州——珠海）、广佛（广州——佛山）、深汕（深圳——汕头）、成渝（成都——重庆）、贵黄（贵阳——黄果树）、宁合（南京——合肥）、宁连（南京——连云港）、宁通（南京——南通）、福厦（福州——厦门）、郑洛（郑州——洛阳）、京沪（北京——上海）、京津塘（北京——天津——塘沽）、太旧（太原——旧关）、京石（北京——石家庄）、京沈（北京——沈阳）、沈大（沈阳——大连）、沈丹（沈阳——南芬河段）、四长（四平——长春）、长潭（长沙——湘潭）、沪宁（上海——南京）、沪杭（上海——杭州）、杭甬（杭州——宁波）、济青（济南——青岛）、厦樟（厦门——樟州）、成雅（成都——雅安）、烟青（烟台——青岛）、海南岛东环岛公路、京珠（北京——珠海）、西汉（西安——汉中）等。

国家规划的“五纵七横”国道主干线中的重要一纵——京珠国道主干线，是全国第一条全部以高速公路标准贯通的国道主干线。京珠国道主干线全长2291千米，于1986年开工建设，始于北京，经过河北、河南、湖北、湖南，止于广东的珠海市，贯穿五省一市。京珠国道主干线纵贯南北，是连接华北、华中、华南的交通大动脉，在国家公路网中具有十分重要的地位和作用。

7.2.5 进藏公路

在我国公路网之中，国家级的许多干线公路，以西部地区水运既不方便、铁路又很稀少的川藏、滇藏、青藏、新藏等公路，具有特殊重要的地位和作用。

1. 川藏公路

川藏公路起自四川省会成都，经雅安翻过二郎山，越过大渡河，经甘孜、德格入藏，续经昌都、那曲抵达拉萨。全长2413千米，是我国目前最长的一条公路，也是中国筑路史上工程最艰巨的一条公路，在世界上也属罕见。沿途跨越14座高山，相对高差达1000多米，先后越过大渡河、金沙江、澜沧江、怒江等12条水流湍急的河流。这条公路建成后，又继续修筑了康定向西南，从新都桥经巴塘、邦达到拉萨的川藏公路南线，全长2161千米。昌都到邦达段（169千米），成为川藏公路南北两线的联络线。其货运物资，西运的主要有粮食、副食品、布匹、日用工业品、茶叶、食盐等，东运的主要是矿石、药材以及畜产品等。

2. 滇藏公路

由云南省洱海南侧的下关北上，经剑川、中甸，两次穿越金沙江，经德钦至西藏东部的芒康。全线长800千米。由于该线南北两端分别与昆畹公路和川藏公路南线相接，从而沟通了云、贵、川、藏四省、区的交通网，大大改善了我国西南山区的公路布局，使进藏公路又增加了一条重要干线公路。在政治、经济、国防建设等方面，都有重要意义。

3. 青藏公路

自青海省省会西宁沿青海湖南侧西行，翻越青海南山经茶卡、香日德、格尔木南下，穿过唐古拉山口入藏，越妥尔久山经那曲至拉萨。全长 1983 千米，全线平均海拔 4000 米以上，是一条高原公路。这条公路于 1954 年 12 月 25 日与川藏公路同时通车。该线路北段，由格尔木北行，穿越柴达木盆地和当金山口，进入甘肃境内，经敦煌至柳园与兰新铁路相接。多年以来，青藏公路北线，曾是进出西藏物资、旅客的主要运输线。青藏公路由西藏运出的主要货物有矿产品、土特产品和畜产品等，运进的货物主要是日用工业品、布匹、茶叶、建筑材料等。

4. 新藏公路

北起新疆南部的叶城，翻越昆仑山由铁隆滩进入西藏，绕行高山河川之间，经日土、噶尔，巴噶至普兰。全长 1455 千米，现已由巴噶东延经日喀则至拉萨。是加强新疆和西藏之间经济联系的一条重要公路。

7.3 公路运输组织

7.3.1 公路运送货物作业流程

1. 接单

公路运输主管从客户处接受(传真)运输发送计划；公路运输调度从客户处接出库提货单证；核对单证。

2. 登记

运输调度在登记表上分送货目的地，分收货客户标定提货号码；司机(指定人员及车辆)到运输调度中心拿提货单，并在运输登统本上确认签收。

3. 调用安排

填写运输计划;填写运输在途，送到情况，追踪反馈表;电脑输单。

4. 车队交接

根据送货方向，重量、体积、统筹安排车辆;报运输计划给客户处，并确认到厂提货时间。

5. 提货发运

按时到达客户提货仓库;检查车辆情况;办理提货手续;提货，盖好车棚，锁好箱门;办好出厂手续;电话通知收货客户预达时间。

6. 在途追踪

建立收货客户档案;司机及时反馈途中信息;与收货客户电话联系送货情况;填写跟踪记

录;有异常情况及时与客户联系。

7. 到达签收

电话或传真确认到达时间;司机将回单用 EMS 或 FAX 传真回公司;签收运输单;定期将回单送至客户处;当地市场的住处及时反馈给客户。

8. 回单

按时准确到达指定卸货地点;货物交接;百分之百签收，保证运输产品的数量和质量与客户出库单一致;了解送货人对客户产品在当地市场的销售情况。

9. 运输结算

整理好收费票据;

做好收费汇总表交至客户，确认后交回结算中心;

结算中心开具发票，向客户收取运费。

7.3.2 公路运输组织

现在在我国经济快速发展，公路运输需求大幅度增加，市场的激烈竞争条件下，公路运输如何发挥自己的优势，降低运输费用，从而担当客、货运输的重任，有效地组织客、货运输是至关重要的。

1. 公路货运组织

在公路货物运输组织中，由于车辆按照不同的运行线路完成运输任务时，运输生产效率和单位运输成本往往不一致，尤其在道路网发达、货运点众多的情况下，选择经济运行路线，选择合适的运输车辆，是有效组织货运车辆经济运行必须考虑的问题。

2. 普通货运组织

货物运输组织方法直接影响运输费用，货物运输组织首要任务是货源组织，在掌握一定货源的基础上，根据货物结构的不同，合理调配和使用车辆，做到车辆适合货种，标重配合货重。公路货物运输运输行车组织方式多采用直达行驶和分段行驶，在分段行驶中也采用甩挂运输。

3. 特种货运组织

在公路运输的货物中，有些具有危险、长大、笨重、易腐、贵重等特点，它们对于装卸、运输、保管等作业有特殊的要求，这类货物被称为特种货物。可以分为危险货物、长大笨重货物、鲜货货物。这类货物的运输要严格按照规定要求或注意事项进行安全、有序、及时和准确运输。

4. 汽车零担货物运输组织

零担货物运输是与整车货物运输相对而言的。凡托运人一次托运计费重量不足 3 吨的货物，称为零担货物，对上述货物的运输称为零担货物运输。

零担货运是汽车运输企业为适应社会零星货物运输的需要，采用一车多票，集零为整，分线运送的一种货物运输的营运方式。汽车零担货物，具有数量小、批次多、包装不一、品种繁杂、到站分散的特点。而且许多商品价格较高。多数品种怕潮湿、怕重压；经营零担运输需要库房、货棚、货场等设施以及与之配套的装卸、搬运、堆码的机工具和站垫设备；在受理运输过程中，验收、检斤、量方、仓储保管、配装发放、跨区跨省中转结驳、运费结算等方面，都有其独特的作业程序和要求，因而与整车货运比较，在经营管理上有更高的要求。

汽车零担货物运输具体的组织形式有如下几种：

①定期零担货运班车：采用定运输线路，点沿线停靠点，定开车班期，定班次，定车型等“五定”的组织管理方法开行的零担货运班车。这种方式优点是便于管理，便于固定货主，便于有计划的调配货源。

定期零担货运班车，按其接送速度和运送范围又分别有：定期一站到达快件零担班车，是采用一车装运一个到站的快件零担或中转零担的直达班车。也可称为“整车零担”（整零）。其优点是适于季节性商品和贵重商品的调运，有利于加快商品周转，保障市场供应，减少资金占用，提高社会经济效益；定期普通零担班车，是采用沿线收发零担货物的定期班车，也可称为“沿途零担”（沿零）。其优点是服务面广，适应性强，有利于开发城乡零担货物运输。

上述两种定期零担班车，按运行区域又分别有跨省（跨区）定期零担班车；公铁（公水）联运定期零担班车；区内（县内）定期区间零担班车。这些区域性零担班车的发展，逐步形成了一定范围的零担运输网，对于加速货物流通，促进商品生产的发展有着十分重要的作用。

②不定期零担货物运输：主要是在农村、山区的短途区间，采用“现场组货，集零为整，一车多主，根据需要，灵活运送”的不定期组运方法。这种方式的优点是适应农贸集市、行商走贩、小商户临时货源调配等的需要，有利于开发区经济，促进城乡交流。

5. 汽车集装箱运输组织

汽车集装箱运输把货物装在集装箱内用汽车载运的一种现代化汽车货物运输形式。这种运输形式是第一次世界大战后出现的，上世纪六十年代以来在许多国家得到迅速的发展。在日本以及欧洲的许多国家里，汽车集装箱运输的运量已占陆上集装箱运输总运量的80%～90%。汽车集装箱运输从根本上解决了自动化生产的标准化前题，作为运输对象的件杂货，进入集装箱后就有了标准化的外型尺寸和重量，为实现高效的机械化作业创造了最为重要的条件，因其有配套的设备和设施，装卸速度快。所以，集装箱运输是实现全部机械化作业的高效率的运输方式。

※ 思考题

1. 我国公路主要“五纵七横”国道主干线是哪些？

2. 高速公路有哪些特点？我国高速公路干线有哪些？

3. 我国进藏公路干线有哪些?

物流窗:

公路口岸成为果菜出口绿色通道

满洲里公路口岸一车车果菜“无阻碍”通关，促进果菜出口有增无减。2006年果菜累计出口23.25万吨，同比增长12.1%，占公路口岸出口货物七成以上，使该口岸成为名副其实的果菜出口绿色通道。

果菜出口逐年增长除缘于俄罗斯经济复苏、国民需求增高之外，主要得益于满洲里市政府积极打造农产品出口绿色通道，鼓励企业发展恒温仓储，营建果菜出口基地，为果菜出口提供了安全可靠的集散场地。满洲里检验检疫局配合政府帮助当地企业做好出口果菜基地、农产品种植基地的培育和建设，全面推行从农田种植到出境全过程的检疫监管，减少了不合格产品的出口。

此外，满洲里口岸办积极协调联检部门不断畅通果菜出口绿色通道，并在公路口岸开辟了果菜出口专用通道，为果菜出口提供了快车道。满洲里海关辟建了果菜出口监管场所，实施通关查验“一站式”服务，使果菜通关时间由过去的4小时缩短到45分钟，降低了果菜出口成本与风险。检验检疫局引进先进的农药残留、硝酸盐残留检测仪器，使检测过程由原来的3至4天缩短至1天，确保出口果菜当日报检、当日检疫检疫、当日出证、当日放行。同时他们还积极引导出口企业引进马铃薯清洗设备，解决了因马铃薯带土而无法出口的难题，扩大了农产品出口，使该口岸呈现常年涌绿、四季溢香的喜人景象。

第8章 水路运输布局

8

＊本章主要内容

- 水路运输概况
- 水路运输网的布局
- 水路运输组织

＊引导案例

由于欧洲公路运输日趋饱和，汽车废气排放超标，构成公害，居民抗议声不绝，面临环境保护压力的欧盟已经下定决心把一部分公路运量转移到内河和铁路，减少公路堵塞现象。长期以来，欧洲集装箱运输长期被困扰在道路堵塞的瓶颈之中，每天大约有10%的公路都有交通堵塞发生，大约有20%的欧洲铁路每天在“瓶颈”处发生阻塞，交通效率受到严重影响。2001 年 7 月，欧洲交通白皮书指出，到上世纪结束时，欧洲地区集装箱陆路运输量达到运输总量的44%，近海运输占41%，铁路运输占8%，内陆水运只占4%。

随着欧洲经济的发展，到2010 年，仅仅欧洲集装箱货运量就要增加50%。欧洲交通委员会认为，现在是加倍重视和大力发展欧洲地区集装箱近海运输业和内陆水上运输业的关键时刻，在今后几年中首先要对关键水道拓宽和浚深。目前首要任务是疏浚德国境内从斯特劳宾到维尔肖芬70 千米长的多瑙河，这是多瑙河的“卡脖子”地段。欧洲沿海港口分布稠密，公路、铁路网络与港口紧密相联，但是这丝毫没有妨碍欧洲内河航运的持续发展。

欧盟运输委员会的研究报告表明，一向认为水运发达的莱茵河和多瑙河等欧洲著名内河航道的利用率刚刚达到 10%，有待欧洲有关国家合作开发。预计到 2010 年莱茵河、多瑙河等内河航道的集装箱年水运总量将比现在翻一番。现在，积极参与发展欧洲地区内河航道、集装箱码头设施的竟然是一些著名的汽车运输公司和铁路运输公司，也就是说，欧洲地区的内河航运公司与汽车和铁路运输公司已是一体化联营和集成化管理了。

那么，在我国这种最古老的运输方式——水运，现今的发展状况又如何？这一章我们就来了解一下我国水路运输概况、水路运输网的布局和水路运输组织。

8.1 我国水路运输概况

8.1.1 水路运输发展现状

水路运输是指利用船舶等浮运工具，在水域沿航线载运旅客和货物的一种运输方式。是各种运输方式中发展历史最为悠久的一种，有交通运输“祖先”之称。水路运输是我国综合运输体系中的重要组成部分，以其优势正日益显示出它的巨大作用。航道、船舶、港口是水路运输的三大基本要素。

我国发展水路运输的历史源远流长，是世界上水路运输发展较早的国家之一。我国水路运输在相当长的历史时期内，对经济、文化发展和对外贸易交流起着十分重要的作用。

水运具有运量大、成本低的竞争优势，其每马力运量是铁路的 4 倍、汽车的 50 倍、飞机的 100 倍；其运输成本只有铁路运输的 1/2、公路运输的 1/3。我国具有航运价值的江河流域面积占国土面积的 64%，高达 619 万平方千米，而且这些区域均为人口密集区域。建立以发达的内河航运网为主体的综合运输体系，将与经济发展齐头并进。

我国有天然河流 5800 多条，河流总长 43 万千米，内河自然条件比较优越。改革开放以来，随着经济发展、物流业的崛起，我国一些地区内河运输呈现了崭新的面貌。事实证明，“十五”是我国内河航运的“春天”。过去五年，我国内河航运建设完成投资约 300 多亿元，相当于前九个五年计划的总和，已改善内河航道 4300 余千米，建设内河港口泊位 248 个，新增吞吐能力约 3500 万吨。内河航运建设取得了前所未有的成就，内河水运量和港口吞吐量持续快速发展，呈现出一派蓬勃发展、蒸蒸日上的景象。

至 2005 年底，全国港口拥有万吨级以上泊位 1030 个，内河航道通航里程 12.3 万千米，其中等级航道 6.1 万千米。长江口深水航道整治二期工程圆满完成，10 米水深航道延伸至南京。随着内河航运基础设施建设力度的加大，内河航运的特殊优势将更加明显，将对国民经济和社会的发展做出更大贡献。

目前，我国重要通航河流全流域梯级渠化进程加快。长江、西江干线和长三角、珠三角地区建成了一批内河集装箱、大宗散货和汽车滚装等专业化泊位，形成了一批具有现代化水平的港区，港口的机械化和专业化水平不断提高。

同时，“十五”期间，长江干线货运量不断攀升，从2000年的4亿吨持续攀升到5亿、6亿、7亿吨，先后超过了欧洲的莱茵河和美国的密西西比河，跃居世界第一。其中，苏州港、南京港去年的吞吐量已分别突破亿吨大关，成为长江上两个最大的港口。以冶金、电子、机械、汽车、原油、化工等为主的长江经济带逐步形成，外向型经济发展迅猛，长江在流域综合运输体系中的主骨架作用日趋凸显，成为沿江经济和外向型经济发展的有力支撑和保障。

但是，由于历史遗留等特定原因，我国水路开发程度并不高：70%以上的航道处于天然状态；内河船的平均吨位尚不足百吨；一些港口码头运输还靠肩扛人背。

我国内河运输发展缓慢是因为没有“成网直达”，各水系之间不能沟通，水系内干支流航道等级差别较大，难以发展大吨位船舶直达运输。目前的情况是，航道等级低，不能形成高等级的航道网；船舶吨位低，没有形成有竞争力的规模运行效益。

今后，由20条内河主通道组成的“二纵三横”航运格局，将是未来我国内河水运通道的总格局。“二纵”是沿海南北主通道，京杭运河淮河主通道；“三横”是长江及其主要支流主通道、珠江及其主要支流主通道、黑龙江松花江主通道。除沿海南北主通道外，内河主通道由通航千吨级船队的四级航道组成，这些水运通道直接联接省会城市和人口100万以上的特大城市17个，占全国同类城市的55%，联接开放城市24个，经济特区5个，这对改善投资环境，促进生产力合理布局，促进外向型经济发展，将发挥重要作用。

总而言之，我国要发展水路运输，必须注意各方面的结合，无论是船舶、港口、水道、技术，都必须形成各自健康、科学、良性发展的道路。船舶选型、装卸工艺、港口和航道开发建设，以及运输组织方案的确定，都应从实际出发，不可急功近利，也不可消极被动。经过技术、经济论证得出最优方案，对水路运输的科学化、专业化管理是提高效益的关键环节之一，也是发挥水路运输优势、形成可持续发展的一个关键所在。

8.1.2 水路运输的特点

水路运输与其他几种运输方式相比，主要有运量大、成本低、效率高、能耗少、投资省的优点，同时也存在速度慢、环节多、自然条件影响大、机动灵活性差等缺点。具体地说：

1. 水运可以实现大吨位、大容量，长距离的运输。我国常用的25000T级的运煤船，一艘船就相当于12列运煤火车或上万辆运煤汽车的载货量。

2. 能源消耗低。运输1吨货物至同样距离而言，水运所消耗的能源最少。

3. 运输成本低。水上运输工具主要在自然水道上航行，航路是天然的，只需花少量资金对其进行整治，维护船标设施和管理，就可供船舶行驶。水运的运输成本约为铁路运输的1/25~1/20，公路运输的1/100。

4. 水运在整个综合运输系统中通常是一个中间运输环节，它在两端港口必须依赖于其他运输方式的衔接和配合，为其聚集和疏运货物。

5. 水运的运输速度较其他运输方式要慢。一方面因为船舶航行于水中时的阻力较大；另一方面是因为要实现大运量运输，货物的集中和疏散所需时间也长。

6. 水运的外界营运条件复杂且变化无常。海运航线大都较长，要经过不同的地理区域和不同的气候地带，内河水道的水位和水流速度随季节不同变化很大，有些河段还有暗礁险滩，因而水运受自然因素的影响较大。而且水运具有多环节性，需要港口、船舶、供应、通讯导航、船舶修造和代理等企业以及国家有关职能部门等多方面的密切配合才能顺利完成。因而，水运管理工作是较为复杂和严密的。

7. 海运具有国际性。一是商船有权和平航行于公海和各国领海而不受他国管辖和限制，有权进入各国对外开放的、可供安全系泊的港口，故使海运在国际交通中极为方便；二是各国的商船可在国际海运上进行竞争。当然，海运是世界性的商务活动，除必须遵守各国的海运法规外，也要尊重国际法律。

8.1.3 水路运输的分类

水路运输有多种分类方法。

1. 按贸易种类，水路运输可以分为外贸运输和内贸运输。

外贸运输是指本国同国家和地区之间的贸易运输；内贸运输是指本国内部各地区之间的贸易运输。

2. 按航行区域，水路运输可以分为远洋运输、沿海运输、内河运输和湖泊（包括水库）运输。

远洋运输是指国际之间的运输，以外贸运输居多；沿海运输是指几个邻近海区间或本海区内的运输，以内贸运输为主；内河运输是指在一条河流（包括运河）上或通过几条河流的运输，一般为国内运输；湖泊运输是指一个湖区内的运输，大多属于国内运输。

3. 按运输对象，水路运输可以分为旅客运输和货物运输。

旅客运输是指以旅客和部分货物为载运对象的运输，有单一客运（包括旅游）和客货兼运之分。货物运输是指以货物为载运对象的运输，按货类分有散货运输和杂货运输两类，前者是指无包装的大宗货物如石油、煤炭、矿砂等的运输；后者是指批量小，件数多或较零星的货物运输。

4. 按船舶营运组织形式，水路运输可分为定期船运输（即班轮运输）、不定期船运输和专用船运输。

定期船运输是选配适合具体营运条件的船舶，在规定航线上，定期停靠若干固定港口的运输；不定期船运输系指船舶的运行没有固定的航线，而是按照运输任务或按租船合同所组织的运输；专用船运输系指企业自置或租赁船舶从事本企业自有物资的运输。

8.2 我国水路运输网的布局

8.2.1 水路运输主要航线

水路运输网主要由水运航线和港口组成。而水运航线的具体布局，是水路运输网布局的基础。水运航线布局合理与否，直接影响地域生产布局和水路运输网布局，同时后二者又反过来制约水运航线布局的宏观规模。

影响水路运输网布局的因素主要有：首先，地域社会经济发展对运输的要求是水路运输网布局的主要因素。区域范围内生产、资源分布特点，城镇和人口的数量、规模和分布状态等都制约着水路运输网的布局。其次，自然地理条件制约了航道布局的方向。如我国地势西高东低，这就决定了我国水运航线的方向主要是东西向。第三，现有运网基础和其他线路的水平是开发新线的参考。在选择新交通线路时，要借鉴原有线路的经验，尽量发挥原有线路的潜力，同时要考虑整个运输网的基础，选择最佳方案。第四，注意环境保护。尽量少破坏自然环境，少占耕地。第五，政治和国防需要同样也是制约水运航线的布局因素。

图 8－1　中国水运网

1. 内河航线(图 8－1)

截至 2005 年底，全国内河航道总里程达到 12.3 万千米，比建国初期增长 84%，比 1979 年第一次全国内河航道普查增长 25%，居世界第一位。

改革开放以来，我国内河航道建设事业取得了巨大成就，目前，我国内河航道主要呈现以下特点：一是航道总量规模大，居世界第一位；二是高等级航道比重低，航道整体技术水平有待提高；三是内河航道分布相对集中，主要集中在长江、淮河、珠江和黑龙江四大水系；四是航道上各种设施多，并且对航道等级提高形成制约。

今后我国内河航道建设的主要任务是：不断提高主要航道技术等级，改善通航条件，按照“二纵三横两网”航道建设的总体规划，重点建设京杭运河、长江水系、珠江水系和黑龙江松花江水系四个主通道，以及长江三角洲江南航道网和珠江三角洲航道网，为实现内河长距离运输并向江海联运发展奠定基础。

随着内河航运基础设施建设力度的加大，内河航运的特殊优势将更加明显，将对国民经济和社会的发展作出更大贡献。

(1)航道网分布的特点

首先，主要航道干线东西向分布。由于我国地势西高东低，除京杭运河外，长江、珠江、淮河等主要内河航道干线均由西向东入海，与我国资源和经济分布的东、中、西差异有较好的配合作用。

其次，绝大部分航道网分布在南方。江苏省的航道里程长达 2.4 万多千米，占全国总里程的 1/5 以上，广东、浙江、湖南 3 省的内河航道里程均在 1 万千米以上。从航道密度看，以上海最大(412 千米/千平方千米)，其次为江苏(240 千米/千平方千米)和浙江(106 千米/千平方千米)。

最后，通航条件较好的航道集中于“三江两河”水系。可通航百吨以上船舶的航道绝大部分集中在长江、珠江、黑龙江、淮河和京杭运河五大水系，“三江两河”航线合计 3 万千米，约占全国该类航道总里程的 80% 多，其中长江水系占 42%。“三江两河”水系的货运量和货物周转量，分别占全国相应总里程的 80% 以上。

(2)主要通航河流

首先，京杭大运河是我国古代劳动人民创造的一项伟大工程，是祖先留给我们的珍贵物质和精神财富，是活着的、流动的重要人类遗产。大运河肇始于春秋时期，形成于隋代，发展于唐宋，最终在元代成为沟通海河、黄河、淮河、长江、钱塘江五大水系、纵贯南北的水上交通要道。在两千多年的历史进程中，大运河为我国经济发展、国家统一、社会进步和文化繁荣做出了重要贡献，至今仍在发挥着巨大作用。

京杭运河北起北京，南达杭州，流经北京、天津、河北、山东、江苏、浙江六省市，沟通了海河、黄河、淮河、长江和钱塘江五大水系，全长 1782 千米，相当于苏伊士运河的 10

倍多，巴拿马运河的22倍，是世界上最长的人工河流，也是最古老的运河之一。它和万里长城并称为中国古代的两项伟大工程，闻名世界(图8－2)。

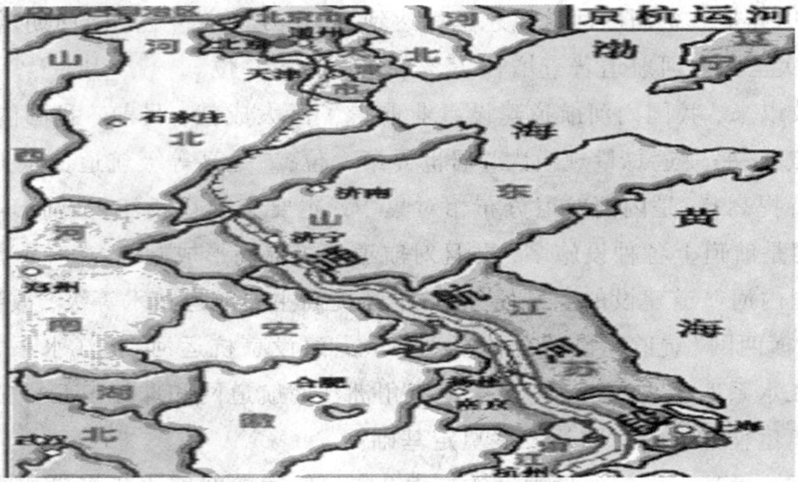

图8－2　京杭大运河

其次，长江干流通航里程达3630.5千米。宜宾以上825.5千米可通航30～150吨级船舶；宜宾至重庆可通航200～800吨级船舶；重庆至宜昌可通航1500吨级船舶。宜昌至汉口可通船1500～3000吨级船舶；汉口至南京可通航5000吨级船舶；南京至长江口乘潮可通过2.5万吨级船舶。整个长江干支流航道系统可分为8个次一级的航道系统：以重庆为中心的西南航道系统；以长沙为中心的洞庭湖水系航道系统；以武汉为中心的江汉航道系统；以南昌为中心的鄱阳湖水系航道系统；以合肥为中心的巢湖水系航道系统；以上海为中心的长江三角洲航道系统，包括苏北、苏南和杭嘉湖内河航道网，这里河网密布，形成总里程达29617千米的通航网络。

再次，珠江通航里程为1.4万多千米。西江横贯广东、广西，是珠江水系的主要航道，梧州至广州300千米可通航1000吨级轮驳船队和300～400客位的客轮。珠江三角洲水网纵横密布，有通航水道800多条，通航里程5300多千米，珠江干流一般能通船1000～20000吨级海轮，有8个口门通海。

最后，黑龙江是中俄界河，可通航500～1000吨级船舶，支流松花江通航里程864千米，可通行500～1000吨级船舶。中苏界河乌苏里江可通航500～1000吨级船舶。由于黑龙江干支流为季节性封冻河流，每年有5、6个月断航，又远离经济发达地区，形不成较大运量。目前约有80%以上的货运量集中在经济较发达地区的松花江。随着这里木材等资源的开发，边境贸易的发展，沿河的运输量日益增加。

2. 沿海航线

我国沿海航运大体以厦门为界，分为南、北两大航区。北方沿海航区，北起鸭绿江口，南至福建厦门港。北方航区以上海港为中心，主要航线有：自上海往北，分别通往大连、秦皇岛、天津、烟台、青岛、连云港等的航线；自上海往南，分别通往宁波、海门、温州、福州、泉州和厦门等的航线。

（1）北方沿海航线

北方沿海航线过去又叫北洋航线。指福建厦门以北的沿海航线，它以上海、大连为中心，包括通往宁波、连云港、青岛、秦皇岛、天津新港、烟台等海港的航线。北方航线在我国沿海航线中占有重要地位，是我国能源、钢铁、木材、矿石和粮食的重要运输线，货运量占交通部直属沿海总运量的 85%。

主要航线及其航程如下表（表 8－1）：

表 8－1　　北方沿海航线及航程表

航线其止	距离（海里）	距离（千米）
上海——大连	552	1022
上海——秦皇岛	657	1217
上海——天津	708	1311
上海——青岛	408	756
上海——连云港	398	737
大连——天津	168	311
大连——烟台	89	165
大连——龙口	117	217
大连——青岛	272	504
大连——连云港	339	628
上海——宁波——温州	281	
上海——福州	433	

（2）南方沿海航线

南方沿海航区，过去曾称南洋航线，东起厦门港，西至广西东兴港，包括海南岛、南海诸岛和台湾的水域和港口。南方航线以广州为中心，主要航线有：自广州分别通往香港、汕头、湛江、海口、八所和三亚等航线。主要航线及其航程如下表（表 8－2）：

表 8－2　　中国南方沿海航线和航程表

航线起止	距离（海里）	距离（千米）
广州——厦门	381	706
广州——汕头	276	511
广州——海口	324	600
广州——湛江	290	537
广州——海口——北海	443	820

跨航区的主要航线有:广州、湛江分别到大连、青岛和连云港航线，广州到秦皇岛航线，上海—厦门—广州航线，香港分别到厦门、上海航线等。

3. 远洋航线

远洋运输通常是指除沿海运输以外所有的上海运输，在实际工作中又有“远洋”和“近洋”之分。前者是指我国与其他国家或地区之间，经过一个或几个大洋的海上运输，如我国至非洲、欧洲、澳洲等地区的运输;后者是指我国与其他国家或地区间，只经过沿海或太平洋(或印度洋)的部分水域的海上运输，如我国与朝鲜半岛、日本及东南亚各国所进行的运输。这种区分主要是以船舶航程的长短和周转的快慢为依据的。

我国已和世界上 180 多个国家和地区有贸易来往，中国远洋运输公司和对外贸易运输公司已开辟了通往全世界各地的一百多条航线。这些航线主要分为近洋和远洋两部分。以亚丁港为界，以东为近洋，以西为远洋。

(1) 近洋航线

中国——朝鲜、韩国航线，主要港口是清津、仁川、釜山。

中国——日本航线，主要包括神户、大阪、横滨、东京、门司、川崎、四日等港口。

中国——越南航线，包括海防、胡志明市等港口。

中国——香港航线。

中国——俄罗斯航线，主要包括纳霍德卡、东方港、海参威等港口。

中国——菲律宾的马尼拉、宿务航线。

中国——新加坡航线，主要是指新加坡港、马来西亚的巴生、马六甲、槟城等港口。

中国——泰国航线，主要包括磅逊、曼谷等港口。

中国——北加里曼丹航线，主要包括文莱、古晋、米里等港口。

中国——印度尼西亚的雅加达、泗水、三宝垄的航线。

中国——孟加拉湾航线，包括仰光、吉大港、加尔各答、马德拉斯等港口。

中国——斯里兰卡的科伦坡航线。

中国——波斯湾航线，主要港口有孟买、卡拉奇、阿巴斯、科威特、多哈、迪拜、巴士拉等。

中国——澳新航线，主要包括悉尼、布里斯班、墨尔本、惠灵顿、奥克兰、弗里曼特尔等港口。

(2) 远洋航线

中国——红海航线，主要包括亚丁、吉达、亚喀巴、苏丹等港口。

中国——东非航线，主要包括摩加迪沙、蒙巴萨、达累斯萨拉姆、马普托、路易港等港口。

中国——西非航线，主要包括马塔迪、黑角、杜阿拉、拉各斯、科纳克里、达喀尔、达尔贝达等港口。

中国——地中海航线，主要包括地中海南北岸的港口，如亚历山大、的黎波里、阿尔及尔和里耶卡、热那亚、马赛、巴塞罗那、康斯坦萨、敖德萨等。

中国——西欧航线，主要包括伦敦、利物浦、勒阿弗尔、鹿特丹、安特卫普、不来梅、汉堡等港口。

中国——北欧航线，主要包括哥本哈根、哥德堡、奥斯陆、斯德哥尔摩、赫尔辛基、圣彼得堡、格旦斯克等港口。

中国——北美东西海岸航线，主要是美国、加拿大东西岸的各港口。

中国——中南美航线，主要包括拉美各港口，如马萨特兰、桑多斯、里约热内卢、蒙得维的亚、瓦尔帕莱索、卡亚俄等港口。

8.2.2 水路运输的技术装备和设施

水路运输的技术装备和设施主要包括船舶和港口。

1. 船舶

船舶是水路运输的载运工具。船舶大致可分为集装箱船、散装货船、油船、液化气船、冷藏船、运木船、滚装船、载驳船、驳船、客船、客货两用船、双体船、水翼船、气垫船等。船舶的主要性能包括重量性能和容积性能。前者又包括排水量和载重量，其中排水量的大小是载重能力高低的基础。后者又包括货舱容积和船舶登记吨位。其中货舱容积可用散装舱容(能够装散装货的货舱容积)、包装舱容(能够装载包装货物的货舱容积)及舱容系数(货舱容积与其载重量之比)度量。而登记吨位是指按吨位丈量规范检定的吨位，由总吨位和净吨位组成。

随着科学技术的不断进步，船舶为保证自身的安全和能进行正常的营运生产，如今它所具有的设备装置也越来越臻于完善。除了机舱部门逐渐自动化、电气化之外。船舱设备也在不断改进中，诸如锚设备、舵设备、系泊设备、救生设备等等。此外，通信导航设备也日益精确有效，一般船上都装有磁罗经、电罗经、计程仪、测深仪、雷达等，较新式的大型船舶犹如一座海上浮动的城市，各种先进的设备基本上能保证它们可在世界各大洋上正常地航行。

2. 港口

港口是水上运输的另一重要设施。港口是指具有一定面积的水域和陆域，供船舶出入和停泊、货物及旅游集散的场所。它主要由公共部门提供或建造。当然水运大货主也常投资建设港口设施，这些自用设施是专门满足自己的特定需要而设计的。

港口主要由水域和陆域两部分构成。港口水域指港界之内的水上面积，它是供船舶进出港，以及在港内运转、锚泊和装卸作业使用的。一般将港池以外的部分成为港内水域，包括进出港航道和港外锚地；而将港池内的水面部分成为港内水域，包括港内航道、港内锚地、码头前沿水域和船舶调头区等。

港口陆域指港口范围内的陆地面积，包括码头、泊位、仓库、堆场、铁路、道路、装卸机械等。其中码头是供船舶停靠、旅客上下、货物装卸的人工建筑物。码头前沿线即为生产线，也是港口水域和陆域的交接线。泊位是指供船舶停泊的位置，一个泊位即可供一艘船只停泊。通常一个码头往往要同时停泊几艘船只，即应具备多个泊位。

近几年中，港口的主要改进集中在物资搬运装卸的机械化方面，这在内河港口尤突出。能高效地装卸大量散装货物已成为一个港口对航道上的其他港口保持经济上竞争优势的必不可少的条件，这也是水运业与其他运输方式进行竞争所必需的条件。为此，港口要配备起重机、叉车等。对某些商品如谷物、石油和煤，还需要更先进的载重设备如汽动装载机和铁路货车卸载设备。

港口还要便于联运中的货物转运，为此港口还应具有铁路和汽车运输设施，例如要有通往港口终端的铁路支线和汽车运输停车场。

由于水运工具的载重量较大，所以港口要有货物储存设备。储存区不断接收由汽车和铁路运来的大量货物。待积存到足够数量后，再由驳船或船舶运走。反之，船只到达港口后，货物先卸载储存，稍候再调派相当数量的铁路车辆或货运汽车将货物运走。

此外，船舶再在航线上航行还离不开海图、航标、灯塔等设施，供船舶增补燃料、淡水和生活物资的设施，以及发生事故后救助打捞设施等等。

3. 沿海主要港口货物吞吐量

我国沿海各主要港口货物吞吐量以年为时间时间尺度，其年吞吐量大小如下表所示(表8－2)。

表8－3　沿海主要港口货物吞吐量　(单位：万吨)

港口	1989年	1990年	1995年	1999年	2000年	2001年	2002年	2003年	2004年
大连	4381	4952	6417	8505	9084	10047	10851	12602	14516
营口	98	237	1156	1945	2268	2520	3127	4009	5978
秦皇岛	4419	6945	8382	8261	9743	11302	11167	12562	15037
天津	1856	2063	5787	7298	9566	11369	12906	16182	20619
烟台	689	668	1361	1646	1774	2190	2689	2936	3431
青岛	2611	3034	5103	7257	8636	10398	12213	14090	16265
日照	925	1452	2003	2674	2933	3136	4507	5108	
连云港	929	1137	1716	2017	2708	3058	3316	3752	4352
上海	11291	13959	16567	18641	20440	22099	26384	31621	37896
宁波	1040	2554	6853	9660	11547	12852	15398	18543	22586
汕头	201	279	716	1191	1284	1309	1380	1470	1576
广州	1772	4163	7299	10157	11128	12823	15324	17187	21520
湛江	1231	1557	1885	1751	2038	2205	2627	2866	3780
海口	170	288	468	674	808	888	1073	1329	1416
八所	388	431	275	380	378	342	343	425	548
三亚	78	37	42	27	48	71	49	61	58
总计	31154	48321	80166	105162	125603	142634	166628	201126	246074

8.3 我国水路运输组织

8.3.1 船舶运输组织

1.船舶配载与积载

船舶配积载是货物装船之前一项细致、复杂而又十分重要的工作。它是保证船货安全、合理使用船舶，正确组织装卸，顺利完成货物运输的重要环节。

(1)船舶配载

系指为船舶的具体航次选配货载，即船舶公司根据货物托运人提出的货物托运计划，对所属船舶的具体航次确定应装运的货物品种、数量及体积。配载的结果要编制成一张航次装货清单。

(2)船舶积载

系指对货物在船上的配置位置与堆装方式作出合理的安排，即船上大副或港口有关部门在配载的基础上根据装货清单确定货物在各货舱、各层仓配装的品种、数量与堆码位置与堆装工艺。积载的结果，则要编制一个计划积载图。(用一个简单的示意图把船舶计划拟装载的各票货物的名称、装货单号、卸货港、包装形式、件数、吨数、体积及货位详细的标示出来，这个图又称货物积载图)

(3)配载与积载的关系

船舶配载与积载是既紧密联系又互有区别的两个阶段的工作。配载是积载的前提和依据，它应为记载创造便利的条件；积载是配载的继续和具体实施，它要保证配载计划的完成。

(4)正确配载应遵循的原则

①要认真贯彻执行国家的运输政策，做到急需物资、重点物资、支农物资优先运输；

②要适应船舶的结构、设备与营运性能的要求，且要尽量充分利用船舶的载重量和载货容积；

③要为积载创造有利的条件，对忌装货、到中途港的重货和要求特殊装载的货物，选配的数量不要过于集中，以利于正确的选配舱位，保证船舶安全及货运质量。

(5)船舶积载的基本要求

积载工作必须保证船舶安全，货物完好，满足船舶必要的航行技术性能，装卸方便及良好的营运经济效果。因此，安全、优质、快速、经济是对船舶积载的总的基本要求，具体来说，应做到以下几点：

①充分利用船舶的装载能力；

②确保船体强度不受破坏和损伤；

③保证船舶具有适度的稳定；

④保证船舶具有适当的吃水差；

⑤保证货物的运输质量。

2. 船舶运输工艺

船舶运输工艺是在各种运输条件下，利用船舶来实现运输对象在空间的位移而采用的手段和方法。主要包括船型选择、港口布局和机械设施配备以及与其他运输方式之间的配合和协调等。

例如，长江某钢铁企业单位拟从海上某深水港转运铁矿石进江时，研究提出了下面几个运输工艺方案：

①运矿散货船江海直达运输；

②海上顶推船队直达运输；

③海上载驳船运输，载矿驳船在吴淞口外组成长江顶推船队；

④海上自 卸船运输，矿石在吴淞口外抛锚地卸入长江顶推驳船，组成长江顶推船队。

显然，上述各种运输工艺方案的设立都是从具体的运输环境和条件出发的，如航道深度、航行条件、锚地情况、海上和长江的航行距离等；同时考虑到具体的运输对象和规模，像矿石这样的有足够运量的散货，运矿自卸船才能作为一可行方案来考虑。从所列的方案也可以看到，新的工艺设想推动新技术、新工具的发展，例如在提出的载驳船方案中，采用5000 吨这样大的子驳将是世界载驳船技术的一个新突破，它必须利用现代科学技术去解决一系列的技术问题。

水运工艺的发展是随着社会生产的发展而发展的。人们从长期的运输生产经营中摸索出传统的运输工艺，并随着科学技术的发展，使这些传统工艺不断得到改善。工农业生产的发展则使得运输规模越来越大，以至某些货物可以采用专门的运输工艺；如集装箱运输就从根本上改变了传统的件杂货运输工艺。

3. 船舶运行组织

船舶运行组织就是根据一定时期内的企业的客货运输任务，国家的运输政策，以及船舶、港口、航道等技术营运条件，综合考虑水运生产各环节及其他有关运输方式间的协调配合，对船舶运行活动所作出的合理安排。船舶运行组织的主要内容包括：制订航线系统，为各航线选配适当的船舶或船队，协调各环节的工作，确定推船与驳船工作配合的方式，以及制订船舶运行时刻表等。

（1）船舶运行组织形式

其一，航线形式：即在固定港口之间，为完成一定的运输任务，选配适合具体条件、性能接近的一定数量的船舶，并按一定的程序组织船舶运行活动。

航线形式成为一种独特的组织形式，是由航次形式在具有稳定的运输需要的航区形成和发展起来的。可见，组织航线形式的条件，首先是要有稳定而且量大的货流。

其二，航次形式：即按船舶的运行没有固定的出发港和目的港，船舶仅为完成某一次运输任务、按照预先安排的航次计划运行，它是一种非正规的运行组织形式。航次形式具有很大的机动灵活性，它对航线形式能够起到调整和补充作用。

在国际航行中，根据贸易与市场需要，可组织船舶以航线形式或航次形式运行；在国内的沿海及内河运输中，航线形式是船舶运输的基本组织形式，而航次形式则是一种辅助的、但不可缺少的运行组织形式。

(2)货船运行组织特点

由于货船是一个刚性单体，吃水较深，船体较短，故抗风浪性能和操纵性能好。货船可单独生产，运行组织简单，但其在整个停泊时间内，动力部分不能充分利用，影响其经济性。因此，根据货船的技术营运性能特点，其一般适用于：

其一，海洋、海区、湖泊、水库以及河面开阔和水深的下游航段；

其二，要求快速运送的贵重货物、鲜活货(牲畜、家禽、禽蛋、水果、蔬菜等)和急需物资的运输；

其三，港口装卸效率较高、水深较大、港口间距离较长的航线。

如果其他条件不考虑，一般将载重量大、航速高的船舶安排在距离长、装卸定额高的航线，将更为经济。所谓“大船大线”是航线配船的最一般的原则。

(3)顶推(拖带)船队运行组织特点

拖带船队是拖船在前、依靠拖缆拖带驳船队前进。顶推船队是机动船在驳船队的后面，船队结成整体，推进效率高、阻力小、速度快，操纵灵活性与稳定性、制动能力都较拖带好。根据顶推(拖带)船队的技术营运特点，其一般适用于：

其一，水浅、风浪小的内河航道；

其二，价格较低、运输速度要求不高的大宗货物的运输；

其三，货源不稳定、批量悬殊的多点运输；

其四，运输距离较短、装卸效率较低的港口。

4. 航道生产指标

为了反映航运企业生产活动的全貌，需要用完整的指标体系来说明航运生产活动各个方面及各个环节的特征，它是航运企业进行科学管理的重要手段。航运企业生产活动指标，按照结构可分为：

其一，营运工作指标：从船舶在空间位移和时间利用的角度，反映航运企业生产活动成果及运用效率；

其二，财务成果指标：是以货币形式反映航运企业的经济效益；

其三，安全质量指标：反映航运企业生产活动过程中安全状况和服务质量的好坏；

其四，物资消耗指标：反映生产和供应工作中主要原材料、辅助材料、燃料、动力、工具等消耗状况。

航运企业生产活动指标的作用主要体现在：首先，它是编制船舶生产计划的基础；其次，它是考核船舶生产活动成果和经济效益，作为企业定级和对承包者奖惩的依据；第三，它也是做船舶运行组织优化决策时比选方案的依据，是分析船舶生产活动、改进工作的必要手段；最后，它又是各级领导人或领导单位了解和考核航运企业的生产活动，指导和监督航运企业工作，制订有关航运政策的依据。

5. 航运计划与调运

(1)船舶运输生产计划

航运企业生产计划按时间可以分为长期计划、中期计划、短期计划和近期计划等四种类型。长期生产计划即企业的长远规划，一般按五年或五年以上的年限进行编制；中期生产计划按两年或三年的期限进行编制；短期生产计划即为年度生产计划及季度生产计划；近期生产计划有月度运输计划，旬、日作业计划及船舶航次计划等。

其一，月度运输计划：船舶月度运输计划是航运企业生产计划的组成部分。它是根据航运企业已定的年、季度运输计划与本月的货源、运力等具体情况所作出的近期计划，是年度计划的具体执行。它规定了当月的货运任务和运力安排。

其二，船舶旬度(日)作业计划：旬度作业计划是对本旬度内船舶运行组织的具体安排。其内容主要是旬度货流计划与旬度船舶运行计划。旬度货流计划是月度货运计划在具体旬度的分解与落实；旬度船舶运行计划则是指挥船舶生产的详细文件，它确定了船舶在本旬度内的具体安排，包括分航线、货种、运量、船舶密度、船名、船期及主要措施等。

其三，船舶航次计划：船舶航次计划(又称“航次命令”或“航行指示”)是根据船舶作业计划对具体船舶提出的一个航次的具体任务。它是在航次开始之前由企业调度部门发给船舶的必须执行的正式文件。

(2)船舶生产调度管理

运输船舶的生产活动具有点多、线长、面广、流动、分散、环节众多，受自然因素影响较大，时间性、涉外性、军事性强等特点。要使水运生产各有关部门、环节间能够协调而有节奏地进行生产，达到合理地使用各种技术工具设备，完成运输任务，提高经济效益，就必须有一个集中统一、有效的组织指挥机构——调度部门，从而安排指挥生产，连续不间断地监督生产和随时调整生产中出现的不平衡。

调度工作的主要内容：

其一，组织和计划安排船舶生产活动；

其二，领导、监督船舶安全航行与在港作业；

其三，了解和分析计划执行过程中各有关方面的变动情况，及时协调各环节的工作和进行相应的作业调整；

其四，进行船舶生产活动的业务核算、汇报和分析工作；

8.3.2 港口装卸组织

1. 港口装卸工艺

港口装卸工艺是指港口装卸货物的方法，即人们运用各种机械及设备等物质手段，实现货物位移的方法或程序。现代化的装卸工艺是以先进的装卸工作机械化系统为基础的。港口装卸工艺是港口装卸生产的基础。分析和研究装卸工艺的目的在于实现货物位移的方法的合理化，力求达到安全、高效、优质、低成本地完成港口装卸工作。

(1) 港口装卸工艺工作应包括以下内容：

①港口日常的装卸工艺管理：它是以分析与研究现有装卸机械化系统、现有设备为基础，充分发挥现有人、财、物的作用为目的的。

②港口装卸工艺的设计工作：装卸工艺设计工作则是为新建及扩建的码头设计装卸工艺。一个港口装卸工艺方案设计，主要是根据货物、运输工具、码头水工建筑型式、自然条件以及其他方面等因素来考虑。

(2) 港口集装箱装卸工艺方案：

现代化集装箱码头，普遍采用岸壁集装箱装卸桥来装卸集装箱船舶（图 8 – 3）。而集装箱堆场搬运和车辆的装卸作业多采用跨运车、轮胎式龙门起重机、轨道式龙门起重机、底盘车和叉车等几种机械。

图 8 – 3　现代化的天津港集装箱码头

①跨运车工艺方案：跨运车是一种具有搬运、堆垛、换装等多项功能的集装箱专用机械。在集装箱码头上，集装箱装卸桥将船上的集装箱卸到岸上后，从前方堆场到后方堆场、到货运站以及对底盘车进行换装等作业，均可由跨运车来完成。集装箱场地采用跨运车方式，在世界集装箱码头场地工艺方案中约占 40%。

②轮胎龙门起重机工艺方案:轮胎式龙门起重机由于其行走部分是轮胎，故此得名。这种工艺方式是把船上卸下来的集装箱放到底盘车上，码头前沿到堆放场通过底盘车连接。集装箱运到堆场后，再用轮胎式龙门起重机进行场地作业。这种机械作业也可进行内陆车辆的换装作业。它比较适合于年通过量在8～10万吨的集装箱码头使用。

③轨道龙门起重机工艺方案:轨道式龙门起重机主要特点是机械沿轨道运行，具有能实现自动化控制的优点。与轮胎式龙门起重机相比，堆场堆箱的自由空间可达更大，是所有集装箱堆场机械中场地利用率最高，单位面积堆箱数最多的一种机械。它适用于年吞吐量10万标准箱以上或两个以上连续泊位的集装箱码头使用。

④底盘车工艺方案:采用底盘车方式时，从船上卸下来的集装箱直接安放到底盘车上。集装箱装上底盘车后，用牵引车把它拖到场地，在场地上集装箱存放在挂车上，当需要进行内陆运输时，很方便的用牵引车将其拖走。这一方式与前几种比较，集装箱不落地，特别适合于公路四通八达的"门到门"运输方式。

⑤叉车工艺方案:集装箱叉车是集装箱码头上常用的一种装卸机械。一般码头前沿利用船机或门机进行装卸，码头前沿和堆场上的作业都用叉车。叉车除了进行场地码垛作业和短距离的搬运作业外，还可以用它来进行装卸车辆的作业。当水平运输距离比较远时，可采用拖挂车配合作业。这种工艺方式较适合于年吞吐量在3万吨标准箱以下的沿海件杂货泊位兼作集装箱泊位使用。

2. 港口企业装卸工作指标

(1)港口企业装卸工作指标

港口企业装卸工作指标是一组以数值反映港口企业生产经营状况特征的信息，管理者通过这些信息了解港口生产经营活动，并根据这些活动控制港口生产经营活动的进行。港口企业生产指标可分为数量指标、质量指标两大类。

①数量指标:反映港口生产经营活动的规模和应该达到或已达到的水平，它们通常是用绝对数表示的，如吞吐量、操作量、机械起运量、泊位数等等。

②质量指标:反映港口生产经营活动的效果和工作质量的水平，它们通常用相对数、平均数比例、比值、百分比等表示的。如操作系数、船舶平均每装卸千吨货在港停时、泊位占用率、库场容量运用率、装卸机械利用率等等。

(2)吞吐量指标

吞吐量是港口指标体系中最重要的产量指标，它分为旅客吞吐量和货物吞吐量。

①旅客吞吐量:是指由水运乘船进、出港区范围的旅客人数、其计量单位为人次。

②货物吞吐量:是指经由水运进、出港区范围并经装卸的货物数量。包括邮件及办理托运手续的行李、包裹以及补给船舶的燃料和淡水。其计量单位是运费吨，一般货物按重量吨计算，但对轻泡货物则按容积计算。

货物吞吐量是表明港口规模、综合反映港口生产面貌的指标，它一方面反映了在国民经济中以及在国际上的地位；另一方面，吞吐量在一定程度上反映了港口经营管理的综合水平。

(3)装卸工作指标

港口装卸企业的主要生产活动是货物的换装，因此，反映装卸工作进行情况的装卸工作指标就是对港口生产活动进行的全面的描述。这组指标包括装卸自然吨、操作量、操作系数、装卸工时效率，以及装卸工日产量、装卸作业机械化程度等等。

①装卸自然吨：是指进、出港区并经装卸的货物数量。一吨货物从进港到出港（包括进港后不再出港，在港内消耗的物资，如建港物资等），不论经过几次操作，均只计算为一个装卸自然吨。装卸自然吨和吞吐量一样都是港口装卸工作量的主要指标，它与吞吐量之间的主要差别是水水中转货物在港口进行换装作业时，每一装卸自然吨计算为两个吞吐吨，而水陆中转则统计为一个吞吐吨。

②操作量：是指通过一个完整的操作过程所装卸、搬运的货物数量。计量单位是操作吨。在一个既定的操作过程中，一吨货物不论经过几组工人或几部机械的操作，也不论搬运距离的远近，是否有辅助作业，均只计算为一个操作吨。操作量是反映装卸工作量大小的数量指标。

③操作系数：是操作量和与之相应的货物装卸自然吨之比。它用以测定每吨货物在本港内的平均操作次数，它是考核港口装卸工作组织完善程度的主要质量指标之一。其计算公式如下：

操作系数 = 操作量/装卸自然吨

由于每吨货物通过港口至少要经过一次装卸，因此操作系数不会小于1，如果港口全部装卸作业都是以直接作业的形式进行（如船舶或船车），则操作系数等于1。

④装卸工时效率：是表明港口装卸劳动生产率的指标之一。它是指装卸工人（包括机械司机及其助手）平均每人工作1小时所完成的操作量，其计算公式如下：

装卸工时效率 = 操作量/装卸工时数（操作吨/工时）

一般货种结构、船型结构和操作过程的组成对装卸工时效率的水平影响很大。

⑤装卸工日产量：也是表明港口劳动生产率的指标之一。它是指装卸工人（包括机械司机及其助手）平均每个装卸工日所完成的操作量，其计算公式如下：

装卸工日产量 = 操作量/装卸实际工日数（操作吨/工日）

3. 港口生产作业计划

(1)港口计划体系的构成

为了有效的实行计划管理，通过整个港口计划体系予以保证。港口计划体系从时间来划分：包括长远计划（规划）、年度计划、季度计划及作业计划（包括月度、旬度、昼夜轮班计划等）；其中，港口作业计划是整个港口计划体系的基础，是整个生产计划的具体化，也是搞好计划管理的关键。

(2)生产作业计划

港口生产作业计划包括港口月度生产计划、港口旬度作业(指泊)计划、港口昼夜分班作业计划、单船作业计划等。

①港口月度生产计划:是年度生产计划的具体化,是为了保证年度生产计划的任务的完成而制订的。它主要包括港口月度吞吐量计划、月度装卸工作计划、月度机械运用计划、月度堆存计划,以及月度港内驳运工作计划等。

②港口旬度作业计划:是月度生产作业计划的具体化,其特点是比月度计划更具体,基本上确定船舶的装卸货种、数量、流向及靠泊的作业区等。旬度生产作业计划的主要内容是根据本旬度来港船舶的情况及本企业的具体条件为船舶指定泊位,所以也叫旬度指泊计划。

③港口昼夜分班作业计划:是对港区昼夜24小时连续不间断生产的具体安排,在该作业计划中,不仅对本船的装卸顺序、作业地点、操作方法等作了明确的规定,而且对每艘船、每辆车的作业方法,使用的机械设备以及人力的配备等,都做了合理的安排。

④单船作业计划:详细规定了船舶从抵港到离港为止的所有作业项目以及各个项目的作业程序与时间。单船作业就是对船舶在港口所要进行的全部作业的责任者、顺序和延续时间的安排,并提出对完成各项作业的具体要求。通过该计划的编制应达到合理、科学地组织港口相应的作业,最大限度地缩短船舶在港的停泊时间。

(3)港口生产调度与控制

港口生产调度和生产控制是现代化大生产发展的客观要求,是实现港口企业持续均衡生产、协调各生产环节的有力保证,是组织实现生产作业计划的重要手段,是提高企业经济效益的有效组织技术措施。

①生产调度的主要工作内容包括:具体地实施生产作业计划,昼夜不间断的对装卸生产进行指挥,组织港内各个环节的生产能力,做好生产能力与装卸任务的平衡,协调各种运输工具的衔接,掌握和检查车、船装卸作业进度,解决装卸生产过程中出现的各种问题,保证整个港口装卸生产均衡而有节奏的进行。

②生产控制:广义的说是指从生产准备、投入生产到产品的全部过程进行的全面控制。狭义的说,是指生产过程中对生产进度的控制,也就是执行生产作业计划过程中的日常生产控制。生产控制的目的是为了提高生产的经济效益。

③港口生产控制的主要内容包括:装卸作业安排,作业进度控制,生产产量控制,生产质量控制,作业时间的控制,经济效益的控制等。

※ 思考题

1. 水路运输有何特点?

2. 影响水路运输网布局的因素有哪些?

3. 简述水路运输的分类。

4. 我国主要的海港有哪些?

5. 船舶正确配载应遵循的原则有哪些?

6. 水路运输组织的作用是什么?

案例讨论

中远:物流“旗舰”之七种“舞步”

中国远洋运输(集团)总公司(以下简称“中远集团”)是世界第二大航运物流集团,同时也是中国最大的航运物流集团,目前拥有和经营着600多艘现代化远洋船舶,总计超过3500万吨。中远集团目前拥有数百家成员企业,形成了以北京为中心,以香港、日本、韩国、新加坡、美国、欧洲、澳洲、非洲和西亚等9个区域公司为辐射点,覆盖160多个国家和地区,1300多个港口的全球业务网络,堪称国内物流业的“旗舰”。

成大事需远见卓识。但凡成就大事者多具非凡眼光,正是充分认识到物流业的发展前途,才成就了中远的今天,而这一认识和理解经历了一个不断深化和扩展的过程。早在上世纪90年代初,中远集团就开始了对集装箱班轮市场物流服务的研究,对中远集团发展物流的必要性和可能性进行研究和探讨。2001年,中远集团组织编制了《中远集团“十五”物流发展规划》,明确了中远集团五年物流发展总体思路、发展目标和实施措施,同时确定了发展规模和投资预算等。

循市场之规。市场的反馈也逐渐让高层决策者认识到,单纯的海上运输已经不能适应世界性物流业务发展的需要。市场就是命令,中远集团的集装箱运输服务根据客户需求,开始从“港到港”向“门到门”多式联运服务扩展。1998年7月,中远集装箱运输有限公司(以下简称“中远集运”)率先成立了综合物流部门。

战略随需应变。综合物流业务的开展同时对集团行业定位也提出了新的要求,2000年初,中远集团提出了“两个转变”的发展战略,即从全球承运人向以航运为依托的全球物流经营人转变,从跨国经营向跨国公司转变。通过提供新的管理服务产品,实现产业的创新。2001年,中远集团提出并实施核心业务重组改革计划,构筑了班轮和物流两大业务单元,在保持和加强班轮的持续竞争能力和客户服务功能的同时,为物流提供一个可快速增长的空间,并迅速发展成为全球领先的物流经营人,实现集团整体价值最大化。

管理的集中与分散。1998年9月,中远集团成立中远物流工作组,决定由中远集运带头,统一指挥和协调中远物流业务,为具体开展“门到门”服务提供决策支持。除中远集运外,工作组还包括了中远货运公司、中国外轮代理公司、中远空运公司。2000年9月,中远集团在运输部增设了物流处,并明确物流处统一归口管理中远集团物流工作,全面规划、推进、协调中远物流业务。同时,中远集团要求集团海外区域公司根据各自具体情况及业务发展现状，建立相应的物流业务部门，共同开拓和推进中远物流业务。

整合资源铸“旗舰”。1993年，以中国远洋运输总公司为核心的中国远洋运输(集团)总公司组建成立，同年在北京成立了中远集装箱运输总部，实现了集装箱运输的统一经营。1995年，中远开始对陆上货运企业进行了改组和调整。这次整合，是对集团成员中的中汽总公司、外轮代理总公司以及各远洋运输公司下属货运公司的陆上货运资产进行重组，成立了中远国际货运有限公司，形成了中远统一的全国货运网络。1996年，中远集团根据发展空运业务的需要，通过整合系统的空运资源，在北京成立了中远空运代理有限公司。1997年，中远对海外地区的众多业务机构进行归口管理，成立了香港、新加坡、美洲、欧洲、日本、澳洲、非洲、西亚、韩国九大区域公司，并先后在这些区域公司内组建了物流公司或物流部。之后于1998年，中远集运、中货、外代和中空等单位派人参加成立物流工作小组。这些工作的相继开展奠定了国内物流“旗舰”的雏形。

“外脑”助力示范工程。2001年，中远集团聘请了美国著名的美智管理顾问咨询公司作为物流顾问，以中远重要客户青岛海尔为目标客户，开展了长达五个月的物流示范项目研究。开展此项目的主要目的就是在为具体的物流客户设计详尽的物流服务方案的基础上，树立中远作为第三方物流经营人的服务典范；同时更加明确自身在物流市场的定位，促进中远物流的快速发展；也为中远进一步的物流服务扩展指明方向和长期发展战略；通过示范项目，提高中远自身物流管理人员的业务素质。

欲善其事，必利其器。近年来，中远集团围绕集装箱运输、船舶调度指挥和现代物流构筑了集装箱运输管理信息系统、全球航海智能系统、船岸通信系统和物流仓储调度系统等全球信息系统，以及集装箱运输和物流管理的电子商务平台，并在逐步优化和完善中远的电子物流网络。

中远集团在物流业务方面取得的成绩无疑是卓越的，如果说其所获得的各种相关荣誉只代表着一个个结果的话，全球近千个经营网点，大批的码头、仓储物流服务设施及构建的各种全球信息系统也许正体现了中远的“内功”所在。

讨论问题

1. 通过中远物流“旗舰”的成长，你对现代物流的发展有何认识？

2. 中远集团是如何重视物流管理信息系统的？

3. 中远集团为什么要进行“两个转变”的发展战略？

第9章 航空运输布局

9

*本章主要内容

- 航空运输概况
- 航空运输网布局
- 航空运输组织

*引导案例

美国是航空发达的国家，军用航空、民用航空、航空工业和科学研究都处于世界前列。美国航空运输十分发达。1982 年，在公共交通系统中，距离 800 千米以上的客流量的 93% 和全部城市间客流量的 80% 是由飞机负担的。全国共有航空运输公司 100 家，定期航班空运总周转量为 471.5 亿吨千米，客运周转量为 4100 亿人千米，分别占全世界总数的 34.1% 和 35.8%。航空运输在安全性、可靠性、经济性和速度方面也有很大提高。使用的有代表性的机型有波音 747、波音 767、L－1011、DC－10、MD－80 等。美国是世界上通用航空最发达的国家。1980 年底，共有通用飞机 2110451 架，总飞行时间达 4100 多万小时，持证飞行员总数达 82.7 万人。1982 年美国对公众开放的和私人所有的各类机场共 15161 个，占世界同类机场总数的 45.7%。飞机在美国国民经济各行业和私人体育运动、娱乐等方面得到广泛应用。全国有农业飞机 8650 架，约占全世界农业用飞机总数的三分之一。

随着全球经济一体化进程的不断加快，我国国力的不断增强，航空运输这一当今最便捷、最安全的运输方式在我国也得到了突飞猛进的发展。

这一章我们就来了解一下我国航空运输的概况、航空运输网的布局和航空运输组织。

9.1 我国航空运输概况

9.1.1 我国航空运输的发展与现状

中国航空运输始于1929年，专业航空始于1930年。中华人民共和国成立前，航空线路既短又少，航空运输设施差，运输能力低。中华人民共和国成立后，特别是1978年以来中国航空运输在改革中迅速发展，自1978年以来，中国民航完成运输总周转量和运输旅客量，每年分别递增23%和20%。

2005年，民航行业完成运输总周转量261.3亿吨千米、旅客运输量1.38亿人、货邮运输量306.7万吨、通用航空作业8.49万小时。截至2005年底，我国定期航班航线达到1280条，其中国内航线(包括香港、澳门航线)1025条，国际航线255条，境内民航定期航班通航机场143个(不含香港、澳门)，形成了以北京、上海、广州机场为中心，以省会、旅游城市机场为枢纽，其他城市机场为支干，联结国内166个城市，联结86个国家188个城市的航空运输网络。民航机队规模不断扩大，截至2005年底，中国民航拥有运输飞机863架，其中大中型飞机789架，均为世界上最先进的飞机。2005年中国民航运输总周转量达到261.3亿吨千米(不包括香港、澳门特别行政区以及台湾省)，比2004年增长了12%，在全世界的排名由2004年的第3位，上升至第2位，超过了航空强国德国254.57亿吨千米的总周转量，成为仅次于美国的世界第二航空运输大国。在国际民航组织188个缔约国中名列第2位。

中国通用航空发展亦很快，至2005年底，我国有通用飞机570架，通用航空作业8.49万小时。自1951年起已逐步建立起农林病虫害防治、飞播造林、飞播牧草、除草施肥和其他一些农业作业飞行项目。此外，在航空摄影与遥感、物理探矿、人工降雨、森林防护、地质测量、医疗卫生、抢险救灾、气象探测、海洋监测、科学实验、教育训练、文化体育和旅游观光等方面均发挥了重要的作用。为石油勘探开发、水利电力建设服务的直升机飞行业务也有新的发展。

首都机场是中国第一个现代化航空港和最大空中交通枢纽、大型国际机场，位于北京东郊，离北京市中心20多千米，机场设备均为中国自行设计、制造、安装，候机大楼建筑设计富有民族特色，全部使用国产材料；每小时可指挥70架次飞机起降，旅客吞吐量每小时可达1500人次。中国其他较重要的民航机场还有上海、广州、昆明、乌鲁木齐、大连、厦门等。

新中国航空运输55年的发展历程证明：发展是硬道理。不断深化改革，扩大开放，是加快航空运输发展的必由之路。我国航空运输加快改革开放的步伐，通过组建航空和保障集团、机场属地化、开放航权、引进民营资本、放宽市场准入、推进运价改革等措施，逐步建立起以企业为主体的市场体系，行业市场化程度不断提高，竞争环境趋向良性发展。通过加强运输资源整合，完善货运航线网络，增加运输机队，加快信息系统建设，建立空港物流园，推进航空运输的规模化发展。

9.1.2 我国航空运输的特点

1. 航空运输的优点

与其他运输方式相比，航空运输的主要优点是：

(1)速度快。现代喷气式运输机，时速都在 1000 千米/小时左右，比海轮快 20～30 倍，比火车快 5～10 倍。速度快是航空运输的最大优势和主要特点。它使得旅客出行时间大大缩短，货主存货减少，保管费用降低。但是，班机正点率的高低、办理旅客出发和到达手续的快慢、机场与市区间地面运输时间的长短、航程中有无经停站以及停留时间的长短，对于营运速度和旅客的旅行速度都有直接影响。

(2)运输路程短。飞机除了由于航行的特殊需要以外，一般是在两点间作直线飞行，在三维空间进行，这是它与其他运输方式最重要的区别。不受地面条件限制，因此，同一起讫点间航空运输路程最短。

(3)舒适。喷气式民航机的飞行高度一般在 10000 米左右，不受低空气流的影响，飞行平稳。20 世纪 70 代初出现的宽体客机，客舱宽敞、噪声小，机内有供膳、视听娱乐设备，舒适度大大提高。

(4)灵活。飞机是在广阔的空中飞行，较之火车、汽车或船舶受到线路制约的程度要小得多。飞机可以按班期飞行，也可以作不定期飞行，可以在固定航线上飞行，也可以在非固定航线上飞行。

(5)安全。航空运输中，对飞机适航性要求极其严格，没有适航证的飞机不允许飞行。尽管飞行事故中会出现机毁人亡(事故严重性最大)，但按单位客运周转量或单位飞行时间死亡率来衡量，航空运输的安全性是很高的。

(6)基建投资省。新修一条 1000 千米的铁路，需 20 亿元左右，占地 4.5 万亩，建设周期 5－7 年，而新辟一条 1000 千米的民航线，只需 5 亿元，占地 1 万亩，建设周期 1－2 年。

(7)客运能力大。一列从北京至广州的火车，四天往返一趟可载运 2000 人左右，而一架 300 座的波音 747 飞机，四天往返八趟，可运载 4800 人，为火车的两倍多。

(8)货物空运的包装要求通常比其他运输方式要低。在空运时，用一张塑料薄膜包裹货物并不少见。空中航行的平顺性和自动着陆系统减少了货损的可能性，因此可以降低包装要求。

2. 航空运输的缺点

(1)载运能力低、单位运输成本高。因飞机的机舱容积和载重能力较小，因此，单位运输周转量的能耗较大。除此之外，机械维护及保养成本也很高。

(2)受气候条件限制。因飞行条件要求很高(保证安全),航空运输在一定程度上受到气候条件的限制,从而影响运输的准点性与正常性。

(3)可达性差。通常情况下,航空运输都难以实现客货的"门到门"运输,必须借助其他运输工具(主要为汽车)转运。

3.航空运输的功能

航空运输的上述特点,使得它主要具有以下功能:

(1)中长途旅客运输,这是航空运输的主要收入来源。

(2)鲜活易腐等特种货物以及价值较高或紧急物资的运输。

(3)邮政运输。

9.1.3 我国航空运输的分类

航空运输方式主要有班机运输,包机运输,集中托运和航空快递业务。

1.班机运输

班机运输指具有固定开航时间、航线和停靠航站的飞机。通常为客货混合型飞机,货舱容量较小,运价较贵,但由于航期固定,有利于客户安排鲜活商品或急需商品的运送。分为国内航班和国际航班。

按航班飞行任务性质的不同分为正班、加班飞行。正班运输飞行又称班期飞行,指按照规定的航线,定机型、日期和时刻的运输飞行。它是航空公司运输经营的主要形式。加班飞行是指根据临时性的需要,在正班运输飞行以外增加的运输飞行。

2.包机运输

包机运输是指航空公司按照约定的条件和费率,将整架飞机租给一个或若干个包机人(包机人指发货人或航空货运代理公司),从一个或几个航空站装运货物至指定目的地。包机运输一般是由于旅客身份重要、人数较多;或货物的性质特殊、数量较大;或任务紧迫,利用航班不能满足要求;或客货运输的起讫地点不在现有的航线上而采用的一种临时性的专用航空运输飞行。适合于大宗货物运输,费率低于班机,但运送时间则比班机要长些。

包机运输按其执行任务性质的不同分为:普通包机运输,即载运一般旅客、货物、行李和邮件的包机飞行;专机运输,即符合国家要求范围内的旅客包机飞行;急救包机运输,即为抢救人员的生命或国家财产而承担的紧急包机飞行;支农包机运输,即运送与农副业直接有关的物资的包机飞行;旅游包机运输,即旅游部门因航班满足不了旅游团的座位或日程安排而采用的包机飞行。

3.集中托运

集中托运可以采用班机或包机运输方式,是指航空货运代理公司将若干批单独发运的货物集中成一批向航空公司办理托运,填写一份总运单送至同一目的地,然后由其委托当地的代理人负责分发给各个实际收货人。这种托运方式，可降低运费，是航空货运代理的主要业务之一。

4. 航空快递业务

航空快递业务是由快递公司与航空公司合作，向货主提供的快递服务，其业务包括;由快速公司派专人从发货人处提取货物后以最快航班将货物出运，飞抵目的地后，由专人接机提货，办妥进关手续后直接送达收货人，称为桌到桌运输。这是一种最为快捷的运输方式，特别适合于各种急需物品和文件资料。

9.2 我国航空运输网的布局

航空运输布局主要指空运布局和运力配置。航线、机场、运力构成航空运输布局的三大要素。航空运输网络的空间分布由地面点站和空中航线共同构成，运力配置则通过基地机场投入到运行航线之中。因此，航线网络的结构形式和机场布局的状况，基本决定了航空运输布局的状况。

9.2.1 常见航线网络的结构形式

从目前航线网络的构成分析，主要的单元结构形式为城市对式和中转辐射式两种。

1. 城市对式

城市对式是空运网络中的基本单元结构。它的特点是两地间的直飞航线。由于其形式简单、实用，便于进行运力上的调配，因此成为空运网络中最基本的单元结构，也是我国航线结构中所采用的主要形式。但是当航线两端的流量较低时，采用城市对式航线，则使航班的密度降低，从而使地面等待的时间过长，航空运输的快速优势就无法体现。因此在流量较小的机场之间采用城市对式航线并非明智之举。

2. 中转辐射式

中转辐射式航线是目前较为成熟的网络结构，也是目前空运发达国家的航线网络中最常见的形式。中转辐射式结构由城市对式航线和中心机场的辐射航线构成。通常要确定全国或区域范围内的中心机场，中心机场应该是区域范围内航空客货集散地，同时与区外的其他中心机场之间有便利的空运联系，具有明显的内联外引的功能。中心机场之间采用城市对式航线直飞，再以每个中心机场为中转站建立其辐射航线。这样，流量较小的城市之间就无需采用对飞形式，而是通过中心机场中转而实现通航。

中转辐射网络结构具有:(1)使空运网络衔接通畅;(2)使空运网络适应市场需求;(3)有利于机场网络的规划建设;(4)有利于提高飞机的客座率和载运率等的优势。应该指出，中转辐射式网络的实现，一要建立中心机场，二要有便利的辐射航线。在保证干线飞行的同时，还必须使辐射航线上保持较高的航班密度，这样才能突显航空运输快速的特点。

9.2.2 中国的国内航线

1. 国内航线的分布特征

(1)我国国内航线集中分布于哈尔滨-北京-西安-成都-昆明线以东的地区。其中又以北京、上海、广州的三角地带最为密集。从整体上看，航线密度由东向西逐渐减少。

(2)航线多以大、中城市为中心向外辐射，由若干个放射状的系统相互连通，共同形成全国的航空网络。目前航线的单元结构以城市对式为主，以中转辐射式为辅。

(3)国内主要航线多呈南北分布。在此基础上，又形成由沿海向内陆延伸的东西向航线布局。

2. 国内以及地区航线

目前我国国内航线已超过1280条，形成一个复杂的航线网络。根据国内航线的分布特征，可将其分成若干个放射状系统。每个系统均以某一机场为中心。这些系统的通达性能、利用状况可由通过中心的放射线条数以及出港航班的个数这两个指标定量显示。每一个放射状系统都有一组数据相对应。其中射线数的大小说明了其通达性能的好坏，数字越大，说明其通达性能越好。航班数的大小，说明航线上的繁忙程度，同时也表征了该系统与其他系统之间的联系程度。根据放射系统的数字特征，同时考虑中心航站与连接航站的客货吞吐量大小，可确定几个最重要的放射系统。它们的辐射航线共同构成国内航线的骨架。

地区航线，特指香港、澳门与内地的航线，是国内航线的组成部分，又是联系国际航线的重要桥梁。

9.2.3 我国的国际航线

新中国的国际航线创建于20世纪50年代初，从50~70年代，由于受到政治、经济、外交等因素的综合影响，国际航线发展是缓慢的。70年代初，中华人民共和国在联合国取得了合法地位，1971年11月9日，国际民航组织通过决议，承认中华人民共和国的代表为中国惟一合法的代表。在这个形势之下，我国民航的国际航线有了较大的发展，先后增辟了几十条国际航线。到2005年，已有国际航线255条，通航86个国家的188个城市。

1. 我国国际航线的分布特征

(1)我国的国际航线以北京、上海、广州为中心，通过乌鲁木齐、昆明、厦门、深圳、大连、沈阳、哈尔滨等航空港，向东、西、南三面辐射。

(2)国际航线的主流程东西向。向东连接日本、韩国、北美，向西连接中东、欧洲，是北半球中纬度航空圈带的重要组成部分。

(3)我国的国际航线是亚太地区航空运输网络的重要组成部分，与南亚、东南亚、澳大利亚等有密切的联系。

2. 按照航线的部分特征，我国的国际航线基本可分为东线、西线和南线。

(1)东线:中日航线;中韩航线;中美航线;中加航线。

(2)西线:中国至北欧、西欧、南欧和西亚各国航线。

(3)北线:中国至非洲各国航线。

(4)南线:中国至南亚各国和大洋洲航线。

9.2.4 我国的机场布局

航空港是一个内部联系紧密的三维空间系统。一般只有进行定期航班业务并具备完整配套设施的大、中型航站，才称为航空港。目前，世界上的多数航站尚不具航空港的规模，因此航站一般泛称机场。机场是供飞机起降、停驻和维护的场所，是航空运输不可缺少的地面设施。机场的数量、规模、现代化程度、分布状况对航空运输至关重要。因此机场的技术设备、管理水平、利用状况往往是所在国家和地区的航空运输发展水平的标志。

1. 机场概况

至2005年底，我国的民用机场有198个，其中民用颁证运输机场143个(含军民合用机场)。

我国的民航运输机场，按其开通的航线、规模以及依托城市的功能，大致可分为四类:第一类是连接国际国内航线的大型枢纽机场，即北京首都机场、上海浦东机场和广州白云机场，这三个机场也是我国主要的国际门户机场。第二类是以国内航线为主，空运量较大的国内干线机场。此类机场的依托城市多为行政中心、旅游中心、贸易中心、开放城市或交通枢纽。第三类是次干线机场，这类城市既有支线与本省区内的干线机场相接，又有少数干线与域外的重要城市相连。第四类为支线机场，一般只有支线与本省区内的干线机场相接，较大的支线机场也可有短程航线与邻近省区的城市相通。

按照机场的用途，又将涉及国际航班的机场分为国际定期航班机场、定期航班机场以及国际航班备降机场。

2. 机场改革

继联合重组六大集团后，我国民用航空总局在2003年撤销23个民航省(区、市)局，同时把93个机场移交地方政府管理，以推动民航管理体制改革的进一步深化。

我国民用航空总局决定，撤销民航天津、河北等23个省(区、市)局，在上述省(区、市)以及大连、厦门、深圳设立民航安全监督管理办公室，代表民航地区管理局，负责所辖地域内航空公司、机场等民航企业事业单位的安全监管和市场监管。

民航地区管理局所在的北京、辽宁、上海、广东、四川、陕西、新疆等省(区、市)的民航安全监管和市场监管工作，仍由地区管理局负责。

机场移交地方政府管理后，原则上以省(区、市)为单位组建机场管理公司，实行企业化经营，统一管理省(区、市)内机场。

9.2.5 我国的航空公司

我国的航空公司主要有：

1. 中国航空集团公司

中国航空集团公司是以中国国际航空公司为基础，联合中国航空总公司和中国西南航空公司组建的。是2002年10月经国务院批准成立的大型国有企业，由中央管理。并以联合三方的航空运输资源为基础，组建新的中国国际航空公司。2004年9月30日，经国务院国有资产监督管理委员会批准，作为中国航空集团控股的航空运输主业公司，中国国际航空股份有限公司(以下简称国航)在北京正式成立，员工23000人，注册资本为人民币65亿元、实收资本94.33亿元。2004年12月15日，中国国际航空股份有限公司在香港(股票代码0753)和伦敦(交易代码AIRC)成功上市。

国航的企业标识由一只艺术化的凤凰和邓小平先生书写的“中国国际航空公司”以及英文“AIR CHINA”构成。凤凰是中华民族古代传说中的神鸟，也是中华民族自古以来所崇拜的吉祥鸟。

国航是中国惟一载国旗飞行的航空公司，具有国内航空公司第一的品牌价值(世界品牌实验室2006年评测为188.96亿元)，在航空客运、货运及相关服务诸方面，均处于国内领先地位。截至2005年12月底，国航拥有以波音和空中巴士系列为主的各型飞机176架，通航22个国家和地区，其中国际城市36个，国内城市70个，每周定期航班4160班。

2. 中国东方航空集团公司

中国东方航空集团公司是中国三大国有大型骨干航空企业集团之一，于2002年在原东方航空集团的基础上，兼并中国西北航空公司，联合云南航空公司重组而成。

集团总部位于中国经济最活跃、最发达的城市——上海，拥有贯通中国东西部，连接亚洲、欧洲、澳洲和美洲的庞大航线网络。集团注册资本为人民币25.58亿元，总资产约为516.99亿元，员工达35000人，拥有180架大中型现代化运输飞机，22架通用航空飞机，经营着450条国际、国内航线。集团还广泛涉及进出口、金融、航空食品、房产、广告传媒、机械制造等行业，集团拥有20多家分子公司。以创新促发展，迅速形成企业核心竞争力，锻造世界性航空企业品牌，实现快速、稳健、持续发展是中国东方航空集团发展战略的核心目标。

3. 中国南方航空集团公司

中国南方航空集团公司是以南方航空（集团）公司为主体，联合中国北方航空公司和新疆航空公司组建的国有大型航空运输企业，成员包括 10 个全资企业和 6 个控股企业。公司由中央管理。

中国南方航空股份有限公司是中国南方航空集团公司属下航空运输主业公司，总部设在广州，以蓝色垂直尾翼镶红色木棉花为公司标志。有新疆、北方、北京、深圳、海南有限公司 、黑龙江、吉林、大连、河南、湖北、湖南、海南、珠海直升机等 13 个分公司和厦门、广西、汕头、贵州、珠海等 5 家控股子公司；在广州、北京、上海等地共设有 17 个国内营业部，在新加坡、东京、汉城、阿姆斯特丹、洛杉矶、悉尼、巴黎、沙迦等地设有 38 个国外办事处。

中国南方航空股份有限公司是国内运输飞机最多、航线网络最密集、年客运量最大的航空公司。截至 2006 年 5 月底，南航经营包括波音 777、747、757、737，空客 A330、321、320、319、300 在内的客货运输飞机 259 架。目前，国际国内航线 600 余条，通往全球 142 个大中城市。形成了以广州、北京为中心枢纽，密集覆盖国内，全面辐射亚洲，连接欧美澳洲的强大航线网络。2005 年，公司旅客运输量 4412 万人次，连续 27 年居国内各航空公司之首。

中国南方航空股份有限公司坚持“以人为本”的管理理念，实施文化战略，以“让南航成为客户的首选，成为沟通中国与世界的捷径”为公司使命，以“南航人、客户至上、安全、诚信、行动、和谐”为核心价值观，倡导“对员工关心，对客户热心，对同事诚心，对公司忠心，对业务专心”的企业文化。

4. 海南航空股份有限公司

海南航空股份有限公司是中国民航第一家 A 股和 B 股同时上市的航空公司。公司于 1993 年 1 月由海南省航空公司经规范化股份制改造后建立，1993 年 5 月 2 日正式开航运营海南航空股份有限公司（以下简称海航），是海航集团下属航空运输产业集团的龙头企业，对所辖的中国新华航空有限责任公司、长安航空有限责任公司、山西航空有限责任公司实施行业管理。

截至 2006 年 8 月，航空运输产业拥有飞机 117 架，适用于干线飞行、支线飞行、公务商务包机飞行、货运飞行和通用飞行。其中空客机队拥有 9 架 A319 型客机，波音机队拥有 54 架 Boeing737 －300/400/700/800 型客机，5 架 Boeing767 －300ER 型客机，4 架 B737 －300QC 机，2 架 737 －300 全货机，多尼尔机队拥有 29 架 Dornier328 －300 型喷气支线客机，公务机队拥有 4 架 Hawker800XP 型豪华公务机，1 架湾流Ⅳ中远程公务机及 2 架 737 －300 公务包机，还有 7 架运七型货机。

连续 13 年，海航保持持续、快速、健康的发展态势，各项生产经营指标均呈现出持续增长势头。2005 年，海航实现年总周转量 18.10 亿吨千米，货邮运输量 16.22 万吨，旅客运输量 1280 万人次，年销售收入突破 100 亿元，跻身中国四大航空公司之列。

5. 山东航空集团有限公司

山东航空集团有限公司(以下简称山航)是国有大型一类航空运输企业，它的前身山东航空有限责任公司于1994年3月恢复筹建。

山航目前拥有波音737－300、737－800、挑战者－700、挑战者－200以及萨伯－340、塞斯纳水陆两用机和世界顶级挑战者604公务机等各种飞机40多架。并在开通国内30个省市自治区、100多个城市、240条航线的基础上，开通韩国、新加坡、日本、俄罗斯及中国香港、澳门等国际、地区航线，每周出港航班达到560架次。山航已成为雄踞山东、以中国东部发达地区为密集飞行区、航线辐射国内外的大型航空公司。山航以现代企业制度为基础，实行董事会领导下的总裁负责制。下属的山东航空股份有限公司2000年在深圳证交所成功上市(B股)。主要下属企业有:山东航空股份有限公司(上市公司)、山东太古飞机工程有限公司(中外合资)、山东国际航空培训有限公司、山东航空彩虹公务机有限公司(中外合资)、山东金平航空食品有限公司、山东航空彩虹广告有限公司、山航大厦管理有限公司、青岛国际航空物流中心、山东航空翔宇技术服务有限公司、青岛飞圣国际培训有限公司、山东航空彩虹国际旅行社、丹顶鹤大酒店等。

山航总部设在“四面荷花三面柳，一城山色半城湖”的泉城济南。在济南、青岛、北京、深圳、烟台等地设有飞行基地，在国内20多个城市设有办事机构。山航以实现“六个一流”(一流队伍、一流安全、一流管理、一流服务、一流设施、一流效益)为奋斗目标，在发展中调整，向科学管理要安全、要效益、要优质服务，在市场中把山航做富做强。

9.3 我国航空运输组织

加入世贸组织以来，我国加快融入世界经济的步伐，对外贸易额持续增长。随着企业管理水平的提高，实施企业专业化经营，将使企业对物流的需求越来越大，促使航空运量和航空物流不断增长。航空物流的发展趋势将由单一货运向多元化服务的现代物流转型，航空物流企业将加大资源建设，提高服务能力，促进物流产业化。

现代物流业对于航空货运和地区经济具有积极的促进作用，全球已形成现代物流发展的第三次浪潮，亚太地区航空物流中心建设形成激烈的竞争态势。在整个供应链过程中现代物流业以高速、安全、可靠和低成本的特点，为客户提供优质物流服务，成为企业构建竞争优势的关键。通过发展现代物流业，民航业可以扩大经营规模，提高货运能力，提高服务水平，增强企业的竞争能力。

9.3.1 航空货物运输生产组织与管理

航空货物运输生产的任务，就是承运人按照货运单上标注的发运日期和航班要求，组织运力将承运的货物运达目的地。

航空货物运输生产过程大致由货物收集、进港、运送、到港和交货等一系列的生产活动阶段组成。从生产性质上来看，航空货物运输生产可以分为两大部分，一部分是以货物收集为中心任务的货运市场组织和管理，另一部分是以货物运送为中心的进港货物运送和货物出港交付过程（这里将主要介绍后一部分）。

1. 货物运输生产计划

根据航空货运市场调查和预测结果，估算航空货物在各机场之间的流量和流向，确定本公司的市场目标和市场份额。在此基础上，航空公司将制定出货物运输生产计划，主要包括运力计划、运量计划、周转量计划、收入计划以及综合计划等。

（1）运力计划

运力计划是在市场调查和预测的基础上，根据公司飞机运力情况，预期市场目标和市场份额，计划投入航线的机型。航班数，也就是计划航线的可提供吨位。

（2）运输量计划

运输量计划是根据市场需求量预测航空公司可提供吨位和历史生产完成情况等，计划公司在每条航线上的运输量及总运输量。

（3）周转量计划

周转量计划，就是根据航线航班计划和运输量计划，制定每条航线的运输周转量计划和总周转量计划，也就是航线的运输计划。

（4）收入计划

收入计划有时也称为发运收入计划，是航空公司货运的主要收入计划，也是编制货运财务计划的主要依据之一。制定收入计划通常有两种方法：

其一，根据周转量制定

货物运输收入＝货运周转量（t·km）×单价（元/万 t·km）。

其二，根据运输量计划和运输费率制定

这种方法应用较多。计算方法是：

航线货运收入＝航线货物运输量×运输费率。

货物运输费率除考虑航线差异之外，还要考虑货物的类型、运输量、价格调整系数等因素。所以航空货物运输费率一般是根据历史平均费率和计划期费率调整情况确定的一个估算值。对于包机运输来说，运输收入则根据运输量计划中包机的飞行小时乘以包机费率得出。

根据以上方法计算的各航线货运收入之和，即为航空公司计划年度的货运收入计划。

（5）运输综合计划

运力计划、运输量计划、运输周转量计划和收入计划等，都是货物运输生产计划的一部分。在上述计划的基础上，将各分类计划的有关总量指标汇集在一起，形成运输综合计划，以反映公司计划年度的主要运输指标、收入指标和发展情况。

2. 货物进出港生产组织与管理

航空货物运输市场销售部门接收的交运货物，一般在机场组织进出港生产过程。航空公司通常委托航线机场进行货物进出港组织和管理，大型航空公司一般在基地机场自行组织货物进出港生产。

货物的进出港是一个组织严密的生产过程，有严格的工序控制和定时要求，涉及的部门多，需要统一组织和协调，密切合作共同完成。

旅客航班的航空货运生产工序定时，与客运同步进行，以保证航班正点。如前所述，航空货物运输的每一道工序，都有严格的操作规范要求和质量指标，包括载重标准、舱位标准、安全标准、完好率等。

(1) 吨位控制与配载

民航旅客运输通过座位控制和运价政策来提高乘坐率。座位控制只考虑客舱的可用座位数，整个客舱空间的使用费用已经计入每张客票之中。航空货物运输则不一样，需要通过吨位控制来提高载运率。换言之，货运既要考虑货物的体积，还要考虑货物的重量。因此，吨位控制的任务是，通过舱位预订与分配提高货舱的载运率，避免吨位浪费。超售或装运过载。

由于航空货运可以采用全货机或客货混装型飞机运输。因此，吨位控制和配载管理的原则不完全相同。

(2) 全货机方式运输

采用全货机方式运输时，吨位控制和配载过程比较单一。控制的要素有：货物体积(不能超高超长，能够进入货舱)、形状(易于固定)、货物重量(不能超重)。

(3) 客货混装方式运输

客货混装方式运输，由于必须首先考虑运送乘客，因此货运吨位控制和配载要在保证客运的基础之上进行。首先必须根据乘客的座位分布情况，按照飞机的配载要求，进行货物重量配置和位置控制，在保证飞机飞行平稳和安全的前提下充分提高飞机的载运率。

3. 航空货物运输生产指标体系

(1) 货运生产效益指标体系

①货物发运量——反映运输量的指标，为发运货物总重量之和。

②货舱利用率——反映飞机货舱的利用情况。

货舱利用率 = 实际载运货物吨数/货舱最大载量

③货运周转量——反映运量和运输距离的指标。

货邮行李周转量(t · km) = 货物(邮件、行李)重量 × 运输距离。

④发运收入——民航运输企业货物运输的总收入指标。计算方法见“生产计划”部分。

⑤运输利润——指运输收入扣除成本(包括代理费、运输费用等)以后的净收入。这一指标才真正反映航空运输企业的效益情况。

(2)货运生产质量指标体系

①货运损失赔偿率——反映货运服务质量。

货运损失赔偿率 = Dpaid/Dmade × 100%

其中，Dpaid 为赔偿金额，Dmade 为总收入。

②货损率——反映货运生产过程中货物损坏情况。

货损率 = Fbad/Ftonne × 100%

其中，Fbad 为货物损坏吨(件)数，Ftonne 为货物运输总吨(件)数。

③货差率——反映货运生产过程中货物丢失情况。

货差率 = Fwrong/Ftonne × 100%

其中，Fwrong 为货物差错吨(件)数，Ftonne 为货物运输总吨(件)数。

9.3.2 空中交通运行与管理

1. 空中交通管制

目前我国民航的航行管制，由组织生产的航行调度和实施指挥的飞行管制两部分工作组成，它的主要任务是：

(1)做好飞行的组织和保障工作。在飞行值班首长的领导下，按照飞行条例、飞行指挥工作细则及有关飞行规定，负责组织一切参加飞行和保证飞行人员、设备，有计划、有步骤地进行工作。

(2)防止飞机在空中和在机场地面活动中相撞。航行各管制部门负责维持空中交通秩序和机场秩序，防止飞机在空中发生相撞及在地面滑行时碰撞障碍物。

(3)合理控制空中交通流量。有效地利用空间、时间，提高在单位时间内有限区域的空中交通容纳量，这是航空管制工作中的技术性问题。对于一个机场、一个区域、一条航路来说，在同样的管制设备和导航设备条件下，同时的容纳量是有限的。按照一定设备条件，同时容纳量只能允许达到或接近最大的流量。所以，必须合理控制在同一时间内到达、飞经机场和在航路上的飞机数量，并不断提高机场和空间的利用率。当空中交通管制部门已明显地看出某一地区空中交通容纳量不能再增加时，应及时通知有关单位，限制飞向该地区飞机的起飞时间，并指定准许飞入该地区的时间和调配事项，以确保空中交通始终保持合理的流量。

(4)提供保障安全飞行的情况。飞机飞行期间，飞机驾驶员除靠飞机本身的设备搜集有限的与飞行有关的资料外，大量与安全飞行有关的情报都是由航行管制部门提供的。

(5)提供安全措施和建议。尽管飞行活动是依据有关规章制度进行组织和实施的，但在实际执行过程中，总会有因情况变化或主观错误而发生妨碍飞行安全的现象。根据执行规章制度中发生的问题，航行管制部门应提出进一步的安全措施和有利于飞行安全的建议。

(6)保证及时提供导航设备。飞机飞行中，无论驾驶员的技术高低和天气条件好坏，都应当使用导航设备，以保证领航的精确程度。当前我国飞行量较小，地面导航设备不采用昼夜持续开机的工作方式，而是根据管制部门的通告进行开机和关机。为保证飞机沿预定航迹飞行、正确地进近和着陆，航行管制员应根据飞机的位置报告和雷达资料，准确掌握地面导航设备的开关时间。在导航设备为空中飞机导航的过程中，航行管制员应不断注意导航设备工作状况。发现设备不正常时，应及时通告导航勤务部门检查。

(7)提供遇险飞机的情况。当飞行中的飞机发生特殊情况时，如已构成遇险、紧急或失事等情况，航行管制部门应立即将已掌握的最后资料，报告负责组织救援的单位，并尽力搜集发生特殊情况飞机的进一步资料，为搜寻和援救工作提供可靠的情报。

2. 航行管制机构

按照民航行政机构的分级体制状况设置各级指挥调度室，作为各级组织实施飞行的办事机构。各级指挥调度室除受同级首长的领导外，在业务上直接受上级指挥调度室的领导。航空站指挥调度室是最基层的航行管制单位。

指挥调度室是航行调度室和航行管制室的统称。航行调度室负责飞行的组织工作，航行管制室负责飞行的管制工作。

航空站指挥调度室由站调和机场管制塔台组成，负责组织本航空站区域内的飞行，申报飞行计划，组织各勤务保障工作，对本站区域内的所有飞行活动实施管制。飞行活动繁忙的航空站，或在同一个航空站区域内有几个机场时，通常还设进近管制室，负责飞机进场和离场的飞行管制工作。

3. 空中流量控制与管理

流量控制分为长期流量控制、飞行前一日流量控制和临时流量控制三种。

制定班期时刻表属于长期流量控制，飞行前一日航行调度预先准备工作中拟定的飞行计划，也是为了流量控制。但最关键的还是要作好临时流量控制。因为长期流量和飞行前一日流量控制，都是事前的计划和安排，有充足的时间可供考虑和更改，而临时流量控制是在实施阶段中，原定计划被打乱或者突然发生一些不利因素的临时情况，处置迟缓和错误会进一步影响流量控制，甚至会造成严重空中交通堵塞和聚集。因此，除认真搞好实施前的流量控制外，必须对临时流量控制予以重视。

流量控制主要依据飞行活动情况，机场地形和机场跑道、停机坪以及通信、导航、雷达设备条件，航行管制员的技术水平和管制单位在所辖区域内的单位时间的管制能力等因素进行。根据我国民航目前情况，在同一时间内一个航行管制员在塔台管制中的飞机不得超过五架；进近阶段管制中的飞机不得超过六架；塔台和进近管制在一起时，飞机不得超过七架；区域管制中的飞机不得超过八架。

一般情况下，可通过如下方法实施临时流量控制：

(1)限制飞机进入管制区(包括区域、进近、塔台)或者通过某一导航设备上空的时间；

(2)限制飞机到达降落站的时间；

(3)限制飞机开车、滑行、起飞的时间；

(4)在航路某一导航设备上空或者降落站等待空域上空等待飞行；

(5)调整飞行速度。

航行调度员(或航行管制员)根据飞行计划和当日的飞行动态的实际变化，已明显看到将要在某一地点既定的时间内，除已经实施飞行的飞机外，不能再容纳其他飞机行进时，或者只能按一定的速度(时间)行进时，应立即对以后飞机采取措施进行流量控制，并将对某架飞机采取的流量控制措施通知该机和有关的航行调度室、航行管制室采取相应的措施，共同做好空中交通流量控制，保证飞行畅通和安全。

9.3.3 航空港设备与工作组织

1. 航空港的主要技术设备

按照权威的国际民航组织(ICAO)制订的设计标准，机场设备主要包括飞行区、航站区和其他机场设施及机场地面交通设施等。

(1)飞行区

飞行区主要包括跑道、滑行道和停机坪等；它的各部分的宽度、坡度和间距必须同飞机性能、驾驶员技术和天气条件等相适应。

①跑道

跑道体系由结构道面、道肩、防吹坪和跑道安全地带组成。

跑道形式有：

A. 单条跑道最简单的一种跑道。

B. 平行跑道：常见的是两条和四条平行跑道。

C. 交叉跑道：当机场所在地区存在强风且风向较为固定时，如果仅有一条跑道，会受到过大侧风的影响，因而需要采用交叉跑道，以便在风强时使用其中的一条。

D. 开口V形跑道：两条跑道方向散开而不交叉称为“开口V形跑道”。

跑道类型有：

A. 非仪表跑道，它是指用目视进近程序运行的跑道；

B. 非精密进近跑道，为装有目视助航设备和至少一种能为直接进近提供方向性引导的非目视助航设备的仪表跑道；

C. 一类精密进近跑道，为装有仪表着陆系统和目视助航设备、可供飞机在决断高度低至 60m 和跑道视程低至 800m 时着落的仪表跑道；

D . 二类精密进近跑道，它与一类类似，可为飞机在决断高度低至 30m、跑道视程低至 400m 时着陆的仪表跑道；

E . 三类精密进近跑道，它是为装有能引导飞机直至跑道，并沿其表面着陆或滑行的仪表着陆系统的仪表跑道。

②滑行道

滑行道的主要功能是提供从跑道到航站区和维修库去的通道。滑行道的设计应避免同使用中的跑道相交叉，由于飞机在滑行道的速度大大小于其在跑道上的速度，其控制纵坡、竖曲线和视距的标准不如跑道严格。速度较小时允许滑行道宽度小于跑道宽度。

此外，还有一类沿跑道的若干处设计的滑行道，旨在使着陆飞机尽快脱离跑道，这类滑行道称为“出口滑行道”或“转出滑行道”。

③停机坪

停机坪是升降区的另一组成部分，它也可称为“试车坪”或“预热机坪”，通常设置于邻近跑道端部。活塞式飞机可在此作起飞前的最后检查。等待起飞机坪应能容纳 2 至 4 架飞机，并有足够的地面使一架飞机绕过另一架飞机。

(2) 航站区

航站区包括旅客航站系统、机坪门位系统、机场维护与管理系统等设施。

A . 旅客航站系统

旅客航站系统包括三部分。

第一，旅客进出航站部分：旅客从出入机场的交通方式到办理旅客进程的通道交接面。该部分的活动包括车辆流通、停车和旅客上、下车与出入机场等；主要设施包括供旅客上下机和迎送者使用的通路；为出入航站楼的车辆提供停靠位置；汽车停车设施；车辆进入航站楼的行车通道；停车设施与航站楼间的各种人行过道、地道、桥梁和自动设施；为航空货运、加油站、邮政、消防等服务的各项设施。

第二，办理旅客进程部分：办理旅客准备开始或结束其空中旅行的进程，包括办理机票和登机手续、托运和提取行李、客运检查与保安工作等。其主要设施应有为航空公司用于办理机票事务、受托和交付行李的柜台和办公场所；航站楼服务场所；旅客候机大厅及楼梯、过道等设施，发送、到达与中转行李场所；机场管理与服务场所；各种检查服务设施等。

第三，飞行交接部分：旅客从办理进程部分到登乘飞机或下机后出站。主要活动包括：旅客上下飞机和出站。其主要设施包括出站厅以及去出站厅和航站其他部分的过厅；旅客登机设备；航空公司工作场所；保安设施及航站服务场所等。

B . 机坪门位系统

机坪是航站楼与飞行场之间的连接区域。它包括停机的地面、飞机进出停机地面所用的回旋和滑行地面。停机地面上飞机应按门位停放。机坪门位的大小由飞机门位的数目、门位的大小及每个门位上飞机停放的类型确定。

飞机的停放类型指飞机停放位置相对于航站楼的样式(即机头向内、平行或成角度停放)和飞机进出停放位置的方法。

机坪围绕航站楼安排的样式称为机坪的布局，它影响机坪大小和设置要求。它由飞机门位群在建筑物周围的布局、飞机流量和滑行模式等因素决定。

(3)其他机场设施

在货运量大的机场，应将处理货物运输的系统与旅客运输系统分开。但机型大型化后导致客货混合作业时间的延长，故在规划机坪门位系统时应考虑货物处理问题。这里，货物包括空运货物和航空邮件。空运货物是在飞机与航站楼之间由航空公司或货运商运送，有时需要给运货卡车规定专门道路;空运邮件通常是用车辆直接运送至机场邮件中心。为避免延误旅客作业，应当采用高效率的装卸设备，常见的是装卸 - 运输联合机，它可减少机坪上设备数量。升降式装卸机适用于有不同机舱门槛高度的飞机。

除此以外，机坪上还需要有一些其他设施提供各种服务。如用加油车、加油井和加油栓提供加油服务;发动机起飞前可能需要提供外来电力起动发动机;机坪上应有接地装置对停放飞机提供静电保护等。

充分的灯光和标志对机坪是必要的，一般应对每个门位提供泛光灯，但高架灯光系统更好。油漆引导线对飞机在机坪上的运转是有帮助的。

对有喷气式飞机的机场，需要有防吹屏，以保证候机旅客、航空公司工作人员免受飞机尾流及发动机烟雾的伤害。防吹坪应设置在发动机维护检查地区，靠近公路、街道、房屋或其他开发区的飞机跑道的起飞端。

救援与消防设施是机场规划与建设中不可忽视的组成部分。根据现代救援和消防实践经验，为保证在最短的时间内作出反应，可采用两种车辆来处理机场航空器事故:一是快速介入车辆(RIV)，它是一种小型轻便车，加速能力强，速度快，可在困难地面下行驶;二是大型救援车辆，可根据需要装载灭火材料，其最高时速可达 100km，运行速度可达 80km，具有一定的清障能力及通过洼地和积水障碍物所需要的牵引和浮游特性。

(4)机场地面交通设施

机场地面交通包括出入机场交通和机场内交通两部分。机场内交通设施包括:供旅客、接送者、访问者、机场工作人员使用的公用通道;供特准车辆出入的公用服务设施和非公用服务道路。出入机场的地面交通不仅要为旅客服务，还要为接送者和机场工作人员服务。

出入机场的主要交通方式有五种:私人小汽车，出租汽车，机场班车，公共汽车，市郊与轻轨铁路系统。

2. 航空港的工作组织

值机柜台

※ 思考题

1. 航空运输有何特点？
2. 简述航线网络的结构形式。
3. 我国主要的航空公司有哪些？
4. 货物运输生产计划的主要内容有哪些？
5. 简述我国航空体制改革的主要内容。
6. 简述航空运输在现代物流中的地位。

案例讨论

日本索尼公司的全球物流
——充分发挥全球物流供应链作用

索尼集团公司之所以能在国际市场上长久立于不败之地，奥秘是竭尽全力接近客户，"想客户之所想，急客户之所急"。凡是客户想到的，索尼争取先想到；凡是客户还没有来得及想到的，索尼必须抢先想到。

几年以前，索尼集团公司曾遇到这样一件事情，欧洲市场客户急需当地市场已经断档多时的索尼牌超高速凸轮缓冲器，这种用于电视接收设备的产品当时只在日本本土生产，在欧洲和世界各地的索尼公司均不生产，这种产品以往都是通过集装箱海运发往世界各地。索尼集团公司最高执行官当即决定，急事特办，采用运价比海运高出十几倍的空运物流方式把凸轮缓冲器运到欧洲国际市场和其他急需这种产品的市场。满足市场需要是索尼的最高宗旨，只有实现这个宗旨，索尼才能有生存的明天。如果索尼集团当时不这样做，欧洲和其他地区的零售商货架上一找不到索尼产品，消费者就必然会另外寻找途径，索尼就会逐渐失去这一地区的市场，就等于把竞争的主动权拱手让给对手。

“商场如战场”，商家最怕“一棋不着，全盘皆输”的结局。索尼当然不是例外，虽然在缓冲器产品的物流上多赔了一些运费，但用局部的牺牲赢得了全局的胜利，保持和扩大了索尼的市场信誉和占有率，使索尼公司产品名扬天下。

索尼集团公司的物流理念是，必须从战略高度去审视和经营物流，每时每刻都不能忽视物流。满足消费者或客户的需要，满足市场的需要是物流的灵魂，索尼集团麾下的各家公司必须紧紧跟随市场的潮流。

索尼集团公司所需要的物流，涉及到采购、生产和销售几个项目，但往往是在不同地区和不同供货商、不同的承运人商谈不同的物流项目，如索尼公司在北美和亚洲的物流谈判就不包括采购项目，在欧洲的物流谈判就包括采购项目。这是因为索尼是跨国经营集团，要做的是全球性的物流，需要的是全球性物流供应链管理。随着市场经济的快速发展，索尼公司不可能把某一个特定消费市场的所有产品全部生产出来，倘若分布在世界各地的索尼子公司能够把工厂所在地四周和附近市场所需要的产品全部生产出来，把本地的这些市场全部包下来，那是最理想不过的。但是在实际操作上，这是不可能的，因为这里有一个产品成本问题。为了既要把市场包下来，同时又要保证产品成本不会增加，索尼集团公司鼓励各地区索尼子公司互相协作，尽量从别的地区寻找本地区缺乏而又必需的零部件产品。索尼集团公司每年在物流上的花费，包括零部件和制成品物流费用，大约占其全球经营总收入的7%，而零部件物流的费用又占生产总成本的6%。由于生产总成本占索尼集团总公司全年总收益的80%，那么，其零部件物流成本部分占索尼集团总公司年总收益的4.8%。此外，根据该公司的统计，索尼集团公司的成品物流费用占集团销售、综合和行政管理成本费用总额的10%，而销售、综合和行政管理成本费用总额又占总收入(revenues)的20%。

过去，当被托运的货物无法装满整箱的时候，要么就地等候其他货物来拼箱，要么浪费箱内容积，高成本发运货物。为了进一步降低物流成本，索尼集团公司常常根据实际需要，办理集装箱货物的“多国拼箱”。比如，索尼公司把半箱货物的集装箱从某一个产地发往新加坡或高雄，在那里把另外一种产品补充装入箱子，变成满箱货物，然后继续运输，直至北美或者欧洲某目的港。这种方法的最大好处，首先是避免了等候时间。因为集装箱运输时间本身就是用金钱买来的；其次是降低了成本，同时也大幅度缩短了通关时间。现在索尼集团已经把新加坡和高雄作为索尼产品“多国拼箱”的集装箱枢纽港。其他方法如满箱货物的“工厂直接装箱”，或者在一个国家内的几家索尼子公司的产品进行这一个国家内的拼箱业务。索尼集团目前把这些物流服务委托给香港东方海外集运公司和马士基海陆船务公司。索尼集团公司在对美国的跨太平洋出口贸易航线上，常常把产品集中到北美内地某一个配送中心站，或者把货物运送到洛杉矶附近的物流中心进行中转或者拼箱，充分发挥索尼集团在北美的亚特兰大、纽约和洛杉矶等地区拥有的仓储力量。索尼集团又利用欧洲荷兰的仓储作为其拼箱中心。凡是准备运往东欧地区的货物先从其他各国进口集中到这个拼箱中心，然后再发送到东欧各地的配送站。而发往莫斯科的货物是先运往芬兰的赫尔辛基，然后再从那里转运到莫斯科和俄罗斯腹地。

为了更好地为客户服务，索尼集团总公司对每家索尼物流公司提出了以下三个要求：一是竭尽全力缩短从产品出厂到客户手中的过程和所用的时间，特别是要缩短跨国转运、多式联运和不同类型运输方式之间货物停留时间，必须做到“零停留时间、零距离、零附加费用、零风险”的物流服务；二是大力加强索尼集团公司和物流链服务供应方之间的合作关系，始终保持电子数字信息交换联系的畅通；三是在东欧地区和中国大陆迅速建立起索尼物流的基础设施，这也是索尼物流公司当前最紧迫的任务。

讨论问题：

1. 为什么说满足市场需要是索尼的最高宗旨？
2. 索尼集团公司的物流理念是什么？
3. 对索尼公司的“多国拼装”方法，你有什么感想？

第10章 管道运输 10

＊本章主要内容

- 管道运输的概念及特点
- 我国管道运输的发展
- 我国油气管道的地区分布
- 我国“十五”、“十一五”时期油气管道建设项目

＊引导案例

社会在前进，经济在发展，交通运输业也在不断地变化与发展，各种运输方式相应地由各自单独作业朝着相互影响、相互联合、相互协调的方向发展。铁路、公路、水运、航空和管道等五种运输方式在具体的交通运输过程中都会发挥各自的优点，相互结合、相互协调，为交通运输体系更好的服务。各种运输方式按各自的特点分工协作、相互制约、相互协调，形成统一的综合运输体系，从而使交通运输达到效益高、费用低总质量高的特点。

作为与铁路、公路、航空、水运并驾齐驱的五大运输方式之一的管道运输，在输送流体物质方面具有悠久的历史，古罗马的水管道和中国东汉时期四川自贡一带利用打通的竹子输送天 然气和卤水熬盐的事实可以证明这一点。现代管道运输始于 19 世纪中，1865 年美国宾夕法尼亚州建成第一条原油输送管道，而它的进一步发展则是 20 世纪开始的。管道运输的发展是和石油工业的发展密切相关的，二次大战后石油工业的发展，使管道运输进入了一个新的阶段，各产油国竞相开始兴建大量石油及油气管道。20 世纪 60 年代开始，输油管道的发展趋于采用大管道、长距离，并逐步建成成品油输送的管

网系统。同时，开始了用管道输送煤浆的尝试。截至目前，全球的管道运输承担着很大比例的能源、物资运输，包括原油、成品油、天然气、油田伴生气、煤浆等。其完成的运量常常大大高于人们的想像(如在美国接近于汽车运 输的运量)，一般人很少注意到它的地位和作用。近年来，管道运输也被进步研究用于解决散状物资、成件货物、集装物资的运输，以及发展容器式管道输送系统。

10.1 管道运输的概念及特点

10.1.1 管道运输的概念

管道运输是指主要利用埋藏地下的运输管道，通过一定的压力差而完成的商品(多为液体货物)运输的一种现代运输方式。

10.1.2 管道运输的特点

管道运输与其他运输方式是相辅相成的，而且有其独特的优势。适宜管道运输的货物采用管道运输后，为其他运输腾出运力，承运更多的更经济更安全的货物。作为流体物质运输的主要方式，管道运输有其显著特点，主要表现在以下几个方面：

1. 运量大。一主条输油管线可以不断地完成输送任务，根据其管道的大小不同，其通常的运输量可达数百万吨，甚至过亿吨。

2. 占地少，建设投资低，受外界影响小，可以连续运行，安全性高，运输迅捷。运输管道通常埋在地下，其占用土地很少，运输管道可以走捷径，可以缩短起诡点的运距。

3. 稳定性强。管道运输受气候条件影响小，并很少出现机械故障，便于长期稳定运行。

4. 施能低，效益高，成本低。管道运输能力大，单位能耗小，管道运输自动化程度高，占用劳动力小，对货物的损坏和损失都较小，有利于环境和生态保护。管道的低速输送也可视作免费储存的一种形式(但也增加了存货成本)，因此，管道运输的成本很低。

5. 灵活性差，只适用于定点、量大的流体物质运输。管道运输不如其他运输方式灵活，除水运的货物比较单一外，它也不容随便扩展管线，实现“门到门”的运输服务，对一般客户而言，管道运输要与其他运输方式(铁路运输或公路运输)配合才能完成，因而，管道运输一般认为缺乏伸缩性，它只是为有限的地区和地区内的有限地点提供服务，并且也只能单向运输。此外，由于运输技术上的原因，它实际上排除了批量小的运输。

因此，管道运输主要担负单向、定向、量大的流体货物(如石油、油气、煤浆、某些化学制品原料等)运输。另外，在管道运输中利用容器包装运送固态货物(如粮食、砂石、邮件等)，也具有良好的发展前景。

10.2 我国管道运输的发展

中国是世界上最早利用管道进行运输货物的国家之一，但其发展缓慢。新中国成立前，我国石油、天然气产量很少,曾被国外地质权威称为贫油国，没有大规模发展管道运输的客观条件，中国的长输管道几乎为零，仅在抗日战争期间修建过一条管径为 150 毫米、长 4800 千米的野战管道，把印度加尔哥达的输油管线延伸到我国云南省的昆明和曲靖，自抗战胜利后即被废弃拆除。新中国成立以后，1958 年新疆克拉玛依油田开发后，才自行设计建造完成了克拉玛依——独山子炼油厂的两条平行输油管道(全长 300 千米)，它标志着中国的长输管道建设掀开了新的一页。此后，随着大庆、辽河、胜利、华北、中原等东部油气田和四川、新疆、长庆等西部油气田的开发，又相继建成了一定规模的大型油气长输干线管网,管道运输才得以发展。伴随着油气资源的开发，呈现出三个发展阶段:

(一)20 世纪 50 年代末和 60 年代，是中国管道建设的起步阶段

1958 年在新疆建成了我国第一条长距离原油输送管道,从克拉玛依油田至独山子炼油厂。同年在四川永川县也修建了我国第一条天然气管道，从黄瓜山到永川化工厂。1961 年又建成四川石油沟到重庆九龙坡钢厂的天然气输送管道，长 55 千米，它还是第一次穿越长江的管道。随着四川天然气的开发，从 1966 年起，又开始大规模地修建四川天然气南半环的管道网。1962 年我国油气管道长度还不足 400 千米，到 1970 年已发展到 1615 千米。这一时期天然气管道的发展较快，并且集中分布于四川。而原油管道的发展却较慢，原油管道布局也主要集中在克拉玛依、大港和胜利等油田。这些管道除与铁路运输相衔接外，各自独立，互不相联。当时原油产量最多的大庆油田，仍然主要依靠铁路来外运原油。

(二)20 世纪 70 年代是我国管道建设的兴盛时期

随着大庆、胜利、华北、辽河、中原和大港等一批大中型油田的相继开发，东部地区形成了管道建设高潮。10 年内新增油气输送管道 8254 千米，总长度达 9870 千米，初步建成东部地区油气管道网。

(三)20 世纪 80 年代至 90 年代是管道建设处于周期性发展和调整时期

这一时期管道建设主要是提高现有管道的外输能力，同时新建和完善正在发展中的油田外输管线。20 世纪 80 年代初全国原油产量维持在 1 亿吨左右。1982 ~ 1984 年末建成新的原油管道。80 年代中期原油产量又有较大增长，新建了中原油田和辽河油田的原油外输管道，同时建设了一批原有管道的复线。这一时期天然气管道的发展：①80 年代末建成了四川北部输气干线;②1985 年建成国内第一条有压气站的中沧天然气长输

管线;③输送油田伴生气的管线开始进入大中城市，如通往开封、沧州、北京和天津等城市的输气管线，所输的油田气分别用作化工原料和民用燃料。90 年代输气管道建设成为重点，新增天然气输送管道在 2000 千米以上。

10.3 我国油气管道的地区分布

我国油气输送管道经过多年来的建设与发展,已具有一定规模，它们分布所涉及的区域范围较广。从管线的相互联系和分布位置的特点看,大体可归纳为东北(京津冀、黄淮、长江中游、四川盆地和新疆)六个管道相对集中分布区。各分布区的特点如下:

10.3.1 东北管道分布区

本区有大庆、吉林、辽河三大油田，石油、天然气产量分别占全国的 52% 和 30%。原油有一半经管道、铁路和水运调往区外或出口，另一半在区内加工，同时还有近千万吨成品油南运进关。区内有各类管道 95 条，总输油气里程为 4311 千米，其中里程超过 100 千米、输油能力大于 250 万吨/年的原油管道共有 8 条。东北区管线以始发于大庆油田的为最多，共有 50 余条。管网分布呈树状，其中长输干线有庆铁、铁大和铁秦等管线。庆铁线长 520 千米，北起大庆林源，南到辽宁省铁岭，是一条管径为 720 毫米的复线管线，年输油能力多达 4000 多万吨，占大庆油田原油外运量的 90% 以上。

铁岭是东北地区管道网的枢纽站，大庆原油经庆铁线到铁岭后，再转经们三条干线向外输送。①铁岭至大连钻鱼湾油码头的铁大线，全长 436 千米，年输送能力 2300 万吨。大庆原油经大连水运出口到日本、美国、新加坡和澳大利亚等国家，并供应上海、南京和茂名等各炼油厂及石油化工企业。其支线分别连接大连石油七厂、鞍山、营口大石桥和大连瓦房店。②总长 77 千米、能力 2000 万吨的铁抚线，将原油经抚顺后送往石油一、二、三厂和大官屯。③入关的铁秦线，由铁岭至秦皇岛安民寨，长 454 千米，1 年输送能力 2000 万吨。大庆原油经秦皇岛一方面水运供应沿海或沿江的上海、长岭、广州、茂名、浙江、南京、安庆、九江和武汉等炼油厂和石油化工厂;另一方面经京秦管线送往北京。

辽河油田有油气管道 27 条，油田管网以油田为中心呈半环状展布。输油管道七条，总里程 347 千米，其中西至锦西、东到鞍山的输油管线分别长 111 和 109 千米，输油量占产量的半数以上。其次分别通往辽阳、抚顺和油田炼油厂等地。天然气管线 20 条，总输气里程 799 千米，年输气能力 28 亿立方米，分别通往营口、鞍山、辽阳、盘锦、新民、台安、黑山、锦县、盘山、沈阳和本溪等地，保证了周围一大批天然气化工企业和居民消费用气。

言林油田共有油气管线 13 条，但尚无长输管线。油田原油管道 6 条，总长 84 千米，分别通往扶余、前郭炼厂和电厂及油库。天然气管线 7 条，总长 80 千米，分别通往农安、双阳和长春等地。

10.3.2 京津冀管道分布区

京津冀地区管道网主要分布于北京、天津和河北省南部及东部。区内有华北、大港和冀东油田，以及北京、天津、石家庄、保定和沧州等一批油气加工企业。华北和大港油田管道原油输送量分别约占原油总运量的 8% 和 90%。冀东油田由于开发较晚且目前规模较小，原油主要依靠铁路运往天津 炼油厂和石家庄炼油厂。各主要油气加工企业的油气供应也基本由管道承担。全区油气管道共有 23 条，总里程 1000 多千米。其中输油管道 15 条，总长 1197 千米。输气管道 8 条，总长不到 200 千米。该区东部经京秦线和南部经鲁宁、临沧支线，分别与东北地区和黄河中下游地区的管道网相连接。

区内干线油气管道主要有：①京秦输油管道，从秦皇岛安民寨至北京房山石楼，东接铁秦线，输油里程 347 千米，年输油能力 600 万吨，每年将 300 多万吨大庆原油供北京燕山石油化工区。②华北油田至北京输油气管线'OJ 某中输原油管道于 1976 年建成，长 114 千米，从河北任丘至北京燕山石油化工区，年输油能力 1000 万吨。天然气管线于 1985 年建成，从别古庄经永清到北京，长 78 千米，每年供气约 1 亿立方米。华北油田除向北京输油和输气的管线外，尚有原油和天然气管线 4 条，分别通往石家庄、沧州、雄县、油田炼油厂和雄县、固安、辛集、任丘等化肥厂。大港油田有管线 7 条，主要服务于周围地区。

10.3.3 黄淮管道分布区

黄淮地区管道网主要连接着黄河中下游的中原油田和胜利油田、黄岛和仪征的原油码头以及一些石油炼厂和石油化工企业，并且北同华北管道网相连。

山东临邑站是本区甚至是整个东部地区管道网的重要枢纽站。以临邑为中心的原油管道，东经胜利油田可达青岛黄岛原油码头，西经中原油田可抵达洛阳炼油厂，南由鲁宁大干线通到长江边的仪征原油码头，北可同沧州炼油相接。区内油气长输干线主要有：

1. 仪征——临邑原油管道。1978 年建成，输油里程 665 千米，管径为 720 毫米，年输油能力为 2000 万吨。采用加热输送工艺。该管道汇集了胜利油田、中原油田、华北油田和大港油田的原油，向南输到长江边的仪征港，然后再经水运转往长江沿江各炼油厂和石油化工厂。

2. 临邑——沧州原油管道。1978 年建成，529 毫米管径，长 165 千米。它是黄淮地区管网同京津冀地区管网相互连接的重要管线。

3. 胜利油田原油与天然气外输管线。输原油干线以东营泵站为首站，向南为 1965 年和 1977 年建成的东营至齐鲁石油化工总厂的东辛复线，管径均为 426 毫米，年输送能力分别为540万吨和410万吨，长度为79千米和78千米。后者专门输送胜利油田含硫的原油。向东为1974年和1986年建成的从东营到青岛黄岛的东黄复线，全长分别为249千米和246千米，管径分别为529毫米和711毫米。经黄岛输出的原油主要供出口或供应沿海、沿江各炼厂。向西为1978年建成的东营至临邑线，长171千米，管径为529毫米，通过该线可与鲁宁管线相通。

4. 中原油田油气外输管线。主要有2条输油管线和1条输气管线。输油管线自濮阳往东到山东临邑，长242千米,377毫米管径,1979年建成。自装阳往西到洛阳，长284千米,273毫米管径,1985年建成。输气管线为侯阳至河北沧州的中沧管线，长262千米,426毫米管径。

10.3.4 长江中游管道分布区

长江中游管道分布区主要联结河南和江汉两个油田。它独立于上述东部地区管道网。该管道区有魏刑和潜荆两条主要输油管线,分别将河南油田和江汉油田的原油送到荆门炼油厂。魏荆线自河南魏岗至荆门炼油厂，长226千米;潜荆线自湖北潜江至荆门炼油厂，长76千米。

10.3.5 四川盆地管道分布区

四川是全国天然气管道最集中的区域，已形成较完善的网络。到目前为止,各气田已建成干、支线125条，长5818千米，约占全国输气管道长度的2/3，形成了川东——重庆——合江——纳溪——自贡——成都——德阳——绵阳——江油的南半环输气干线和川东——渠县——南充——遂宁——成都的北半环输气干线，为四川天然气的南北输送和东西调运提供了便利条件，保证了西南数百家大小工业企业生产和数十万住户的生活用气。四川盆地的管道网密度已达2.22千米/百平方千米。

随着陕甘宁油气田的开发1997年9月自陕甘宁气田靖边至北京的输气管线建成投产。该管道跨三省一市，全长866千米，管径660毫米，年设计输气量40亿立方米。这是我国陆上天然气输送距离最长4管径最大、自动化程度最高的输气管道。与此同时，靖边至西安的输气管道也建成投产。该管线长488千米，管径426毫米，年输气能力7.5亿立方米。

10.3.6 新疆管道分布区

新疆是全国主要石油生产基地之一，也是我国最早建设原油管道的地区。1997年全疆已建成原油管道6条，延展里程1000多千米，年输油能力1000多万吨，已建成天然气管道4条，长100多千米。其中最主要的干线有两条:一条是从克拉玛依油田到独山子炼油厂的克独线，该线即1958年建成的我国最早的原油长输管线，现已修成复线，长 147 千米。另一条是从克拉玛依油田到乌鲁木齐市王家沟的克乌复线，于 1973 年和 1981 年先后建成，分别长 259 和 293 千米。克拉玛依原油到王家沟后，一部分经长 30 千米的王化管道支线供乌鲁木齐市石化总厂，另一部分转由铁路外运。1990 年新疆外运原油已达 200 多万吨。主要运往兰州、洛阳和玉门各炼油厂。1997 年新建成至部善输油管道，管径 610 米，全长 475 千米，输油能力 1000 万吨/年。轮南至库尔勒输气管线，管径 610 毫米，全长 192 千米，输气能力 12 亿立方米。

10.4 我国“十五”、“十一五”时期油气管道建设项目

为了适应我国社会经济的不断发展，我国将在未来的一段时期内，进行以下的国内管道和跨国管道建设项目。

10.4.1 原油管道

1. 俄中原油管道。为了合理利用外部资源和实现进口原油来源的多元化，中国计划从俄罗斯通过管道进口原油。这一从俄罗斯经蒙古到达中国华北的跨国管道全长 2400 千米，其中在中国境内 700 千米，原油输送能力为 300 万吨/年。

2. 海进江原泊管道。为了满足华东地区石化企业的原油需求，从国外进口的原油到达浙 江舟山地区的深水油港后，通过管道再转输到厂。这些进口原油，从舟山通过海底管道在上海登陆，再通过陆上管道输送到各企业，管道系统全长 497km(包括海底管道 180km)，原油输送能力为 3000 万吨/年。

3. 沿江原油管道。在长江南京以上一带，集中了石化集团的五个炼厂，所需原油绝大部分经长江水运到厂。原油江运存在运费高，损耗大，容易引发事故，加重长江水域污染，并受汛期和枯水期影响等诸多不利因素。建设从南京至岳阳的沿江原油输送管道，全长 938 千米，原油输送能力为 1800 万吨/年。

10.4.2 天然气管道

1. 西气东输

这是中国管道运输历史上一个最宏伟的计划。作为中国政府推动西部开发，改善国家能源和产业结构，保护环境的一个战略性举措，已被列入今后一段时期的重要工 作内容。这一从新疆到上海，横贯中国长达 4200 千米的工程，将会把新疆的资源优势变成经济 优势，大大促进新疆和沿线地区的经济发展，增加财政收入和就业机会，具有巨大的经济效益和社会效益。

2. 忠县——武汉天然气输送管道

为了开发四川盆地丰富的天然气资源，满足华中和东部 地区对天然气的需求，规划

并将实施从重庆市忠县至武汉，并进一步向南京、长沙延伸的天然气管道工程。该输气管道长度800千米，天然气输送能力为30亿立方米/年。

3. 涩北气田——西宁—兰州天然气管道

该管道的气源来自青海西北部的涩北气田，管道 将天然气输送到西宁市和兰州市。该输气管道长度953千米，天然气输送能力为30至50亿立方米/年。

此外，为了满足中国南部地区对天然气的需求，中国政府批准了在珠江三角洲一带的进口天然气项目，利用进口ING气化后通过管道供应深圳、珠海、广州等城市。ING的进口量首期为300万吨/年，以后逐步扩大到6000万吨/年。在更长远的将来，随着中国油气供需缺口的加大，实现国外资源对国内资源的战略接替已势在必行。为此，中国将进一步开拓国外油气开发市场，扩大合作，建设大规模的进口输油(气)长输管道。这些跨国输油(气)长输管道的油气来源主要是俄罗斯和中亚，并通过中国向韩国、日本转口。目前进入磋商阶段的项目有：

1. 西西伯利亚——上海输气管道

全线总长5000~6000千米，中国境内2500~3000千米，从新疆入境，在新疆吐哈与“西气东输”管线连接，通往江苏省连云港市，最后分别到上海和日本。输气量为300亿立方米/年，中国境内用气200亿立方米，出口日本100亿立方米。管线的供气年限30~40年。

2. 伊尔库茨克——日照输气管道

全线总长3364千米，从内蒙古自治区入境，通往山东省日照市，从日照出口韩国和日本。进入中国境内气量为200立方米/年，中国境内用气100亿立方米，出口韩国、日本100亿立方米。管线的供气年限30~40年。

3. 萨哈林——沈阳输气管道

全线总长1810千米，从黑龙江省入境，通往辽宁省沈阳市。进入中国境内气量为50~100亿立方米/年。管线的供气年限30~40年。

4. 中亚——中国东部输气管道

全线总长5730千米，从新疆伊宁入境，直至江苏省连云港市，从连云港分别至日本、至日照出口韩国。进入中国境内气量为300亿立方米/年。该管线对弥 补国内天然气短缺，为进一步利用中东的油气资源有长远战略意义。

10.4.3 成品油管道

作为管道运输中的最薄弱环节和最利于优化交通运输结构的成品油管道运输，在今后一段时期将会有一个大的发展。这无论对于降低成品油的运销成本，还是缓解铁路运输紧张局面等，都是一个快捷有效的手段。而1998年中国石油和石化两大集团的重组，更加快成品油管道的建设步伐。这些成品油管道包括：

1. 兰州——成都——重庆成品油管道

在确定新疆地区原油资源近期以大幅增产的情况下，新疆原油的大规模东输计划被成品油东输取代，将西北地区的资源、优势转变成经济优势，建设这一成品油输送管道，管道全长 1300 千米，最大输油能力为 750 万吨/年。

2. 西南成品油管道

为了解决西南地区的广西、贵州、云南三省区的成品油运输供应问题，降低运输成本，建设该成品油输送管道。管道全长 1500 千米，输油能力为 100 万吨/年。

3. 镇海——南昌——长沙成品油管道

在沿长江炼厂获得原油资源的成本越来越高，炼油能力不能扩大，江南地区成品油需求增长主要靠沿海炼厂提供的情况下，为实现东油西调，建设这一成品油输送管道。管道全长 1112 千米，输油能力为 1000 万吨/年。

※ 思考题

1. 管道运输具有哪些特点？

2. 我国管道运输的发展经过了几个阶段？

3. 我国的油气管道主要有几条？

第11章 国际多式联运

11

＊本章主要内容

- 国际多式联运的涵义
- 国际多式联运基本形式
- 国际多式联运优越性
- 国际多式联运输业务

11.1 国际多式联运涵义

对国际多式联运的定义，有许多不同的说法，可以根据下面定义来理解其正确的涵义：

按外国的说法，“多式联运是由一个经营人组织，运用统一的货运单据，将货物由一种运输工具到另外一种运输工具的集装箱货物的运输”。

按我国习惯说法，国际多式联运是指通过两个以上国家或地区，由一个承运人(运输企业或运输代理企业)负责承运，使用两种以上运输方式或两种以上运输工具，实行“一次托运，包干计费，一票到底，全程负责”的跨国衔接运输或直接运输。

11.1.1 国际多式联运的发展概况

任何一种新运输方式的出现，总离不开科学技术的发展、贸易结构的变化、经济的发展、经营管理的变革，以及为社会服务。

1. 货物流通过程的变化

在经济高速发展的时代里，任何一个国家所面临和关心的主要问题都是如何降低单位生产成本，提高经济效能，扩大销售市场，使商品生产多样化。满足市场的需要经过相当一段时间的努力，许多工业发达国家首先实现了这一目标，但随之又出现了另一个问题，就是在生产过程的合理措施已达到一定程度时，货物流通过程怎么办？社会产品从生产领域到消费领域必须经过流通领域，没有流通过程，便不会实现社会产品的使用价值。流通过程不创造新产品，但创造新价值，而且，最终又增加了产品的价值。因为，无论是产品的包装、储存、运输和装卸都要消费劳动，要有人来完成这一工作。此外，还要有资金建造仓库，购置包装材料和运输工具，加装卸机械设备。增加了的价值就是流通成本，是构成价格条件的主要部分。而经济却要求在流通过程中增加的价值越小越好。因此，要尽量节省流通过程中的劳动消耗，最大限度地降低流通费用。流通过程的主要环节是包装、储存、运输、装卸，虽然同一环节都在进行不断改革，但只有在出现集装箱的多式联运之后，才使流通过程发生了巨大的变化。

2. 货物运输方式的变化

集装箱运输的产生不仅对运输业本身，而且对于与运输业有关的其他工业部门均带来了很大的变化。它不仅能给货主节省包装费用、运费、保险费，还能大大缩短货物装卸时间，提高运输工具的周转率。追溯集装箱运输的发展历史可以发现，世界各国对集装箱的使用，首先都是从铁路、公路运输开始的。

在集装箱运输发展同时，科学技术突飞猛进，电子计算机技术被广泛应用于运输的各个领域。目前，世界上许多船公司积极开展计算机管理，建立计算机国际联机网络。通过这种国际联机化，可随时掌握集装箱的动态和盘存管理，从而大幅度提高管理的效率。同时，通过由计算机处理订舱业务和编制各种货运单证，从而实现对海上运输、集装箱维修保养和内陆运输控制的一体化管理。无疑，科学技术的这一发展，又使传统的交通运输方式得以改变，经济效益得到提高，从而进一步促进了国际多式联运的发展。

3. 货物贸易结构的变化

第二次石油危机后，世界经济贸易结构发生了很大的变化。发达国家的工业品出口结构更趋高级化，且经济重心由重、化工业转向电子技术为代表的高、精、尖产品，所谓进入了产品“轻、薄、短、小、精加软件的时代”。在这种情况下，为避免贸易摩擦，实现进出口贸易的平衡，巩固自己的竞争地位，发达国家的生产商先后在销售地发展自己的生产、加工、销售等基地。与此同时，发展中国家为了摆脱发达国家的控制，避免失去国际市场，努力发展本国经济，向工业化目标发展，从单纯的出口原材料变为在本国加工，制成半成品或成品。这样做，一方面满足本国的需求，以取代从发达国家的日用品进口，另一方面则用于出口，获得外汇。制成品贸易的发展，适箱货源的不断增加，为集装箱的多式联运创造了条件。

由于这种经济贸易结构的变化，原材料的海运量下降，加之部分具有较高价值的货物改由航空运输，给海运业带来很大影响。船舶吨位过剩，船、货比例失调，航运市场竞争日趋激烈。为了在竞争中求生存、谋发展，航运业面临着对传统运输方式的改革，开始进入铁路、公路、航空非海运领域，即所谓"登陆上天"。在科学技术和世界经济贸易结构发展的同时，社会产业结构中第三产业的比重不断增加，运输业的各种经纪人业务迅速发展，也就是出现了服务社会化的趋势。在信息社会高度发展的情况下，信息不受任何行业、区域、国界的限制，只要掌握信息，能提供货主所需要的优质服务，即使不拥有硬件(运输工具)，也可以通过软件(信息、市场经营)控制硬件。

因此，在国际多式联运方式下，无船承运人、国际货运代理人等不断涌现。

4. 经营方式的变化

国际多式联运业务开展之前，各种运输方式经营者各自为政，自成体系，因而其经营的范围十分有限，但一旦进入国际多式联运业务，其经营范围可大大扩展，并可最大限度地利用自己所拥有的设备、设施。对其他行业者来说，则可避免不必要的重复投资。由于发展了国际多式联运，打破了行业界限，各承运人可选择最佳运输方式、路线，组织合理运输，提高运输组织水平，协调各种运输方式的衔接。这样做的目的是在提高运输效率的情况下，降低运输成本。

通过国际多式联运，提供优质服务，方便了货主。货主只要指定交货地点，运输经营人在条件许可下将各种运输方式组合起来，设定最佳运输路线，提供统一货运单证、统一责任限制、统一费率。因此，货主对多式联运 的要求日益高涨，并与国际运输业者一起致力促进国际多式联运的发展。

货入工厂或仓库装箱后，可直接运送至收货人的工厂或仓库。运输途中换装时无须掏箱、装箱，从而减少了中间环节。尽管货物经多次换装，但由于使用专业机构装卸，且又不涉及箱内的货物，因而，货损货差事故、货物被窃大为减少，从而在一定程度上提高了货运质量。此外，由于各个运输环节的各种运输工具之间配合密切，衔接紧凑，货物所到之处中转迅速及时，大大减少货物停留时间。因此，从根本上保证了货物安全、迅速、准确、及时地运抵目的地。

11.1.2 国际多式联运的基本形式

基于不同的角度，多式联运可分为不同的形式。比如，按运输方式的不同，可分为海陆联运、铁公联运、海空联运、陆空联运等基本形式。根据联运组织方式和体制的不同，国际多式联运以可分为协作式多式联运和衔接式多式 联运两大类。

1. 协作式联运

协作式联运，是指两种或两种以上运输方式的不同运输企业按照统一的公约、规章或商定的协议，共同将货物从接管货物的地点运到指定交付货物的地点的联运。

在协作式多式联运下，参与联运的承运人均可受理托运的托运申请、接收货物、签署全程运输单据，并负责自己区段的运输生产，后续承运人除负责自己区段的运输生产外，还需要承担运输衔接工作，而最后承运人则需要承担货物交付以及受理收货人的货损货差的索赔。在这种体制下，参与联运 的每个承运人均具有双重身份，对外而言，他们是共同承运人，其中一个承运人或代表所有承运人的联运机构与发货人订立的运输合同，对其他承运人均有约束力，即每个承运人均视为与货主存在运输合同关系；对内而言，每个承运人不但有义务完成自己区段的实际运输和有关的货运组织工作，还应根据规章或约定协议的规定承担风险和分配利益。

2. 衔接式多式联运

衔接式多式联运是指由一个多式联运经营人综合组织两种或两种以上运输方式的不同运输企业，将货物从接管货物的地点运到指定交付货物的地点的联运。

在实践中，多式联运经营人既可能由不拥有任何运输工具的国际货运代理、场站经营人、仓储经营人担任，也可能由从事某一区段的实际承运人担任，但无论如何，他都必须持有国家有关主管部门核准的许可证书，能独立承担责任。

在衔接式多式联运下，运输组织工作与实际运输生产实现了分离，多式联运经营人负责全程运输组织工作，各区段的实际承运人负责实际运输生产。在这种体制下国际多式联运经营人也具有双重身份，对于货主而言，他是全程承运人，与货主订立全程运输合同，向货主收取全程运费及其他费用，并承担承运人的义务。对于各区段实际承运人而言，他是托运人，他与各区段实际承运人订立分运合同，向实际承运人支付运费及其他必要的费用。很明显，这种运输组织与运输生产相互分离的形式，符合分工专业化的原则，由多式联运经营人“一手托两家”，不但方便了货主和实际承运人，也有利于运输的衔接工作，因此，它是市场上联运的主要形式。

11.1.3 国际多式联运的优越性

由于多式联运可实行门到门运输，因此，对货主来说，在将货交由第一承运人后即可取得货运单证，并据以结汇。结汇时间提前，不仅有利于加速货物资金的周转，而且减少了成本的支出。又由于货物装载集装箱运输，从某种意义上说可节省货物的包装费用和保险费用。此外，多式联运可采用一张货运单证，统一费率，因而也就简化了制单和结算手续，节省了人力、物力。

多式联运可提高运输组织水平，实现合理化运输，改善不同运输方式间的衔接工作。在国际多式联运开展之前，各种运输方式的经营人各自为政，自成体系。因而，其经营的业务范围受到限制。货运量相应是有限的，但由不同的运输业者共同参与多式联运，经营的业务范围可大大扩展，并且可以最大限度地发挥其现有设备的作用，选择最佳运输路线，组织合理化运输。这种运输方式除具有实现门对门运输的优越性外还具有以下优越性。

1. 手续简便

不论运输多远，运输环节多少，货主只需办理一次委托，支付一笔运输费，取得一份联运提单即可把货物从起点运到终点，一旦发生运输问题，也只需找一个总承运人便可处理问题，对货主非常方便。

2. 安全可靠

国际多式联运以集装箱运输为主体，货物需经长途运输，多次装卸，但不需要将货物逐件翻动搬移，可以减少货损货差。同时，货物密封在集装箱内，可以防止污染，也不易被盗，能比较安全可靠地完成全程运输。

3. 提早结汇

货物在起运地装上第一程运输工具后就可取得多式联运提单进行结汇。例如内地省市的一些出口商品采用多式联运方式，货物在起运地装车后，即由外运公司签发联运提单。

4. 简化包装

国际多式联运使用集装箱运输，集装箱犹如外包装。只需简易包装，可节省包装费用。此外，由于货物简化了包装，又可缩小货物的重量与体积，还可减少运费支出。

5. 加快运送

使用国际多式联运，由于集装箱的处理机械化程度高，运送装卸较快。同时货物从起运地至终点的各段运输，都由联运经营人同各段分承运人事先做好联系安排，加之经营人与分承运人之间一般采取包干费率，各分承运人都以最快速度处理以降低成本增加利润，所以，货物可以迅速地从一个运输环节转换到另一个运输环节，运输速度要比货主一段一段地分别办理快得多。

在当前国际贸易竞争激烈的情况下，运输商品要求速度快、破损少、费用低，而国际多式联运正以安全可靠、迅速及时，以及手续简便等优点，在国际上越来越被广泛地采用，有着良好的发展前途。

11.2 国际多式联运运输业务

11.2.1 大陆桥运输业务

1. 大陆桥运输的含义

大陆桥运输是“国际多式联运”的一个组成部分，在实际业务中，大陆桥运输是和国际集装箱运输结合起来运用的。它将多种运输方式联合成一个整体的集装箱运输体系，选择最便捷的径路，使之发挥其各自的优势力量，以达到缩短运程、降低运费、简化手续、加速送达和保证安全的运输目的。大陆桥运输指以横贯大陆上铁路或公路运输系统作为中间桥梁，把大陆两端的海洋连接起来的集装箱连贯运输。大陆桥的意思是，在茫茫大海中把一块大陆当作桥梁，这是从地理概念出发的一种形象的叫法。大陆桥运输一般都是以集装箱作为媒介，大多数集装箱又用国际铁路系统来运送，故它又称国际铁路集装箱运输。

2. 大陆桥运输的发展

20 世纪 70 年代初，由于苏伊士运河封闭，日本货运公司将集装箱海运到前苏联东部的纳霍德卡港，再换装经西伯利亚铁路运到欧洲车站或港口，再通过公路或海运直达目的地。这是一条连接亚欧两大洲、30 多个国家和地区的国际铁路、海运和公路联合运输路线。由于经过漫长的西伯利亚铁路，故一般都称为西伯利亚大陆桥（简称 13CS），又由于该大陆桥运输具有国际联运性质，为了使该大陆桥概念准确，又称为欧洲大陆桥（简称 IEACS）。这就是现代世界运输业中存在的第一大陆桥。

这一条大陆桥全程 13000 千米，比经苏伊士运河或巴拿马运河的日本——西欧海上航运距离缩短一半，该大陆桥运输自 1967 年至 1970 年只运送了 511 箱。随着日本和前苏联就组织日本与西欧间西伯利亚大陆桥运输谈判达成协议，沿线技术装备的完善和组织运营管理工作的加强，运量与日俱增至。1981 年，全年办理量已达到 15 万箱的水平。俄罗斯目前正采取一系列措施使西伯利亚大陆桥运量回升。

根据中蒙两国政府的协议，我国将天津新港对蒙古开放，承办东南亚各国和地区及美国、加拿大等国出口到蒙古货物的海铁转运和蒙古出口到上述国家货物的铁海转运业务。并于 1989 年 9 月 11 日首次办理了马来西亚经由天津新港至二连过境我国到蒙古乌兰巴托 8 个 20 英尺集装箱的运输业务。为了确保中蒙小陆桥运输通道的贯通，铁道部对天津新港至二连间的过境运输给予了优惠扶植政策 ，并且颁布了《关于经天津新港、二连口岸至蒙古过境 20 英尺国际集装箱运输试行办法》、《关于加快发展天津新港至蒙古国 际集装箱过境运输的通知》等文件，明确规定了办理国际集装箱过境运输的条件、运营管理及内部协调、计划管理、调度指挥、经营人义务及清算等办法。

目前，中蒙小陆桥除办理国际集装箱运输外，还办理整车普通货物的运输业务。

在我国政府及相关国家政府的努力下，我国于 1990 年开通了第二条欧亚大陆桥。1990 年 9 月 12 日 12 时 30 分，我国兰新铁路同哈萨克斯坦的阿克斗卡——德鲁日巴铁路在两国边境正式接轨。从此，东起我国连云港经徐州、郑州、西安、兰州、乌鲁木齐经阿拉山口进入哈萨克斯坦，再经俄罗斯、白俄罗斯、东欧和西欧直达荷兰鹿特丹港的全长一万多千米的亚欧大陆桥贯通了。1992 年 7 月，阿拉山口正式开办国际铁路联运。

亚欧大陆桥在我国境内的长度为 4131 千米，由陇海线铁路、兰新铁路和北疆铁路连接而成。由济南、郑州、兰州、乌鲁木齐铁路局和北疆铁路公司管辖，穿过江苏、安徽、河南、陕西、甘肃和新疆等六个省市自治区。在我国的这条营业线上，有 400 多个车站，其中较大的车站有 24 个，内有徐州北、郑州北、西安东、宝鸡东、兰州西、乌鲁木齐西等大型编组站。连云港站是一个区段站，港站铁路总长 51 千米，年作业能力可达 3000 万吨。

中国铁路为了保证亚欧大陆桥的畅通和快捷，专门铺划了连云港至阿拉山口的定点、定线、定车次的运行图，使列车每天的运行距离不低于500千米，在8天内将货物从连云港运到阿拉山口。

通过近几年的运输，亚欧大陆桥的运输优势并没有得到充分发挥，利用此条陆桥到欧洲的运量很少，大部分货物是到哈萨克斯坦等中亚国家。形成这种局面的主要原因是前苏联的解体，增加了中间环节、运输难度和费用。

无论是西伯利亚大陆桥还是新亚欧大陆桥，目前经营均不十分理想，主要是20世纪90年代前苏联解体后，由于独联体各国海关手续繁杂，使运输 时间加长，而各种费用无序，又造成运输成本增加。随着中国改革开放不断深入，中国往返西欧的班轮不断增多，运费逐步降低，使大陆桥集装箱运输没有竞争力，处于停滞状态，但对独联体各国的业务，仍在逐步发展。

3. 大陆桥运输线路

大陆桥运输路线有三种，即铁/铁、铁/海和铁/卡。铁/铁是指从中国内陆口岸（满洲里、二连、阿拉山口）经前苏联铁路运到东欧、北欧，然后进一步通过铁路转运到西欧内陆。铁/海是指从中国内陆口岸（或海运口岸上海到东方港）经前苏联铁路运到塔林、里加及俄罗斯的圣彼得堡，再海运转至西北欧各港。铁/卡是指从中国内陆口岸经前苏联铁路到苏波边境波方一侧的布列斯特后，再用卡车转运至西欧内陆。上述运输线路组合中。也有海/铁/卡，铁/海/铁等形式的。新亚欧大陆桥目前主要运输业务，也是到中亚各国。

11.2.2 国际陆海联运业务

1. 国际集装箱陆海多式联运出口业务程序

国际集装箱铁——海多式联运出口，是指货方采取铁——海联运方式，在内地口岸将出口集装箱装上铁路集装箱班列，由铁路集装箱班列运至集装箱码头后，换装海运船舶，由海运船舶继续将集装箱运至目的港，并交付收货人。以下即为CIF价下，国际集装箱整箱货铁——海多式联运出口业务的基本程序。

(1) 接受托运申请，订立多式联运合同向多式联运经营人或其内地口岸代理申请订舱，多式联运经营人或其内地口岸代理根据货方提出的订舱申请并结合自己的运输路线等情况，总判断是否接受该托运申请，如果接受则订立多式联运合同。

(2) 编制月计划、日计划，向铁路部门、船公司订车、订舱

多式联运经营人或其代理在合同订立后，应根据运输任务，编制月计划和日计划，按时向铁路部门申报订车计划，同时还应向船公司订舱，并通知 托运人安排货物运送事宜。

(3) 提取空箱

除货主自备箱外，实际业务中大多使用多式联运经营人的箱子或船公司的箱子。多

式联运经营人应根据实际装箱地点和空箱存放情况，确定提取空箱的方式。

①在装箱点装箱且装箱点备有空箱，则通知仓库备箱即可；

②在装箱点装箱，但装箱点无空箱，则需要安排汽车或火车运空箱至装箱点；

③在货主产地装箱，则需要办理申请调箱、提箱并安排汽车或火车送至货主产地等事宜，以便货主装箱。

(4)货主安排货物进库场

在收到进货信息后，对于装箱点装箱的货物，货主自行或委托代理安排汽车等运输工具将货物送至装箱点，以便装箱点装箱。

(5)申请火车车皮，办理货物装车

多式联运经营人或其代理根据日计划，办理装车事宜。

(6)报关报验

填写铁路运单，向铁路申请车皮，办理集装箱多式联运经营人根据托运人交付的委托书、买卖合同、发票等报关单证，在内地口岸海关办理转关运输，取得海关批准后，将海关关封交付铁路部门。

(7)签发全程多式联运提单

内地口岸托运人根据多式联运经营人的指示将货物交付铁路部门并装上铁路集装箱专列后，多式联运经营人或其代理签发全程多式联运提单交付托运人。

(8)传递货运信息和寄送相关单证

多式联运经营人内地代理应将铁路运单正本等相关单证寄送多式联运经营人中转港代理，将多式联运提单副本寄送多式联运经营人或其目的港代理，与此同时，还应向有关方传递有关集装箱班列动态等信息。

(9)办理货物在中转港的海关手续及制作货运单据

多式联运经营人中转港代理根据内地代理提供的信息和收到的运单等单证制作出口单证，比如，场站收据、提单，并办理海关手续，将海关放行单 证送交码头，以便接货及装船。

(10)货交船公司，船公司签发提单

多式联运经营人海运出口地代理将海关放行的集装箱装上指定船舶后，船公司签发海运提单，以便多式联运经营人能在目的港凭此提取集装箱。

(11)传递货运信息及寄送相关单证

多式联运经营人中转港代理应将船舶的动态通知给多式联运经营人、多式联运经营人下一港代理、内地托运人，以便有关方了解船舶的动态，同时将提单等相关单证寄送下一港代理，以便其凭此提取货物。

(12)提取货物与交付货物

多式联运经营人目的港代理凭正本提单从承运人或其代理处提取货物，并根据收货人交付的正本多式联运提单将集装箱交付收货人。

2. 国际集装箱陆海多式联运进口业务程序

国际集装箱陆海多式联运进口，是指货方采取陆海联运方式，在国外装货港将进口集装箱装上船舶，由该船舶运至国内中转港后，换装铁路集装箱班列，由铁路集装箱班列继续将集装箱运至内地口岸，并交付收货人。以下就是在 FOB 价下，国际集装箱整箱货陆海多式联运进口业务的基本程序。

(1)接受托运申请，订立多式联运合同收货人向多式联运经营人或其内地口岸代理申请订舱，多式联运经营人或其内地口岸代理根据货方提出的订舱申请并结合自己的运输路线等情况，判断是否接受该托运申请，如果接受则订立多式联运合同。

(2)向船公司订舱和向铁路部门申请车皮

多式联运经营人或其代理在合同订立后，应分别向船公司和铁路部门申请订舱、订车。

(3)收货人通知托运人准备集装箱装船等事宜收货人根据从多式联运经营人处所得到的信息，及时通知托运人安排货物交付多东联运经营人在装运港代理或多式联运经营人指定的船公司。

(4)签发全程多式联运提单和收取海运提单托运人将海关放行的集装箱交付多式联运经营人装港代理，或者根据其指示交付指定船公司后，多式联运经营人或其代理应向其签发全程多式联运提单，托运人取得提单后即可结汇。与此同时，多式联运经营人装港代理应缮制场站收据、提单等，并将集装箱交付船公司或其代理，船公司应向其签 发海运提单。

(5)传递货运信息和寄送相关单证

多式联运经营人装港代理应将多式联运提单副本寄交多式联运经营人或 其目的地代理，将海运提单寄送多式联运经营人中转港代理，并向有关方传 递有关船舶动态等信息。

(6)办理货物在中转港的海关转关手续及制作货运单据

多式联运经营人中转港代理根据上一港代理提供的信息和收到的提单等单证制作铁路运单，并办理海关转关手续，将海关放行单证送交码头，以便 接货并将其装上集装箱班列。

(7)货交铁路，铁路部门签发运单

多式联运经营人中转港代理将海关放行的集装箱装上指定火车后，铁路部门签发铁路运单，以便多式联运经营人能在目的地凭此提取集装箱。

(8)传递货运信息及寄送相关单证

多式联运经营人中转港代理应将铁路集装箱班列的动态向多式联运经营人、多式联运经营人目的地代理、收货人报告以便有关方了解该班列的动态，同时将运单寄送目的地代理，以便凭此提取货物。

(9)办理海关手续，提取货物与交付货物

多式联运经营人目的地代理凭加盖海关放行章的运单，从承运人或其代理处提取货物，并根据收货人交付的正本多式联运提单将集装箱交付收货人。

11.2.3 国际海空联运与陆空货物联运

1. 国际海空货物联运业务

(1)海空货物联运线路

目前海空联运航线主要有以下几条：

①远东——欧洲联运线;②远东——中南美联运线;③远东——美国国内;④远东——中近东、非洲、澳洲联运线。

(2)海空货物联运的优点

由于海空货物联运可以充分发挥两种运输方式的优势，与全程海运相比，能缩短时间达 50%；与全程空运相比，能节省费用约 30% ~50%；有可能减少关税、仓储费用等岸上开支。有较大的灵活性，必要时可在联运点改线。

海空货物联运不同于海陆货物联运、铁公货物联运，它有自己的特点。由于空运在运输能力、运输方法上有其特点，而且，绝大多数飞机是无法实现海空货箱互换的，加之，海空货物的目的地是机场，货物运抵后是以航空货物处理的，因此，如何在中转时快速、安全地处理货物以及如一般空运那样按时抵达目的地已成为海空联运的关键。正因为如此，海空联运是以航空运输为核心的多式联运。通常由航空公司或航空运输转运人,或者专门从事海空联运的代理人来制订计划，以便满足许多货主对于海运联运货物的抵达时间要求与一般空运一样精确到“ ×号 ×时 ×分”。此外，目前，国际上对海空联运还没有相应的规定和法律，运价可自由制定。

(3)海空货物联运经营人的种类及其业务操作

目前，海空货物联运主要有承运人型、转运人型和经纪人型等三种类型。

①承运人型。它是航空公司以自己的运输线路为中心制定线路，开展海空联运业务。其特点是:在签发单证上，签发全程航空运单，即在向货主签发覆盖原来航空运输区段的空运单上，注明“接运条款”区段包括在内;在运价计算上，采取分段计算，海运运价方面实际要支付的金额和在航空运价方面空运始发地所在国制定的费率均按照该国货币计算;在运输责任形式上，大多把海运区段视同空运区段对待，即以空运的国际公约或法律法规规范全程运输责任。目前这种运输形态的较有代表性的公司有加拿大航空公司、加拿大太平洋航空公司、飞虎航空公司和原苏联航空公司(从事经国海参展的海空联运货物)。

②转运人型。它最大的特点是由航空货运代理、拼箱货承运人或者专门从事海空联运的转运人签发本公司的联运提单或其他运输单据，并按海运、空运的联运运价承办运输。这种联运运价由于不受任何规定的限制，所以可以任意报价。转运人可以通过在中转地或者目的地拥有的办事处或代理人，来安排运输、中转、发货等中转换装事宜。与承运人型相比，它可以利用最合适的承运人进行运输，并且可选择最佳运输地点。

③经纪人型。它原则上不直接向货主推销其运输方式，而是采用转运人所说“批发”办

法，由转运人签发联运提单或其他运输单据向货主推销经纪人的运输方式。即经纪人不从事对货主的推销、报关服务，而只潜心于对商品的开发和服务的改善。这种形态与转运人型设定的线路相同，通过自己掌握的途径安排运输线路。

对于转运人、经纪人型的责任，各公司并不一样，有的采取全程统一责任制，有的适用不同的赔偿额，并且采用分段责任制，即海运区段按照船舶公司的条款，空运区段按照航空公司的条款。

由此可见，以上仅是从业务类型的角度划分海空货物联运经营人。实际上，不少海运联运业务不符合前述有关多式联运的定义与特征。

2. 国际陆空货物联运

陆空（陆）联运较之海空联运而言，更普遍地被世界各国所采用。尤其是工业发达国家、高速公路较多的国家，这种方式更显其效能。陆空货物联运具有到货迅速、运费适中、安全保质、手续简便和可以提前结汇等优占。

国际陆空货物联运主要有陆（铁路或公路）空联运和陆空陆联运。目前，接受这种联运方式的国家遍及欧洲、美洲。

我国幅员辽阔，但用于国际航线的机场有限且航班数较少，加上国内办理货运包机费用较贵，手续也比较麻烦，因而，内地空运出口货物通常用火车。

※ 思考题：

1. 简述国际多式联运的发展概况。
2. 国际多式联运基本形式有哪些？
3. 国际多式联运优越性体现在哪几个方面？

附录：

附录 1：世界主要港口（以英语字母为序）

序号	港口	电话代码	国家或区域	港口代码	港口中文名称
1	Aarhus	45	丹麦	DKAAR	阿路斯
2	Abidjan	225	科特迪瓦	CIABJ	阿必尚
3	Abu Dhabi	971	阿拉伯联合大公国	AEAUH	阿布答比
4	Acajutla	503	萨尔瓦多	SVAQJ	阿卡加地
5	Acapulco	52	墨西哥	MXACA	阿加普可
6	Adelaide	61	澳洲	AUADL	阿得雷德
7	Aden	967	也门	YEADE	亚丁
8	Alexandria	20	埃及	EGALY	亚历山大
9	Algiers	213	阿尔及利亚	DZALG	阿尔及耳
10	Alicante	34	西班牙	ESALC	亚利坎培
11	Amsterdam	31	荷兰	NLAMS	阿姆斯特丹
12	An Ping	886	台湾	TWANP	安平港
13	Ancona	39	意大利	ITAOI	安科那
14	Antofagasta	56	智利	CLANF	安多法加斯大
15	Antwerp	32	比利时	BEAN	安特卫普
16	Apapa		奈及利亚	NGAPP	
17	Apia		萨摩亚	WSAPW	阿比亚
18	Aqaba	962	约旦	JOAQJ	阿卡巴
19	Arica	56	智利	CLARI	阿立卡
20	Aruba Is.	297	荷属安地列斯	ANAUA	阿鲁巴
21	Ashdod	972	以色列	ILASH	亚实突
22	Assab	251	依索比亚	ETASA	阿沙布
23	Asuncion	595	巴拉圭	PYASU	亚松森
24	Athens	30	希腊	GRATH	雅典
25	Atlanta	1	美国	USATL	亚特兰大
26	Auckland	64	纽西兰	NZAKL	奥克兰巴林
27	Bahrain	973	巴林	BHBAH	巴林
2	Balbo	507	巴拿马	PABLB	巴波亚
28	Baltimore	1	美国	USBAL	巴的摩尔

续表

序号	港口	电话代码	国家或区域	港口代码	港口中文名称
29	Bandar abbas	98	伊朗	IRBND	阿巴市
30	Bangkok	66	泰国	THBKK	曼谷
31	Banjul	220	甘比亚	GMBJL	班久尔
32	Barcelona	34	西班牙	ESBCN	巴塞罗那
33	Barranquilla	57	哥伦比亚	COBAQ	巴兰圭拉
34	Basle（basel）	41	瑞士	CHBSL	巴萨尔
35	Basuo	86	中国大陆	CNBSP	八所港
36	Beihai	86	中国大陆	CNBEH	北海
37	Beira		莫桑比克	MZBEW	贝伊拉
38	Beiruit	961	黎巴嫩	LBBEY	贝鲁特
39	Belawan	62	印度尼西亚	IDBLW\	棉兰
40	Belfast	44	英国	GBBEL	伯尔发斯特
41	Belize	501	贝里斯	BZBZE	贝里斯
42	Benghazi	218	利比亚	LYBEN	班加西
43	Birmingham	44	英国	GBBHX	伯明翰
44	Bluff	64	纽西兰	NZBLU	布吕夫
45	Bombay	91	印度	INBOM	孟买
46	Boston	1	美国	USBOS	波士顿
47	Bremerhaven	49	德国	DEBRV	布莱梅哈文
48	Bridgetown				桥市
49	Brisbane	61	澳洲	AUBNE	布里斯班
50	Brownsville	1	美国	USBRO	布朗维
51	Brunei	673	文莱	BNBTN	文莱
52	Buenaventura	57	哥伦比亚	COBUN	布维那文士
53	Buenos aires	54	阿根廷	ARBUE	布宜诺斯艾利斯
54	Burnie	61	澳洲	AUBUR	波宜
55	Cadiz	34	西班牙	ESCAD	加地斯
56	CagayanDe Oro	63	菲律宾	PHCGY	
57	Calcutta	91	印度	INCCU	加尔各答
58	Caldera	506	哥斯达黎加	CRCAL	卡德拉斯港
59	Callao	507	巴拿马	PECLL	喀劳

续表

序号	港口	电话代码	国家或区域	港口代码	港口中文名称
60	Camden	1	美国	USCDE	康顿
61	Campeche	52	墨西哥	MXCPE	康皮基
62	Cape town	27	南非	ZACPT	开普顿
63	Cartagena	57	哥伦比亚	COCTG	卡他基那
64	Casablanca	212	摩洛哥	MACAS	卡萨布兰加
65	Cayenne	594	法属圭亚那	GFCAY	开云
66	Cebu	63	菲律宾	PHCEB	宿雾
67	Ceuta	212	摩洛哥	MA	休达
68	Charleston	1	美国	USCHS	查里斯敦
69	Chiba	81	日本	JPCHB	千叶
70	Chicago	1	美国	USCHI	芝加哥
71	Chittagong	880	孟加拉国	BDCGP	吉大港
72	Christchurch	64	纽西兰	NZCHC	基督
73	Cochin	91	印度	INCOK	科钦
74	Colombo	94	斯里兰卡	LKCMB	科伦坡
75	Colon	507	巴拿马	PAONX	科隆
76	Columbus	1	美国	USCMM	哥伦布
77	Conakry	224	几内亚	GNCKY	康那克立
78	Concepcion	56	智利	CLCCP	康塞普森
79	Copenhagen	45	丹麦	DKCPH	哥本哈根
80	Corinto	505	尼加拉瓜	NICIO	科林多
81	Cotonou	229	贝南	BJCOO	科托奴
82	Cristobal	507	巴拿马	PACTB	克立斯托波
83	Curacao	297	荷属安地列斯	ANCUR	寇拉克
84	Dakar	221	塞内加尔	SNDKR	达卡
85	Dalian	86	中国大陆	CNDLC	大连
86	Dammam	966	沙特阿拉伯	SADMN	达曼
87	Danang	84	越南	VNDAD	岘港
88	Dar - Es - Salaam	255	坦尚尼亚	TZDAR	三兰港
89	Darwin	61	澳洲	AUDRW	达尔文
90	Davao	63	菲律宾	PHDVO	

续表

序号	港口	电话代码	国家或区域	港口代码	港口中文名称
91	Derince	90	土耳其	TRDRC	德令士
92	Detroit	1	美国	USDET	底特律
93	Djibouti	253	吉布地	DJJIB	吉布地
94	Doha	974	卡达	QADOH	多哈
95	Douala	237	喀麦隆	CMDLA	杜亚那
96	Dubai	971	阿联酋	AEDXB	杜拜
97	Dublin	353	爱尔兰	IEDUB	都伯林
98	Dunedin	64	纽西兰	NZDUD	丹尼丁
99	Durban	27	南非	ZADUR	德班
100	East london	27	南非	ZAELS	东伦敦港
101	Eilath	972	以色列	ILETH	艾利特
102	El Guamache	58	委内瑞拉	VEEGU	艾瓜马区
103	Elizabeth	1	美国	USECG	加尔维斯顿
104	Ensenada	52	墨西哥	MXESE	英赛那达
105	Famagusta	357	塞浦路斯	CYFMG	法马哥斯塔
106	Felixstowe	44	英国	GBFXT	佛列斯多
107	Femantle	61	澳洲	AUJFM	佛利曼特
108	Fort De France	596	法属马丁尼克	MQFDF	法兰西堡
109	Fos	33	法国	FRFOS	福斯
110	Freeport	1	巴哈	BSFPO	自由港
111	Freetown	232	狮子山	SL	自由镇
112	Fuzhou	86	中国大陆	CNFOC	福州
113	Galveston	1	美国	USGLS	加尔维斯敦
114	Gdynia	48	波兰	PLGDY	格地尼亚
115	Genoa（Genova）	39	意大利	ITGOA	热内亚
116	Georgetown	592	盖亚那	GYGEO	乔治市
117	Glasgow	44	英国	GBGLW	格拉斯哥
118	Gothenburg（Goteborg）	119	瑞典	SEGOT	哥特堡
120	Grangemouth	44	英国	GBGRG	格蓝茅斯
121	Guam	1	关岛	GUGUM	关岛

续表

序号	港口	电话代码	国家或区域	港口代码	港口中文名称
122	Guangzhou	86	中国大陆	CNCAN	广州
123	Guayaquil	593	厄瓜多尔	ECGYE	瓜亚基尔
124	Guaymas	52	墨西哥	MXGYM	瓜马斯
125	Gulf Port	1	美国	USGPT	高尔夫波特
126	Hachinohe	81	日本	JPHHE	八户
127	Haifa	972	以色列	ILHFA	海法
128	Haikou	86	中国大陆	CNHAK	海口
129	Haiphong	84	越南	VNHPH	海防
130	Hakata	81	日本	JPHKT	博德
131	Halifax	1	加拿大	CAHAL	莫比尔
132	Hamburg	49	德国	DEHAM	汉堡
133	Hamilton	387	波斯尼亚	BABDA	汉弥顿
134	Hangzhou	86	中国大陆	CNHGH	杭州
135	Helsingbour	46	瑞典	SEHEL	赫尔辛堡
136	Helsinki	358	芬兰	FIHEL	赫尔新基
137	Hiroshima	81	日本	JPHIJ	广岛
138	Hitachi	81	日本	JPHTC	日立
139	Ho Chi Ming City	84	越南	VNSGN	胡志明市
140	Hodeidah	967	也门	YEHOD	荷迪达
141	Hong Kong	852	香港	HKHKG	香港
142	Honiara	677	索罗门群岛	SBHIR	赫尼拉
143	Honolulu	1	美国	USHNL	哈利法克斯
144	Houston	1	美国	USHOU	休斯顿
145	Hualien	886	台湾	TWHUN	花莲港
146	Huangpu	86	中国大陆	CNHUA	黄埔
147	Imabari	81	日本	JPIMB	今治
148	Incheon	82	韩国	KRINC	仁川
149	Iquique	56	智利	CLIQQ	伊基圭
150	Ishigaki	81	日本	JPISG	石垣岛
151	Iskenderun	90	土耳其	TRISK	伊士肯东
152	Istanbul	90	土耳其	TRIST	伊斯坦堡

续表

序号	港口	电话代码	国家或区域	港口代码	港口中文名称
153	Iwakuni	81	日本	JPIWK	岩国
154	Izmir	90	土耳其	TRIZM	伊士麦
155	Jacksonville	1	美国	USJAX	杰克逊维
156	Jakarta	62	印度尼西亚	IDJKT	雅加达
157	Jawaharlal Nehru	91	印度	INJHT	
158	Jebel Ali	971	阿联酋	AEJEA	
159	Jeddah	966	沙特阿拉伯	SAJED	吉达
160	Jiang Men	86	中国大陆	CNJGM	江门
161	Johore	60	马来西亚	MYJHB	柔佛
162	Kagoshima	81	日本	JPKOJ	鹿儿岛
163	Kaohsiung	886	台湾	TWKHH	高雄港
164	Karachi	92	巴基斯坦	PKKHI	喀拉蚩
165	Keelung	886	台湾	TWKEL	基隆港
166	Kieta				基塔
167	Kingston	1	牙买加	JMKIN	京斯顿
168	Kobe	81	日本	JPUKB	神户
169	Kompong Som	254	肯尼亚	KHKOS	金磅逊
170	Koror				科罗
171	Kota kinabalu	60	马来西亚	MYBKI	亚庇
172	Kotka			FIKTK	科特卡
173	Kuching	60	马来西亚	MYKCH	古晋
174	Kwait	965	科威特	KWKWI	科威特
175	La Guaira	58	委内瑞拉	VELAG	拉奎拉
176	La Spezia	39	意大利	ITSPE	拉斯皮查
177	Labuan	60	马来西亚	MYLBH	纳闽
178	Lae	675	巴布亚新几内亚	PGLAE	拉尔
179	Laem Chabang	66	泰国	THLZP	南加邦
180	Lagos/apapa	234	奈及利亚	NGLOS	拉哥斯/阿巴巴
181	Las palmas				拉斯帕马斯
182	Lattakia	963	叙利亚	SYLTK	拉塔克
183	Lautoka	679	斐济	FJLTK	劳托卡

续表

序号	港口	电话代码	国家或区域	港口代码	港口中文名称
184	Lazaro Cardenas	52	墨西哥	MXLZC	拿查罗卡地拿斯
185	Le havre	33	法国	FRLEH	利哈佛
186	Leghorn(Livorno)	39	意大利	ITLIV	来亨
187	Leith	44	英国	GBLEI	利斯
188	Leixoes	351	葡萄牙	PTLEI	雷克斯欧斯
189	Lianyungang	86	中国大陆	CNLYG	连云港
190	Libreville	241	加彭	GALBL	利布维
191	Limassol	357	塞浦路斯	CYLMS	利马索
192	Lisbon	351	葡萄牙	PTLIS	里斯本
193	Liverpool	44	英国	GBLIV	利物浦
194	Livorno	39	意大利	ITLIV	利马诺
195	Lobito	244	安哥拉	AOLOB	洛比都
196	Lome	228	多哥	TGLFW	洛美
197	London	44	英国	GBLON	伦敦
198	Long Beach	1	美国	USLGB	长堤
199	Longview	1	美国	USLOG	他可马
200	Longview	1	美国	USLGV	朗维
201	Los Angeles	1	美国	USLAX	洛杉矶
202	Luanda	24	安哥拉	AOLAD	卢安达
203	Lyttelton	64	纽西兰	NZLYT	利特尔顿
204	Madang	675	巴布亚新几内亚	PGMAG	马丹
205	Madras	91	印度	INMAA	马德拉斯
206	Majuro	692	马绍尔	MHMAJ	马久罗
207	Malmo	46	瑞典	SEMMA	马耳摩
208	Manaus	55	巴西	BRMAO	马瑙斯
209	Manchester	44	英国	GBMNC	曼彻斯特
210	Manila	63	菲律宾	PHMNL	马尼拉
211	Manzanillo	52	墨西哥	MXZLO	曼沙尼罗
212	Maputo		莫桑比克	MZMPM	
213	Maracaibo	58	委内瑞拉	VEMAR	马拉开波
214	Marseilles	33	法国	FRMRS	马赛

续表

序号	港口	电话代码	国家或区域	港口代码	港口中文名称
215	Massawa	251	依索比亚	ETMSW	马沙华
216	Matadi	243	扎伊尔	ZRMAT	马塔地
217	Matarani	507	巴拿马	PEMRI	马塔拉尼
218	Melbourne	61	澳洲	AUMEL	墨尔本
219	Melilla	212	摩洛哥	MA	美利拉
220	Mersin	90	土耳其	TRMER	美信
221	Miami	1	美国	USMIA	迈阿密
222	Milwaukee	1	美国	USMKE	密尔瓦基
223	Mina Qaboos	968	阿曼	OMPQB	米那卡布什
224	Miri	60	马来西亚	MYMYY	米里
225	Miyako	81	日本	JPMYK	宫古
226	Mobile	1	美国	USMOB	莫比尔
227	Mogadiscio	252	索马利亚	SOMGQ	摩加迪休
228	Moji	81	日本	JPMOJ	门司
229	Mombasa	254	肯亚	KEMBA	蒙巴萨
230	Monrovia	231	赖比瑞亚	LRMLW	门罗维亚
231	Montevideo	598	乌拉圭	UYMVD	蒙特维多
232	Montreal	1	加拿大	CAMTR	蒙特娄
233	Muscat	968	阿曼	OMMCT	马斯开特
234	Nacala				
235	Nagoya	81	日本	JPNGO	名古屋
236	Naha	81	日本	JPNAH	那霸
237	Nanjing	86	中国大陆	CNNKG	南京
238	Nantong	86	中国大陆	CNNTG	南通
239	Napier	64	纽西兰	NZNPE	纳皮尔
240	Naples (Napoli)	39	意大利	ITNAP	那不勒斯
241	Nassau	1	巴哈马	BSNAS	那骚
242	Nelson	64	纽西兰	NZNSN	纳尔逊
243	New Orleans	1	美国	USNEW	纽奥良
244	New York	1	美国	USNYC	纽约
245	Newark	1	美国	USEWR	纽瓦克

续表

序号	港口	电话代码	国家或区域	港口代码	港口中文名称
246	Ningbo	86	中国大陆	CNNBO	宁波
247	Norfolk	1	美国	USORF	诺福克
248	Nouakchott				
249	Noumea	687	新喀里多亚岛	NCNOU	诺米亚
250	Nukualofa	676	东加	TOTBU	诺克罗法
251	Oakland	1	美国	USOAK	奥克兰
252	Oddesa	380	乌克兰	UAODS	奥得塞
253	Oporto	351	葡萄牙	PTOPO	奥波多
254	Osaka	81	日本	JPOSA	大阪
255	Oslo	47	挪威	NOOSL	奥斯陆
256	Oakland	1	美国	USOAK	奥克兰
257	Oddesa	380	乌克兰	UAODS	奥得塞
258	Oporto	351	葡萄牙	PTOPO	奥波多
259	Osaka	81	日本	JPOSA	大阪
260	Oslo	47	挪威	NOOSL	奥斯陆
261	Pago Pago	684	美属萨摩亚	ASPPG	巴哥巴哥
262	Palermo	39	意大利	ITPMO	巴勒摩
263	Panama City	507	巴拿马	PAPTY	巴拿马市
264	Papeete	507	巴拿马	PFPPT	巴波特
265	Paramaribo	597	苏利南	SRPBM	巴拉马利波
266	Paranagua	55	巴西	BRPNG	帕拉那瓜
267	Penang	60	马来西亚	MYPEN	槟城
268	Philadelphia	1	美国	USPHL	费城
269	Phnom Penh	254	肯亚	KHPNH	金边
270	Piraeus	30	希腊	GRPIR	比里夫斯
271	Pointe Noire	242	刚果	CGPNR	诺亚港
272	Ponape				波纳贝
273	Por Au Prince	509	海地	HTPAP	太子港
274	Port Gentil	241	加彭	GAPOG	京特港
275	Port Harcourt	234	奈及利亚	NGPHC	哈克特港
276	Port Kelang	60	马来西亚	MYPKG	巴生港

续表

序号	港口	电话代码	国家或区域	港口代码	港口中文名称
277	Port Louis	230	模里西斯	MUPLU	路易斯港
278	Port of Limon	506	哥斯达黎加	CRLIO	里门港
279	Port of Spain		千里达	TTPOS	西班牙港
280	Port Qasim	92	巴基斯坦		
281	Port Said	20	埃及	EGPSD	塞得港
282	Port Sudan	249	苏丹	SDPZU	苏丹港
283	Port Suez	20	埃及	EGSUZ	苏伊士港
284	Portland	1	美国	USPDX	波特兰
285	Providence	1	美国	USPVD	普洛威顿斯
286	Puerto Cabello	58	委内瑞拉	VEPBL	卡威约港
287	Puerto Cortes	504	洪都拉斯	HNPCR	库特斯港
288	Puntarenas	506	哥斯达黎加	CRPAS	潘塔亚伦纳
289	Puntarenas	506	哥斯达黎加	CRPAS	朋大连纳斯
290	Pusan	82	韩国	KRPUS	釜山
291	Qingdao	86	中国大陆	CNTAO	青岛
292	Qinhuangdao	86	中国大陆	CNQHA	秦皇岛
293	Qui Nhon	84	越南	VNUIH	归仁
294	Rabaul	675	巴布亚新几内亚	PGRAB	拉布尔
295	Rarotonga	682	库克群岛	CKRAR	拉洛东加
296	Reunion				留尼旺
297	Richmond	1	美国	USRCH	里奇蒙
298	Rijeka	381	南斯拉夫	YU	里吉卡
299	Rio De Janeiro	55	巴西	BRRIO	里约热内卢
300	Rio Grande	55	巴西	BRRIG	里奥格兰
301	Rio Haina	1	多米尼加	DOHAI	里奥海纳
302	Rotterdam	31	荷兰	NLRTM	鹿特丹
303	Sacramento	1	美国	USSAC	萨克里门图
304	Saipan	1670	北马里亚纳群岛	MPSPN	塞班
305	Salah		阿曼	OMSLL	色拉拉
306	Salerno	39	意大利	ITSAL	沙莱诺
307	Salina Cruz	52	墨西哥	MXSCZ	沙里那克鲁兹

续表

序号	港口	电话代码	国家或区域	港口代码	港口中文名称
308	Salonica				沙罗尼加
309	San Diego	1	美国	USSAN	圣地亚哥
310	San Francisco	1	美国	USSFO	旧金山
311	San Jose	502	危地马拉	GTSNJ	圣荷西
311	San Juan	1	波多黎各	PRSJU	圣胡安
312	San Lorenzo	504	宏都拉斯	HNSLZ	圣罗伦斯佐
313	Sandakan	60	马来西亚	MYSDK	山打根
314	Santa Antonio	56	智利	CLSAI	圣安东尼奥
315	Santa Marta	55	巴西	BRRIA	圣马塔
316	Santo Domingo	1	多米尼加	DOSDQ	圣多明哥
317	Santos	55	巴西	BRSSZ	圣多斯
318	Sao Francisco Do Sul	55	巴西	BRSFS	南圣福兰西斯哥
319	Savannah	1	美国	USSAV	沙瓦那
320	Seattle	1	美国	USSEA	西雅图
321	Semarang	62	印度尼西亚	IDSRG	三宝垄
322	Sen Dai	81	日本	JPSEN	仙台
323	Shanghai	86	中国大陆	CNSHA	上海
324	Shantou	86	中国大陆	CNSWA	汕头
325	Sharjah	971	阿联酋	AESHJ	沙加
326	Shekou	86	中国大陆	CNSKU	蛇口
327	Shenzhen	86	中国大陆	CNSZP	深圳
328	Shimizu	81	日本	JPSMZ	清水
329	Sibu	60	马来西亚	MYSBW	诗巫
330	Singapore	65	新加坡	SGSIN	新加坡
331	Southampton	44	英国	GBSOU	南安普顿
332	St. Croix	1	美属维京群岛	VISTX	圣克洛克
333	St. John	1	加拿大	CASJF	圣约翰
334	St. Kitts				圣开斯
335	St. Lucia	1	圣露西亚	LCSLU	圣露西亚
336	St. Martin	297	荷属安地列斯	ANSFG	圣马丁

续表

序号	港口	电话代码	国家或区域	港口代码	港口中文名称
337	St. Thomas	1	美属维京群岛	VISTT	圣多玛斯
338	St. Vincent	1	圣文森	VCSVD	圣文森
339	Stockholm	46	瑞典	SESTO	斯德哥尔摩
340	Stockton	1	美国	USSCK	斯托克顿
341	Suao	886	台湾	TWSUO	苏澳港
342	Subic Bay	63	菲律宾	PHSFS	苏比克湾
3433	Surabaya	62	印度尼西亚	IDSUB	泗水
344	Suva	679	斐济	FJSUV	苏瓦
345	Sydney	61	澳洲	AUSYD	雪梨
346	Tacoma	1	美国	USTIW	萨克里门图
347	Taichung	886	台湾	TWTXG	台中港
348	Takoradi		·迦纳	GHTKD	塔科拉第
349	Talcahuano	56	智利	CLTHO	塔卡瓦诺
350	Tampa	1	美国	USTPA	坦帕
351	Tampico	52	墨西哥	MXTAM	坦比哥
352	Tanga	242	刚果	CG	坦加
353	Tarawa	686	吉里巴斯	KITRW	塔拉瓦
354	Tauanga	64	纽西兰	NZTRG	陶蓝加
355	Tawau	60	马来西亚	MYTWU	斗湖
356	Tema		迦那	GHTEM	
357	Thames	44	英国		泰晤士港
358	Thessaloniki	30	希腊	GRSKG	塞沙罗奈基
359	Tijuna	52	墨西哥	MXTIJ	第加纳
360	Timaru	64	纽西兰	NZTIU	提马鲁
361	Toamasina				
362	Tokuyama	81	日本	JPTKY	德山
363	Tokyo	81	日本	JPTYO	东京
364	Tomakomai	81	日本	JPTMK	苫小牧
365	Toronto	1	加拿大	CATOR	查里斯顿
366	Trieste	39	意大利	ITTRS	的港
367	Tripoli	218	利比亚	LYTIP	的波里

续表

序号	港口	电话代码	国家或区域	港口代码	港口中文名称
368	Truk				土鲁克港
369	Tunis	216	突尼西亚	TNTUN	突尼斯
370	Ushuaia	54	阿根廷	ARUSH	乌苏埃亚
371	Valdivia	56	智利	CLZAL	瓦尔地维亚
372	Valencia	34	西班牙	ESVLC	瓦伦西亚
373	Valletta	356	马耳他	MTMLA	伐利塔
374	Valparaiso	56	智利	CLVAP	法耳巴拉索
375	Vancouver	1	加拿大	CAVAN	温哥华
376	Vancouver	1	美国	USBCB	温哥华
377	Varna	359	保加利亚	BGVAR	瓦尔那
378	Venice	39	意大利	ITVCE	威尼斯
379	Victoria	1	加拿大	CAVIC	维多利亚
380	Vila Real	351	葡萄牙	PTVRL	里耳市
381	Votochniy	7	俄罗斯	RUVYP	伏斯托克尼
382	Vung Tau	84	越南	VNVUT	头顿
383	Walvis Bay				
384	Wellington	64	纽西兰	NZWLG	威灵顿
385	Wenzhou	86	中国大陆	CNWZH	温州
386	Wewak	675	巴布亚新几内亚	PGWWK	威瓦克
387	Wilmington	1	美国	USILM	威明顿
388	Xiamen	86	中国大陆	CNXM	厦门
389	Xingang	86	中国大陆	CNHSK	天津(新港)
390	Yantai	86	中国大陆	CNYAN	烟台
391	Yap	691	密克罗尼亚	FMYAP	雅浦
392	Yokohama	81	日本	JPYOK	横滨
393	Zanziber		坦桑尼亚	TZZNZ	桑给巴尔
394	Zhangjingang	86	中国大陆	CNZJG	张江港
395	Zhanjiang	86	中国大陆	CNZHA	湛江
396	Zhuhai	86	中国大陆	CNZUH	珠海

附录二:世界主要航空港英文名称

英文名称	城市	国家
Airport (Airdrome) Aden	亚丁	民主也门
Amsterdam	阿姆斯特丹	荷兰
Auckland	奥克兰	新西兰
Baghdad	巴格达	伊拉克
Bangkok	曼谷	泰国
Basra	巴士拉	伊拉克
Beijing	北京	中国
Beirut	贝鲁特	黎巴嫩
Berlin	柏林	德国
Bombay	孟买	印度
Bonn	波恩	德国
Buenos Aires	布宣诺斯艾利斯	阿根廷
Cairo	开罗	埃及
Calcutta	加尔各答	印度
Caracas	加拉加斯	委内瑞拉
Chicago	芝加哥	美国
Colombo	科伦坡	斯里兰卡
Copenhagen	哥本哈根	丹麦
Dakar	达喀尔	赛内加尔
Dallas - Fort Worth	达拉斯——沃斯堡	美国
Delhi	德里	印度
Frankfurt	法兰克福	德国
Guang Zhou	广州	中国
Hong Kong	香港	中国
Honolulu	火奴鲁鲁(檀香山)	美国
Jakarta(Djakarta)	雅加达	印度尼西亚
Johannesburg	约翰内斯堡	南非
Kano	卡诺	尼日利亚
Karachi	卡拉奇	巴基斯坦
Khartoum	喀土穆	苏丹
Kinshasa	金沙萨	扎伊尔

续表

英文名称	城市	国家
London	伦敦	英国
Los Angeles	洛杉矶	美国
Manila	马尼拉	菲律宾
Melbourne	墨尔本	澳大利亚
Mexico City	墨西哥城	墨西哥
Miami	迈阿密	美国
Montreal	蒙特利尔	加拿大
Moscow	莫斯科	俄罗斯
Nairobi	内罗毕	肯尼亚
Nandi	楠迪	斐济
New York	纽约	美国
Osaka	大阪	日本
Oslo	奥斯陆	挪威
Panama City	巴拿马城	巴拿马
Papeete	帕皮提	法属波利尼西亚
Paris	巴黎	法国
Perth	珀斯	澳大利亚
Port Louis	路易港	毛里求斯
Reykjavik	雷克雅未克	冰岛
Rio de janciro	里约热内卢	巴西
Rome	罗马	意大利
San Francisco	圣弗朗西斯科	美国
Santiago	圣地亚哥	智利
Shanghai	上海	中国
Shenzhen	深圳	中国
Singapore	新加坡	新加坡
Sydney	悉尼	澳大利亚
Teheran	德黑兰	伊朗
Tokyo	东京	日本
Toronto	多伦多	加拿大
Victoria	维多利亚	塞舌尔
Washington	华盛顿	美国
Yokohama	横滨	日本
Zurich	苏黎士	瑞士

附录三:汽车货物运输规则

第一章 总则

第一条 为保护汽车货物运输当事人的合法权益，明确承运人、托运人、收货人以及其他有关方的权利、义务和责任，维护正常的道路货物运输秩序，依据国家有关法律、法规，制定本规则。

第二条 在中华人民共和国境内从事营业性汽车货物运输及相关的货物搬运装卸、汽车货物运输服务等活动，应遵守本规则。

除法律、法规另有规定外，汽车运输与其他运输方式实行货物联运的适用本规则。拖拉机及其他机动车、非机动车辆从事货物运输的，可参照本规则执行。

第三条 本规则下列用语的含义：

(一)承运人，是指使用汽车从事货物运输并与托运人订立货物运输合同的经营者。

(二)托运人，是指与承运人订立货物运输合同的单位和个人。

(三)收货人，是指货物运输合同中托运人指定提取货物的单位和个人。

(四)货物运输代办人(以下简称货运代办人)，是指以自己的名义承揽货物并分别与托运人、承运人订立货物运输合同的经营者。

(五)站场经营人，是指在站、场范围内从事货物仓储、堆存、包装、搬运装卸等业务的经营者。

(六)运输期限，是由承托双方共同约定的货物起运、到达目的地的具体时间。未约定运输期限的，从起运日起，按200千米为1日运距，用运输里程除每日运距，计算运输期限。

(七)承运责任期间，是指承运人自接受货物起至将货物交付收货人(包括按照国家有关规定移交给有关部门)止，货物处于承运人掌管之下的全部时间。本条规定不影响承运人与托运人就货物在装车前和卸车后对承担的责任达成的协议。

(八)搬运装卸，是指货物运输起讫两端利用人力或机械将货物装上、卸下车辆，并搬运到一定位置的作业。人力搬运距离不超过200米，机械搬运不超过400米(站、场作业区内货物搬运除外)。

第二章 运输基本条件

第一节 承运人、托运人与运输车辆

第四条 承运人、托运人、货运代办人在签订和履行汽车货物运输合同时，应遵守国家法律和有关的运输法规、行政规章。

第五条 承运人应根据承运货物的需要，按货物的不同特性，提供技术状况良好、经济适用的车辆，并能满足所运货物重量的要求。使用的车辆、容器应做到外观整洁，车体、容器内干净无污染物、残留物。

第六条 承运特种货物的车辆和集装箱运输车辆，需配备符合运输要求的特殊装置

或专用设备。

第二节　运输类别

第七条　托运人一次托运货物计费重量 3 吨及以下的，为零担货物运输。

托运人一次托运货物计费重量 3 吨以上或不足 3 吨，但其性质、体积、形状需要一辆汽车运输的，为整批货物运输。

第九条　因货物的体积、重量的要求，需要大型或专用汽车运输的，为大型特型笨重物件运输。

第十条　采用集装箱为容器，使用汽车运输的，为集装箱汽车运输。

第十一条　在规定的距离和时间内将货物运达目的地的，为快件货物运输；应托运人要求，采取即托即运的，为特快件货物运输。

第十二条　承运《危险货物品名表》列名的易燃、易爆、有毒、有腐蚀性、有放射性等危险货物和虽未列入《危险货物品名表》但具有危险货物性质的新产品，为危险货物汽车运输。

第十三条　采用装有出租营业标志的小型货运汽车，供货主临时雇用，并按时间、里程和规定费率收取运输费用的，为出租汽车货运。

第十四条　为个人或单位搬迁提供运输和搬运装卸服务，并按规定收取费用的，为搬家货物运输。

第三节　货物种类

第十五条　货物在运输、装卸、保管中无特殊要求的，为普通货物。普通货物分为三等。

第十六条　货物在运输、装卸、保管中需采取特殊措施的，为特种货物。特种货物分为四类。

第十七条　货物每立方米体积重量不足 333 千克的，为轻泡货物。其体积按货物(有包装的按货物包装)外廓最高、最长、最宽部位尺寸计算。

第四节　货物保险与货物保价运输

第十八条　货物运输有货物保险和货物保价运输两种投保方式，采取自愿投保的原则，由托运人自行确定。

第十九条　货物保险由托运人向保险公司投保，也可以委托承运人代办。

第二十条　货物保价运输是按保价货物办理承托运手续，在发生货物赔偿时，按托运人声明价格及货物损坏程度予以赔偿的货物运输。托运人一张运单托运的货物只能选择保价或不保价。

第二十一条　托运人选择货物保价运输时，申报的货物价值不得超过货物本身的实际价值；保价运输为全程保价。

第二十二条　分程运输或多个承运人承担运输，保价费由第一程承运人(货运代办人)与后程承运人协商，并在运输合同中注明。承运人之间没有协议的按无保价运输办理，各自承担责任。

第二十三条　办理保价运输的货物，应在运输合同上加盖“保价运输”戳记。保价费按不超过货物保价金额的7‰收取。

第三章　运输合同的订立、履行、变更和解除

第一节　合同的订立

第二十四条　汽车货物运输合同采用书面形式、口头形式和其他形式。书面形式合同种类分为定期运输合同、一次性运输合同、道路货物运单(以下简称运单)。汽车货物运输合同由承运人或托运人本着平等、自愿、公平、诚实、信用的原则签订。

第二十五条　定期汽车货物运输合同应包含下列基本内容：

(一)托运人、收货人和承运人的名称(姓名)、地址(住所)、电话、邮政编码；

(二)货物的种类、名称、性质；

(三)货物重量、数量或月、季、年度货物批量；

(四)起运地、到达地；

(五)运输质量；

(六)合同期限；

(七)装卸责任；

(八)货物价值，是否保价、保险；

(九)运输费用的结算方式；

(十)违约责任；

(十一)解决争议的方法。

第二十六条　一次性运输合同、运单应包含以下基本内容：

(一)托运人、收货人和承运人的名称(姓名)、地址(住所)、电话、邮政编码；

(二)货物名称、性质、重量、数量、体积；

(三)装货地点、卸货地点、运距；

(四)货物的包装方式；

(五)承运日期和运到期限；

(六)运输质量；

(七)装卸责任；

(八)货物价值，是否保价、保险；

(九)运输费用的结算方式；

(十)违约责任；

(十一)解决争议的方法。

第二十七条　定期运输合同适用于承运人、托运人、货运代办人之间商定的时期内的批量货物运输。

一次性运输合同适用于每次货物运输。

承运人、托运人和货运代办人签订定期运输合同、一次性运输合同时，运单视为货物运输合同成立的凭证。

在每车次或短途每日多次货物运输中，运单视为合同。

第二十八条　汽车货物运输合同自双方当事人签字或盖章时成立。当事人采用信件、数据电文等形式订立合同的，可以要求签订确认书，签订确认书时合同成立。

第二节　货物托运

第二十九条　未签订定期运输合同或一次性运输合同的，托运人应按以下要求填写运单：

（一）准确表明托运人和收货人的名称（姓名）和地址（住所）、电话、邮政编码；

（二）准确表明货物的名称、性质、件数、重量、体积以及包装方式；

（三）准确表明运单中的其他有关事项；

（四）一张运单托运的货物，必须是同一托运人、收货人；

（五）危险货物与普通货物以及性质相互抵触的货物不能用一张运单；

（六）托运人要求自行装卸的货物，经承运人确认后，在运单内注明；

（七）应使用钢笔或圆珠笔填写，字迹清楚，内容准确，需要更改时，必须在更改处签字盖章。

第三十条　已签订定期运输合同或一次性运输合同的，运单由承运人按第二十九条的规定填写，但运单托运人签字盖章处填写合同序号。

第三十一条　托运的货物品种不能在一张运单内逐一填写的，应填写“货物清单”。

第三十二条　托运货物的名称、性质、件数、质量、体积、包装方式等，应与运单记载的内容相符。

第三十三条　按照国家有关部门规定需办理准运或审批、检验等手续的货物，托运人托运时应将准运证或审批文件提交承运人，并随货同行。托运人委托承运人向收货人代递有关文件时，应在运单中注明文件名称和份数。

第三十四条　托运的货物中，不得夹带危险货物、贵重货物、鲜活货物和其他易腐货物、易污染货物、货币、有价证券以及政府禁止或限制运输的货物等。

第三十五条　托运货物的包装，应当按照承托双方约定的方式包装。对包装方式没有约定或者约定不明确的，可以协议补充；不能达成补充协议的，按照通用的方式包装，没有通用方式的，应在足以保证运输、搬运装卸作业安全和货物完好的原则下进行包装。

依法应当执行特殊包装标准的，按照规定执行。

第三十六条　托运人应根据货物性质和运输要求，按照国家规定，正确使用运输标志和包装储运图示标志。

使用旧包装运输货物，托运人应将包装上与本批货物无关的运输标志、包装储运图示标志清除干净，并重新标明制作标志。

第三十七条　托运特种货物，托运人应按以下要求，在运单中注明运输条件和特约事项：

（一）托运需冷藏保温的货物，托运人应提出货物的冷藏温度和在一定时间内的保持温度要求；

（二）托运鲜活货物，应提供最长运输期限及途中管理、照料事宜的说明书。货物允许的最长运输期限应大于汽车运输能够达到的期限；

（三）托运危险货物，按交通部《汽车危险货物运输规则》办理；

（四）托运采用集装箱运输的货物，按交通部《集装箱汽车运输规则》办理；

（五）托运大型特型笨重物件，应提供货物性质、重量、外廓尺寸及对运输要求的说明书；承运前承托双方应先查看货物和运输现场条件，需排障时由托运人负责或委托承运人办理；运输方案商定后办理运输手续。

第三十八条　整批货物运输时，散装、无包装和不成件的货物按重量托运；有包装、成件的货物，托运人能按件点交的，可按件托运，不计件内细数。

第三十九条　运输途中需要饲养、照料的有生物、植物，尖端精密产品、稀有珍贵物品、文物、军械弹药、有价证券、重要票证和货币等，托运人必须派人押运。

大型特型笨重物件、危险货物、贵重和个人搬家物品，是否派人押运，由承托双方根据实际情况约定。

除上述规定的货物外，托运人要求押运时，需经承运人同意。

第四十条　需派人押运的货物，托运人在办理货物托运手续时，应在运单上注明押运人员姓名及必要的情况。

第四十一条　押运人员每车一人，托运人需增派押运人员，在符合安全规定的前提下，征得承运人的同意，可适当增加。押运人员须遵守运输和安全规定。

押运人员在运输过程中负责货物的照料、保管和交接；如发现货物出现异常情况，应及时作出处理并告知车辆驾驶人员。

第三节　货物受理

第四十二条　承运人受理凭证运输或需有关审批、检验证明文件的货物后，应当在有关文件上注明已托运货物的数量、运输日期，加盖承运章，并随货同行，以备查验。

第四十三条　承运人受理整批或零担货物时，应根据运单记载货物名称、数量、包装方式等，核对无误，方可办理交接手续。发现与运单填写不符或可能危及运输安全的，不得办理交接手续。

第四十四条　承运人应当根据受理货物的情况，合理安排运输车辆，货物装载重量以车辆额定吨位为限，轻泡货物以折算重量装载，不得超过车辆额定吨位和有关长、宽、高的装载规定。

第四十五条　承运人应与托运人约定运输路线。起运前运输路线发生变化必须通知托运人，并按最后确定的路线运输。承运人未按约定的路线运输增加的运输费用，托运人或收货人可以拒绝支付增加部分的运输费用。

第四十六条　货物运输中，在与承运人非隶属关系的货运站场进行货物仓储、装卸作业，承运人应与站场经营人签订作业合同。

第四十七条　运输期限由承托双方共同约定后应在运单上注明。承运人应在约定的时间内将货物运达。零担货物按批准的班期时限运达，快件货物按规定的期限运达。

第四十八条　整批货物运抵前，承运人应当及时通知收货人做好接货准备；零担货物运达目的地后，应在 24 小时内向收货人发出到货通知或按托运人的指示及时将货物交给收货人。

第四十九条　车辆装载有毒、易污染的货物卸载后，承运人应对车辆进行清洗和消毒。因货物自身的性质，应托运人要求，需对车辆进行特殊清洗和消毒的，由托运人负责。

第四节　合同的变更和解除

第五十条　在承运人未将货物交付收货人之前，托运人可以要求承运人中止运输、返还货物、变更到达地或者将货物交付给其他收货人，但应当赔偿承运人因此受到的损失。

第五十一条　凡发生下列情况之一者，允许变更和解除：

（一）由于不可抗力使运输合同无法履行。

（二）由于合同当事人一方的原因，在合同约定的期限内确实无法履行运输合同。

（三）合同当事人违约，使合同的履行成为不可能或不必要。

（四）经合同当事人双方协商同意解除或变更，但承运人提出解除运输合同的，应退还已收的运费。

第五十二条　货物运输过程中，因不可抗力造成道路阻塞导致运输阻滞，承运人应及时与托运人联系，协商处理，发生货物装卸、接运和保管费用按以下规定处理：

（一）接运时，货物装卸、接运费用由托运人负担，承运人收取已完成运输里程的运费，退回未完成运输里程的运费。

（二）回运时，收取已完成运输里程的运费，回程运费免收。

（三）托运人要求绕道行驶或改变到达地点时，收取实际运输里程的运费。

（四）货物在受阻处存放，保管费用由托运人负担。

第四章　搬运装卸与交接

第五十三条　货物搬运装卸由承运人或托运人承担，可在货物运输合同中约定。

或托运人承担货物搬运装卸后，委托站场经营人、搬运装卸经营者进行货物搬运装卸作业的，应签订货物搬运装卸合同。

第五十四条　搬运装卸人员应对车厢进行清扫，发现车辆、容器、设备不适合装货要求，应立即通知承运人或托运人。

第五十五条　搬运装卸作业应当轻装轻卸，堆码整齐；清点数量；防止混杂、撒漏、破损；严禁有毒、易污染物品与食品混装，危险货物与普通货物混装。

第五十六条　对性质不相抵触的货物，可以拼装、分卸。

第五十七条　搬运装卸过程中，发现货物包装破损，搬运装卸人员应及时通知托运人或承运人，并做好记录。

第五十八条　搬运装卸危险货物，按交通部《汽车危险货物运输、装卸作业规程》进行作业。

第五十九条　搬运装卸作业完成后，货物需绑扎苫盖篷布的，搬运装卸人员必须将篷布苫盖严密并绑扎牢固；由承、托运人或委托站场经营人、搬运装卸人员编制有关清单，做好交接记录；并按有关规定施加封志和外贴有关标志。

第六十条　承、托双方应履行交接手续，包装货物采取件交件收；集装箱重箱及其他施封的货物凭封志交接；散装货物原则上要磅交磅收或采用承托双方协商的交接方式交接。交接后双方应在有关单证上签字。

第六十一条　货物在搬运装卸中，承运人应当认真核对装车的货物名称、重量、件数是否与运单上记载相符，包装是否完好。包装轻度破损，托运人坚持要装车起运的，应征得承运人的同意，承托双方需做好记录并签章后，方可运输，由此而产生的损失由托运人负责。

第六十二条　货物运达承、托双方约定的地点后，收货人应凭有效单证提（收）货物，无故拒提（收）货物，应赔偿承运人因此造成的损失。

第六十三条　货物交付时，承运人与收货人应当做好交接工作，发现货损货差，由承运人与收货人共同编制货运事故记录，交接双方在货运事故记录上，签字确认。

第六十四条　货物交接时，承托双方对货物的重量和内容有质疑，均可提出查验与复磅，查验和复磅的费用由责任方负担。

第六十五条　货物运达目的地后，承运人知道收货人的，应及时通知收货人，收货人应当及时提（收）货物，收货人逾期提（收）货物的，应当向承运人支付保管费等费用。收货人不明或者收货人无正当理由拒绝受领货物的，依照《中华人民共和国合同法》第一百零一条的规定，承运人可以提存货物。

第五章　运输责任的划分

第六十六条　承运人未按约定的期限将货物运达，应负违约责任；因承运人责任将货物错送或错交，应将货物无偿运到指定的地点，交给指定的收货人。

第六十七条　承运人未遵守承托双方商定的运输条件或特约事项，由此造成托运人的损失，应负赔偿责任。

第六十八条　货物在承运责任期间和站、场存放期间内，发生毁损或灭失，承运人、站场经营人应负赔偿责任。但有下列情况之一者，承运人、站场经营人举证后可不负赔偿责任：

（一）不可抗力；

（二）货物本身的自然性质变化或者合理损耗；

（三）包装内在缺陷，造成货物受损；

（四）包装体外表面完好而内装货物毁损或灭失；

（五）托运人违反国家有关法令，致使货物被有关部门查扣、弃置或作其他处理；

（六）押运人员责任造成的货物毁损或灭失；

（七）托运人或收货人过错造成的货物毁损或灭失。

第六十九条　托运人未按合同规定的时间和要求，备好货物和提供装卸条件，以及货物运达后无人收货或拒绝收货，而造成承运人车辆放空、延滞及其他损失，托运人应负赔偿责任。

第七十条　因托运人下列过错，造成承运人、站场经营人、搬运装卸经营人的车辆、机具、设备等损坏、污染或人身伤亡以及因此而引起的第三方的损失，由托运人负责赔偿：

（一）在托运的货物中有故意夹带危险货物和其他易腐蚀、易污染货物以及禁、限运货物等行为；

（二）错报、匿报货物的重量、规格、性质；

（三）货物包装不符合标准，包装、容器不良，而从外部无法发现；

（四）错用包装、储运图示标志。

第七十一条　托运人不如实填写运单，错报、误填货物名称或装卸地点，造成承运人错送、装货落空以及由此引起的其他损失，托运人应负赔偿责任。

第七十二条　货运代办人以承运人身份签署运单时，应承担承运人责任，以托运人身份托运货物时，应承担托运人的责任。

第七十三条　搬运装卸作业中，因搬运装卸人员过错造成货物毁损或灭失，站场经营人或搬运装卸经营者应负赔偿责任。

第六章　运输费用

第七十四条　汽车货物运输价格按不同运输条件分别计价，其计算按《汽车运价规则》办理。

第七十五条　汽车货物运输计费重量单位，整批货物运输以吨为单位，尾数不足 100 千克时，四舍五入；零担货物运输以千克为单位，起码计费重量为 1 千克，尾数不足 1 千克时，四舍五入；轻泡货物每立方米折算重量 333 千克。

按重量托运的货物一律按实际重量(含货物包装、衬垫及运输需要的附属物品)计算，以过磅为准。由托运人自理装车的，应装足车辆额定吨位，未装足的，按车辆额定吨位收费。统一规格的成包成件的货物，以一标准件重量计算全部货物重量。散装货物无过磅条件的，按体积和各省、自治区、直辖市统一规定重量折算标准计算。接运其他运输方式的货物，无过磅条件的，按前程运输方式运单上记载的重量计算。拼装分卸的货物按最重装载量计算。

第七十六条　汽车货物运输计费里程按下列规定确定：

(一)货物运输计费里程以千米为单位，尾数不足1千米的，进为1千米。

(二)计费里程以省、自治区、直辖市交通行政主管部门核定的营运里程为准，未经核定的里程，由承托双方商定。

(三)同一运输区间有两条(含两条)以上营运路线可供行驶时，应按最短的路线计算计费里程或按承托双方商定的路线计算计费里程。拼装分卸从第一装货地点起至最后一个卸货地点止的载重里程计算计费里程。

第七十七条　汽车货物运输的其他费用，按以下规定确定：

(一)调车费，应托运人要求，车辆调出所在地而产生的车辆往返空驶，计收调车费。

(二)延滞费，车辆按约定时间到达约定的装货或卸货地点，因托运人或收货人责任造成车辆和装卸延滞，计收延滞费。

(三)装货落空损失费，因托运人要求，车辆行至约定地点而装货落空造成的车辆往返空驶，计收装货落空损失费。

(四)排障费，运输大型特型笨重物件时，需对运输路线的桥涵、道路及其他设施进行必要的加固或改造所发生的费用，由托运人负担。

(五)车辆处置费，因托运人的特殊要求，对车辆改装、拆卸、还原、清洗时，计收车辆处置费。

(六)在运输过程中国家有关检疫部门对车辆的检验费以及因检验造成的车辆停运损失，由托运人负担。

(七)装卸费，货物装卸费由托运人负担。

(八)通行费，货物运输需支付的过渡、过路、过桥、过隧道等通行费由托运人负担，承运人代收代付。

(九)保管费，货物运达后，明确由收货人自取的，从承运人向收货人发出提货通知书的次日(以邮戳或电话记录为准)起计，第四日开始核收货物保管费；应托运人的要求或托运人的责任造成的，需要保管的货物，计收货物保管费。货物保管费由托运人负担。

第七十八条　汽车货物运输的运杂费按下列规定结算：

（一）货物运杂费在货物托运、起运时一次结清，也可按合同采用预付费用的方式，随运随结或运后结清。托运人或者收货人不支付运费、保管费以及其他运输费用的，承运人对相应的运输货物享有留置权，但当事人另有约定的除外。

（二）运费尾数以元为单位，不足一元时四舍五入。

第七十九条　货物在运输过程中因不可抗力灭失，未收取运费的，承运人不得要求托运人支付运费；已收取运费的，托运人可以要求返还。

第八十条　出入境货物运输、国际联运汽车货物运输的运价，按有关规定办理。

第七章　货运事故和违约处理

第八十一条　货运事故是指货物运输过程中发生货物毁损或灭失。货运事故和违约行为发生后，承托双方及有关方应编制货运事故记录。

货物运输途中，发生交通肇事造成货物损坏或灭失，承运人应先行向托运人赔偿，再由其向肇事的责任方追偿。

第八十二条　货运事故处理过程中，收货人不得扣留车辆，承运人不得扣留货物。由于扣留车、货而造成的损失，由扣留方负责赔偿。

第八十三条　货运事故赔偿数额按以下规定办理：

（一）货运事故赔偿分限额赔偿和实际损失赔偿两种。法律、行政法规对赔偿责任限额有规定的，依照其规定；尚未规定赔偿责任限额的，按货物的实际损失赔偿。

（二）在保价运输中，货物全部灭失，按货物保价声明价格赔偿；货物部分毁损或灭失，按实际损失赔偿；货物实际损失高于声明价格的，按声明价格赔偿；货物能修复的，按修理费加维修取送费赔偿。保险运输按投保人与保险公司商定的协议办理。

（三）未办理保价或保险运输的，且在货物运输合同中未约定赔偿责任的，按本条第一项的规定赔偿。

（四）货物损失赔偿费包括货物价格、运费和其他杂费。货物价格中未包括运杂费、包装费以及已付的税费时，应按承运货物的全部或短少部分的比例加算各项费用。

（五）货物毁损或灭失的赔偿额，当事人有约定的，按照其约定，没有约定或约定不明确的，可以补充协议，不能达成补充协议的，按照交付或应当交付时货物到达地的市场价格计算。

（六）由于承运人责任造成货物灭失或损失，以实物赔偿的，运费和杂费照收；按价赔偿的，退还已收的运费和杂费；被损货物尚能使用的，运费照收。

（七）丢失货物赔偿后，又被查回，应送还原主，收回赔偿金或实物；原主不愿接受失物或无法找到原主的，由承运人自行处理。

（八）承托双方对货物逾期到达，车辆延滞，装货落空都负有责任时，按各自责任所造成的损失相互赔偿。

第八十四条　货运事故发生后，承运人应及时通知收货人或托运人。收货人、托运人知道发生货运事故后，应在约定的时间内，与承运人签注货运事故记录。收货人、托运人在约定的时间内不与承运人签注货运事故记录的，或者无法找到收货人、托运人的，承运人可邀请2名以上无利害关系的人签注货运事故记录。

货物赔偿时效从收货人、托运人得知货运事故信息或签注货运事故记录的次日起计算。

在约定运达时间的30日后未收到货物,视为灭失，自31日起计算货物赔偿时效。

未按约定的或规定的运输期限内运达交付的货物，为迟延交付。

第八十五条　当事人要求另一方当事人赔偿时，须提出赔偿要求书，并附运单、货运事故记录和货物价格证明等文件。要求退还运费的，还应附运杂费收据。另一方当事人应在收到赔偿要求书的次日起，60日内作出答复。

第八十六条　承运人或托运人发生违约行为，应向对方支付违约金。违约金的数额由承托双方约定。

第八十七条　对承运人非故意行为造成货物迟延交付的赔偿金额，不得超过所迟延交付的货物全程运费数额。

第八十八条　货物赔偿费一律以人民币支付。

第八十九条　由托运人直接委托站场经营人装卸货物造成货物损坏的，由站场经营人负责赔偿;由承运人委托站场经营人组织装卸的，承运人应先向托运人赔偿，再向站场经营人追偿。

第九十条　承运人、托运人、收货人及有关方在履行运输合同或处理货运事故时，发生纠纷、争议，应及时协调解决或向县级以上人民政府交通主管部门申请调解；当事人不愿和解、调解或者和解、调解不成的，可依仲裁协议向仲裁机构申请仲裁;当事人没有订立仲裁协议或仲裁协议无效的，可以向人民法院起诉。

第八章　附则

第九十一条　按法律、法规和规章的规定，对利用汽车货物运输合同危害国家利益、社会公共利益的，由县级以上人民政府交通主管部门及其所属的道路运政管理机构负责监督处理。

第九十二条　本规则由交通部负责解释。

第九十三条　本规则自2000年1月1日起施行。1988年1月26日交通部发布的《汽车货物运输规则》同时废止。

附录四:铁路货物运输规则

第一章　总 则

第一条　为提高铁路货运管理水平和工作质量，严格管理制度，安全、迅速、经济、便利地组织货物运输，特制定本规则。

第二条　本规则是明确货物运输作业各环节基本内容和质量要求的内部规定，不作托运人、收货人与铁路间划分权利、义务和责任的依据。

第三条　铁路局在不违反本规则的条件下，可结合具体情况制定补充规定，并报铁道部备案。

第二章　货物运输基本作业

第一节　受理和承运

第四条　车站应根据批准的月度货物运输计划和旬装车计划受理货物运单。在受理零担、集装箱或按特定条件运输的货物时，还必须按照有关规定办理。

第五条　车站受理货物运单时，应确认托运的货物是否符合运输条件，各栏填写是否齐全、正确、清楚，领货凭证与运单是否一致。对营业办理限制(包括临时停限装)、起重能力、证明文件等项进行审查。

对到站、到局和到站所属省、市、自治区各栏内容应相互核对，必要时，可凭《中国地图册》、《中华人民共和国行政区划手册》、《全国铁路货运营业站示意图》等资料予以确认。

对货物运单确认无误后，即应指定进货日期或装车日期。

第六条　对搬入货场的货物，车站要检查货物品名与运单记载是否相符，运输包装和标志是否符合规定。按件数承运的货物，应对照运单点清件数。零担和集装箱货物要核对货签是否齐全、正确。对个人托运的行李、搬家货物，要按照物品清单进行核对，并抽查是否按规定在包装内放入标记(货签)。需要使用加固材料的货物，应对加固材料的数量、规格进行检查。对超限、超长、集重货物，应按托运人提供的技术资料复测尺寸。

按规定由铁路确定重量的货物，要认真过秤。由托运人确定重量的货物，车站应组织抽查。抽查的间隔时间，每一托运人(大宗货物分品种)不超过三个月，零担和集装箱货物不超过一个月。对按体积计算重量的货物，应以定期检查的比重(每立方米重量)作为计算重量的依据。

货物应稳固、整齐地堆码在指定货位上。整车货物要定型堆码，保持一定高度。零担和集装箱货物，要按批堆码，货签向外，留有通道。需要隔离的，应按规定隔离。货物与线路或站台边缘的距离必须符合规定。

第七条　以杠杆式台秤、地秤过秤，使用前应进行检查，并符合以下规定：

1. 摆放平稳，四角着实，台板保持灵活；

2. 将游砣移至零点时，横梁保持平衡；

3. 标尺与增砣的比率必须一致；

4. 地秤的台板与秤枢间必须保持平衡、灵活。

往衡器上放置或取下货件时，须关闭制动器。过秤时不准触动调整砣、砣盘，禁止以其他物品代替增砣。

以轨道衡、电子秤或其他衡器过秤时，应按照计量部门有关规定和技术条件，制定检查和使用办法。

衡器的使用和保管应有专人负责，按台建立衡器履历簿（格式七），并及时、正确填写。衡器发生损坏、检定证明丢失、空秤不能调整平衡、机件缺损变形，或秤量误差超过国家规定标准，均不得使用。

第八条　货物进齐验收后，车站应予签证，及时办理承运。

承运的整车货物要登记“货物承运簿”（格式一），集装箱货物登记“集装箱到发登记簿”（格式见《铁路集装箱运输管理规则》），零担货物根据业务量大小，可以使用货物承运簿，也可以由车站自行建立登记制度，并将登记资料装订成册，妥善保管。

货物运单“承运人填写”部分和货票填制要符合《货物运单和货票填制办法》的规定，加盖的车站日期戳记要清晰、正确。

在作业环节之间，对货物和运输票据要进行严格交接。

车站应建立货票自核、互核、总复核制度和票据、现金管理制度。存查的票据要装订整齐，妥善保管。

货物运单和货票，使用“货运票据封套”（格式二）的，应左右对齐折叠，不使用货运票据封套的，按上下对齐折叠。

对领货凭证，应正确填写货票号码及各栏内容，加盖承运日期戳，并确认无误后，连同货票丙联一并交给托运人。凡派有押运人的货物，应向押运人宣传并发给“押运人须知”，由托运人在货票甲联上签收。

第九条　承运易腐货物时，车站要按照《铁路鲜活货物运输规则》的有关规定办理。对“鲜规”未列品名而易于发生腐坏、变质的货物，车站应认真审定运输条件。

易腐货物装车时，要检查装载方法是否符合规定要求。以冷藏车装运的，应检查装车单位填写的冷藏车作业单是否齐全、正确。使用加冰冷藏车的，应检查托运人是否加足冰盐，并将作业单附在运输票据中随车递送，途中加冰时，加冰站应认真填写加冰作业记录。使用机械冷藏车的，应将该作业单交机械冷藏车乘务组递交到站。到站应负责检查冷藏车情况，在作业单上填记到站作业记录，并妥善保存。

第十条　承运危险货物时，车站要按照《铁路危险货物运输规则》的规定，对品名、编号、类项、包装、标志以及“托运人记载事项”栏的内容进行检查。对危险货物品名索引表中未列载的危险货物或改变危险货物包装时，应按铁路局、分局批准的运输条件办理。

经常办理危险货物的车站，应根据具体情况，制定承运、交付、包装检查、内部交接、装卸作业等安全措施和管理制度。

第二节　临时停限装

第十一条　车站应按照《铁路货物运价里程表》规定的营业范围办理货运业务。遇有特殊情况必须临时加以限制时，属铁路局管内的，由铁路局批准，跨局的须经铁道部批准。

由于设备大修、改建等原因限制整车货物到达时，应提前两个月办妥报批手续。

第十二条　对临时停限装事项，车站应在营业场所对外公告。

凡要求停止零担货物到达的车站，应同时停止零担货物发送业务。

第三节　取送车作业

第十三条　车站应做好日班装车作业计划和卸车预确报工作，并根据装卸作业、待装货物和货位情况，确定取送车计划，及时取送。送车要对准货位。装卸作业始末时间和取送车始末时间，均应有汇报和登记制度。

第四节　装车和卸车

第十四条　装运货物要合理使用货车，车种要适合货种，除规定必须使用和应使用棚车装运的货物外，对怕湿或易于被盗、丢失的货物，也应使用棚车装运。发生车种代用时，应按《货规》的要求报批，批准代用的命令号码要记载在货物运单和货票“记事”栏内；装车时，应采取保证货物安全的相应措施。毒品专用车和危险品专用车不得用于装运普通货物。

第十五条　铁路组织装车时，车站应做到：

装车前，认真检查货车的车体（包括透光检查）、车门、车窗、盖阀是否完整良好，有无扣修通知、色票、货车洗刷回送标签或通行限制，车内是否干净，是否被毒物污染。装载食品、药品、活动物或有押运人乘坐时，还应检查车内有无恶臭异味。要认真核对待装货物品名、件数，检查标志、标签和货物状态。对集装箱还应检查箱体、箱号和封印。

装车时，要做到不错装、不漏装，巧装满载，防止偏载、超载、集重、亏吨、倒塌、坠落和超限。对易磨损货件应采取防磨措施，怕湿和易燃货物应采取防湿或防火措施。装车过程中，要严格按照《铁路装卸作业安全技术管理规则》有关规定办理，对货物装载数量和质量要进行检查。

对以敞、平车装载的需要加固的货物，轻浮货物和以平车装载的成件货物，车站应制定定型装载和加固方案，按方案装车。装载散堆装货物，货物顶面应予平整。对自轮运转的货物、无包装的机械货物，车站应要求托运人将货物的活动部位予以固定，以防止脱落或侵入限界。

装车后，认真检查车门、车窗、盖、阀关闭状态和装载加固情况。需要填制货车装载清单（格式五）的，应按规定填制。需要施封的货车，按规定施封，并用直径 3.2 毫米（10 号）铁线将车门门鼻拧紧。需要插放货车表示牌（格式三）的货车，应按规定插放。对装载货物的敞车，要检查车门插销、底开门搭扣和篷布苫盖、捆绑情况。篷布不得遮盖车号和货车表示牌。

篷布绳索捆绑，不得妨碍车辆手闸和提钩杆。两篷布间的搭头应不小于500毫米。绳索、加固铁线的余尾长度应不超过300毫米。装载超限、超长、集重货物，应按批准的装载方案检查装载加固情况。对超限货物，还应对照铁路局、分局批准的装载方案，核对装车后尺寸。

第十六条　铁路组织卸车时，车站应做到：

卸车前，认真检查车辆、篷布苫盖、货物装载状态有无异状，施封是否完好。

卸车时，根据货物运单清点件数，核对标记，检查货物状态。对集装箱货物应检查箱体，核对箱号和封印。严格按照《铁路装卸作业技术管理规则》及有关规定作业，合理使用货位，按规定堆码货物。发现货物有异状，要及时按章处理。

卸车后，应将车辆清扫干净，关好车门、车窗、阀、盖，检查卸后货物安全距离，清好线路，将篷布按规定折叠整齐，送到指定地点存放。对托运人自备的货车装备物品和加固材料，应妥善保管。

卸下的货物登记“卸货簿”（格式四）、“集装箱到发登记簿”或具有相同内容的卸货卡片、集装箱号卡片。在货票丁联左下角记明日期，并加盖卸车日期戳。

第十七条　车站应加强专用线（包括专用铁路，以下同）的管理，做好以下工作：

1. 定期与企业签订运输合同（协议）；

2. 掌握专用线内货源、货位、装卸劳力和设备情况，协助企业做好货车的取送、对货位、装卸车组织等工作；

3. 宣传铁路运输知识，协助企业改进货物包装，办理零担货物的专用线，还应指导企业合理配装；

4. 做好货物（车）的交接检查，以及货物码放安全距离、货车清扫、洗刷除污、门窗关闭、篷布使用、保管等情况的检查；

5. 对合理使用货车和改进货物装载进行技术指导；

6. 掌握装卸车进度，按规定填写“货车调送单”，并认真办理交接；

7. 正确填报有关统计资料。

第十八条　按规定卸后须洗刷除污的货车，应在卸车站洗刷除污。如卸车站洗刷除污有困难时，须凭分局调度命令向指定站回送。对回送洗刷除污的货车，卸车站应清扫干净，并在两侧车门外部及车内明显处所粘贴“货车洗刷回送标签”（见《危规》格式五）各一张，货物如有撒漏，应在标签上注明。洗刷除污站应按规定要求洗刷除污后将标签撤除，并在车内两侧车门附近粘贴“洗刷工艺合格证”（见《危规》格式六）各一张。

沿途零担车或分卸货车按规定需要洗刷除污时，由列车货运员或分卸站在“货车装载清单”或整车分卸货票上注明原装货物品名及“需要洗刷除污”字样，由最终到站负责洗刷除污。未经洗刷除污的货车严禁排空或调配装车。

洗刷除污站对洗刷除污的货车应建立登记制度。

洗刷除污站的设置及分工由铁路局确定。

第十九条　运营部门与装卸部门的内部劳务清单（包括联运货物换装），根据实际作业情况，填制有关单据作为清单依据。单据的格式、填写方法、清算办法、清算项目和单价，除有统一规定者外，由铁路局规定。

下列工作属于装卸车附属作业，不另清算：

1. 铺垫或整理防湿垫枕，苫盖、撤除、折叠和取送篷布；

2. 清扫货车、货位，关闭车门、车窗、盖、阀；

3. 整理装车后剩余货物，必要时用篷布苫盖或搬入库台；

4. 安装或撤除支柱、挡板、垫板、禽畜支架；

5. 装载货物的捆绑加固（需要铆接、焊接等特殊加固除外）；

6. 托盘、网络等铁路装卸工具的铺设、撤移、整理和堆码。

第五节　货运票据封套、货车装载清单、回送清单和货车表示牌

第二十条　为便于交接和保持运输票据的完整，下列货物的运输票据应使用货运票据封套（以下简称封套），封固后随车递送。

1. 国际联运货物和以车辆寄送单回送的外国铁路货车；

2. 一辆货车内装有两批以上货物；

3. 整车分卸货物；

4. 以货运记录补送的货物；

5. 附有证明文件或代递单据较多的货物。

军运货物使用封套的范围及填记的封固方法，按军运有关规定办理。

第二十一条　封套封面上各栏应根据实际情况填记并加盖车站日期戳记和带站名的经办人章。一车有两个以上到站的封套，“货物到站”栏应按到达顺序填写站名，并冠以（1）、（2）、（3）等顺序号码。途中各到站卸后抹去本站站名和与前方卸车站无关的事项，填写需要增加的内容，并在更改处加盖带有站名的经办人章。整零车封套的“运单号码”栏只填记“内装票据××份”，“货物品名”栏填记“整零”字样。

国际联运进口（或过境）货车的封套“发站”栏填记进口国境站名，出口（或过境）货车的封套“货物到站”栏填记出口国境站名，并均应在站名下标一“■”字。

装运鲜活货物时，应在封套的“记事”栏内注明“活动物”或“易腐货物”字样，易腐货物还应填记 K 标记。装运危险货物和其他指定急需挂运的货车，应在“记事”栏内加盖红色“急运”戳记。装运属于■的保价货物时，应在“记事”栏内填记■标记。有关货车编组、解体、挂运时应注意的其他事项（包括规定的标记、符号），也应在“记事”栏内注明。

第二十二条　封套内运输票据的正确完整由封固单位负责。除卸车站或出口国境站外，不得拆开封套。当运输途中发生特殊情况必须拆开封套时，由拆封套的单位编制普通记录证明（附入封套内）并再行封固，在封口处加盖带有单位名称的经办人名章。

第二十三条　整车国际联运出口货物的过境货物，发站（或进口国境站）应填制货车装载

清单一份，随同货车递送到站（或出口国境站）。零担、集装箱货物按有关规定填制货车装载清单。

第二十四条　“特殊货车及运送用具回送清单”（格式六，简称“回送清单”），是铁路内部根据规定运送下列铁路所属的货车或用具的运输及交接凭证：

1. 按规定免费挂运的非运用车；

2. 卸（送）空罐车（润滑油专用空罐车应凭收货人提出的货物运单填制货票免费回送）、散装粮食车（K17 型）、散装水泥车（K15、U60 型）、长大货物车（D 型）、运梁专用车（N15 型）、加冰冷藏车、毒品专用车（PD 型）、集装箱专用车（X 型）；

3. 向指定站回送需要洗刷除污的货车；

4. 铁路空集装箱；

5. 运营用衡器；

6. 按规定以调度命令免费运送的装卸机械和工具；

7. 军用移动设备（军用备品）、军用移动站台和装卸备品、军用捆绑材料；

8. 货车篷布及根据调度命令调拨、送修及修好返回的防湿篷布；

9. 铁道部规定免费回送的其他物品。

回送清单由车站负责填发，各栏要填写清楚、正确，有更改时应加盖带有站名的经办人名单。回送清单应具备车站编制的顺序号码，加盖车站日期戳，并有经办人签章，方为有效。按调度命令回送的应将命令号码记入“回送命令号码”栏内。回送清单一式两份，一份留站存查，一份随同货车（或用具）递送到站。

第二十五条　按规定需要“禁止溜放”或“限速连挂”的货车，装车站应在货车两侧插挂“货车表示牌”，由到站卸后撤除。

第二十六条　货物承运簿、卸货簿、封套、货车装载清单和回送清单的保管期均为一年。

第六节　到达和交付

第二十七条　车站对到达的货物应及时发出催领通知，并在货票（丁联）内记明通知方法和时间。必要时应再次催领。收货人拒领或找不到收货人时，到站要按规定调查处理。发站接到到站函电后，应立即联系托运人，要求其在规定时间内提出处理意见，并将该处理意见答复到站。

第二十八条　到站在办理交付手续时，应在货物运单和货票（丁联）上加盖车站日期戳。货物在货场内点交给收货人的，还应在货物运单上加盖“货物交讫”戳记，凭此验收货物。车站也可根据需要，建立货物搬出证制度。

第二十九条　对到达的海关监管货物，车站应按照海关监管的有关规定办理。

第三章　货物交接、检查和换装整理

第一节　货物交接和检查

第三十条　为保证行车安全和货物安全，对运输中的货物（车）和运输票据，要进行交接检查。

第三十一条　车站与运转车长或运转车长相互间使用列车编组顺序表和乘务员手册办理签证交接。交接的时间、地点由分局指定，涉及两个分局的由有关分局商定。接收方应在规定时间内将列车检查完毕。到达列车在规定时间内未经车站签证，车长不得退勤；超过规定时间，车站未同车长办理交接，车长要求车站值班负责人(无值班负责人时为车站值班员)签证后退勤。

第三十二条　我国发往或换装到朝鲜以及朝鲜进口或过境我国的棚车、冷藏车，应选用上下部门扣良好的车辆，在下部门扣处施封。列车编组站在列车编组顺序表上均应注明“■”字样。朝鲜进口或过境我国的，上部门扣以 8 号铁线拧固，凭下部门扣原朝鲜封印(铅饼)交接。我国发往或换装到朝鲜的，上部门扣以 10 号铁线拧固，下部门扣施以施封锁(环状)。在发站、到站或补封站，均应检查封印的站名、号码，在中途站则仅对封印是否丢失、失效进行检查交接。

其他国际联运货车的施封及交接方法，按本规则规定办理。

国境站对外交接时，仍按现行国际联运办法的规定办理。

罐车的上部和下部封印、苫盖货物的篷布顶部、煤车的标记或平整状态，在途中不交接检查，如接方发现有异状，由交方编制记录后接收。发现重罐车上盖开启，应由交方编制普通记录证明，车站负责关好。在发站和中途站发现空罐车上盖张开，由车站负责关闭。

整车货物变更到站时，处理站应对该车的装载情况进行检查，对施封货车应检查封印是否完好及站名、号码。

货物运单、封套上的到站、车号、封印号码各栏，不得任意涂改。在装车站(含分卸站)、换装站、变更处理站因作业需要或填写错误时，应按规定更改。在运输途中发现运单或封套上记载的车号、到站与编组顺序表或现车不符，不得涂改运单、封套，应确认后按规定编制记录。

装车站按施封办理的货车，途中不得改按不施封办理。

货物检查、交接的内容，以及发现问题的处理方法，按下表规定办理(表略)。

第三十三条　车站和列车(或车务)段应根据货物、运输票据交接检查的要求，制定实施办法，明确责任。车站各工种之间也应建立相应的交接检查制度。

运输途中发生整车(含整零车)运输票据丢失时，丢失单位或处理站应于 48 小时内发出电报向有关站查询，全列车运输票据丢失时，还应于当日上报主管分局。每个被查询站接电报后，均应于 48 小时内电复或继续查询。发站接到查询电报后，应及时补制货票抄件寄送到站。

第三十四条　无运转车长值乘的列车，货物和运输票据的交接检查工作按以下规定办理：

1. 对货物(车)的检查，应在列车的始发站、终到站、甩挂站及其经过的编组、区段站进行。保留列车的检查在保留站进行。

2. 运输票据由编组列车的车站封固，并与机车乘务组实行封票交接，机车乘务组负责完整地递交列车终到站值班员。列车运行中更新机车时，由更换地所在车站检查封固状态，并负责传递。列车终到站启封时，应对运输票据进行检查。途中临时发生甩挂车时，由车站编制普通记录后启封处理，并将运输票据连同普通记录重新封固。

3. 对本章规定的检查事项，按运输票据、封套和编组顺序表的记载进行检查。对发现的问题，应按照有关规定处理，并应于列车到达后120分钟内以电报通知上一检查站，抄知到站。电报内容应包括:列车的车次及时间，货车车号，发现问题的简要处理情况。

第二节 普通记录的编制与管理

第三十五条 车站(段)对普通记录应建立请领、发放、使用及保管制度。普通记录用纸须按号码连续使用。普通记录存查页应及时收回，不丢失，不缺页。运转车长使用的普通记录，应由列车(车务)段负责登记和集中保管。

第三节 货物换装整理

第三十六条 在运输中发现货车偏载、超载、货物撒漏，以及因车辆技术状态不良，经车辆部门扣留，不能继续运行，或根据本规则第三十二条规定需要换装整理时，由发现站(或分局指定站)及时换装整理，并在货票(丁联)背面记明有关事项。

换装整理的时间一般不应超过两天。如两天内未换装整理完毕时，应由换装站以电报通知到站，以便收货人查询。

编组、区段站对扣留换装整理的货车，应进行登记，并按月汇总报主管分局和铁路局，同时通知有关分局和铁路局。

货物换装整理所需的加固材料，由铁路材料厂供应。

第三十七条 铁路责任的货物整理费由整理站(分局)列销;换装费由原装车站(分局)负担，但由于行车事故或调车冲撞发生的换装费由责任单位负担;因车辆技术状态不良发生的换装，属车辆部门责任，换装费由发生局负担。

需要向责任单位清算的换装费，由换装站将记录连同有关费用的单据，按月汇总报主管分局，在发生换装的次月内向责任分局(或责任单位)清算，但每一责任分局每月发生款额累计不足100元的不清算。

第四章 货场管理

第一节 货场管理的基本要求

第三十八条 车站货场是铁路办理货物运输的场所，应加强管理，建立必要的工作制度和良好的工作秩序，经常保持安全、文明、整洁、畅通。

车站要应用现代化管理方法和新技术设备管理货场，提高工作质量和服务质量，完成货物运送任务，保证货物安全，努力做到:服务文明化，管理科学化，作业标准化，不断提高运输集装化和装卸机械化水平。

第三十九条 车站应根据货运设备、装卸机具和办理货物种类等情况合理划分货区、确定货位分工，充分发挥货场的作业能力。

第四十条　车站应协调好货运、装卸、运转部门间的关系，明确分工，组织各部门密切配合，不断改进货物运输管理。

第四十一条　货场内禁止闲杂人员进入，限制各种车辆进入货物仓库、站台、货棚，禁止托运人、收货人在货场内直接或变相买卖货物。未经铁路局批准，货场内不允许其他单位设点办公。

第四十二条　需要机械装卸汽马车或船舶的货物(包括集装箱)，应由货场内设置的铁路装卸机械作业。货场允许收货人以自备交通工具进出货场。铁路局规定由铁路负责零担货物出入库的车站，托运人、收货人不得进库取货、送货。

收货人领取整车货物时，车站应督促收货人将货位清扫干净，并将残留的货底、衬垫物等搬出货场。

第四十三条　业务量大的货场应制定货场交通管理办法，防止车辆堵塞，保证货场畅通。

第二节　货场管理的基本制度

第四十四条　货场应建立包区、包库或包线负责制，货场清扫分工负责制，运输票据、货物检查交接制，取送车作业制，站车交接检查制，保价运输管理制，门卫、巡守、消防制，衡器使用、维修、保管制，统计分析制等项作业制度。

第三节　货运设备管理

第四十五条　货运设备包括仓库、货棚、站台、货物线、货区及通道、房屋、装卸机具、衡器、军用加固材料、防湿篷布，上水、加冰、洗刷除污，以及用于货运业务的电子计算机等各项设施。车站要设专职或兼职人员管理货运设备，建立设备台账，逐项登记入册。遇有变更及时修正，上报备案。

第四十六条　车站要充分利用货运设备，发挥设备的效能。凡属货场范围的土地、设备，未经铁路局批准，其他单位不得占用。

第四节　电子计算机的运用与管理

第四十七条　车站应积极应用电子计算机技术，提高货运、装卸管理水平和工作效率。

车站(车务段)应有专人负责货场内电子计算机的管理和维修工作。管理和维修人员应熟悉货场使用的各种计算机的性能、构造，能够排除计算机常见故障，根据运输条件、运价率的变化修改应用软件。

第四十八条　货场的电子计算机操作，应由经过培训的现职货运人员担任。操作人员须保持原有人工作业应达到的业务标准和熟练水平。

第四十九条　货场应建立电子计算机设备管理、维护保养、使用操作制度和硬件、软件台账。计算机房应保持清洁卫生和良好的工作秩序。

第五节　货运技术管理

第五十条　为加强货运技术管理工作，在货运量较大的以及经常办理超长、超限、集重、危险、鲜活、军运、国际联运货物的车站货场内，应配备货运工程技术人员，建立技术负责制。

第五一条　车站货运技术工作的职责范围是：

负责车站货运技术工作，掌握车站货运技术情况，并对货运技术资料进行统计分析；查定货运设备能力和作业能力，编制货场改建和扩建计划；编制货运作业程序和质量标准；研究改进货物运输条件，改善货物包装，签订试运协议和专用线运输协议；组织货运技术革新，推进现代化管理；编制货运技术业务教育计划，并组织实施；制定超限、长大货物、危险货物和鲜活货物的装载运输方案以及其他货物的定型装载方案。

第六节　车站货运管理细则

第五十二条　为顺利执行日常货运作业计划，正确组织货物运输，落实各项货运规章制度，保证安全生产，明确和协调货场内各种工作关系，车站（车务段）应根据实际情况编制车站货运管理细则。特、一等站的货运管理细则经铁路局批准后执行；二、三等站的货运管理细则经分局批准后执行。

第五十三条　车站货运管理细则应包括以下内容：

一、车站货场概况

1. 货场的位置，占地面积，作业性质，设计能力，实际运量（标明年度），大宗货物品类。

2. 各种货运设备、装卸机具、消防设施的数量、分布及能力（包括货场、专用线等平面图）。

3. 货区、货位的数量、面积、分布及分工。

二、货运、装卸组织管理系统

1. 组织机构、指挥系统及货装职责分工。

2. 人员配备及分工

三、货运计划管理

1. 整车、零担、集装箱运输计划编制方法、步骤，计划的受理与审批制度。

2. 装卸车方案、日班计划的编制、审核与执行。

四、各项基本作业制度

五、货场内各种单项管理办法

单项办法包括：安全、防火、设备、规章、文电、业务教育、篷布、军运、票据、施封用具、加冰上水、货车洗刷除污、专用线、竞赛奖励以及其他需要单独明确的办法。

六、岗位责任制

七、各项作业基本程序、内容和质量标准

八、检查及考核办法

九、附件

第七节　统计分析

第五十四条　为考核货运工作质量和任务完成情况，车站应做好各项统计分析工作，积累有关资料，严格按照上级规定如实统计填制各种表报，并及时上报。

车站应统计整车货位周转时间，其计算办法为：

$$到达整车货物平均占用货位时间=\frac{6时到达货物占用货位数+18时到达货物占用货位数}{2\times当日货物搬出车数}$$

第五章　货运监察

第五十五条　为加强对货运工作的监督检查，维护人民铁路为人民的宗旨，搞好路风建设，保证货运安全，铁道部和各铁路局、分局均应建立货运监察制度，配备监察人员，做好监察工作。

第五十六条　货运监察人员的基本职责是：按照国家政策、法令和铁路规章制度，对路风建设、安全管理、运杂费管理、执行规章等方面的货运工作情况，进行经常性的全面监督检查。

货运监察人员有权查阅有关部门、站段的案卷、记录、表报、票据及有关业务资料，检查作业现场，参加或召集调查、分析会议。对危及行车安全和货运安全的行为或现象，有权当场制止或纠正，并通知有关分局和铁路局。

检查中发现的问题作成监察记录（格式八）交被检查单位领导签认，限期改正。

第五十七条　货运监察人员应由思想端正，作风正派，业务熟练，能严于律己、秉公办事的干部担任。

铁道部的货运监察人员，由运输局考核和管理，报部长批准；铁路局的货运监察人员由铁路局长批准，报铁道部备案；铁路分局的货运监察人员由分局长批准，报铁路局备案。

铁道部的货运监察证（格式九）由铁道部核发，铁路局、铁路分局的货运监察证由铁路局核发。

货运监察证由铁路局按铁道部统一规定的式样印制。

第五十八条　货运监察人员执行职务时应持有监察证。携带本人公用乘车证可优先乘坐旅客列车，添乘货物列车。可在乘务员公寓住宿。准予使用铁路电话、电报。

各铁路局应根据上述原则，制定本局货运监察办法。

第六章　附 则

第五十九条　本规则的解释权属铁道部。

第六十条　本规则自一九九一年九月一日起施行。一九八五年四月二十二日发布的《铁路货物运输管理规则》及有关文电同时废止。（格式、附录略）

参考文献

1. 翟光明:《运输作业实务》,中国物资出版社,2006 年版
2. 刘北林主编,陈娜、张玉斌副主编《国际物流实务》,中国物资出版社,2006 年版
3. 鲁晓春主编、伊俊敏副主编:《现代物流基础设施与设备》,中国物资出版社,2006 年版
4. 成耀荣:《综合运输学》,人民交通出版社,2003 年版
5. 刘念:《物流地理》,机械工业出版社,2007 年 8 月版
6. 徐玲玲主编、张云辉副主编:《物流经济地理》,中国物资出版社,2006 年版